四季の菜園

旬の技

長野県農業改良協会／編

はじめに

よく野菜の最もおいしいとされる「旬」はいつかと聞かれることがあります。このようなとき、私は、その野菜の生理生態的特性が発揮できる、最もつくりやすい時期ではないかとお答えしています。このことは、多くの野菜を利用しようとした先人の知恵や努力が織り込まれ、味付けされていることも忘れてはならないと思います。

野菜は健康を維持する機能性に優れた食材として、高く評価されています。とくに、生活習慣病の改善、予防には多種多様な野菜を利用することがきわめて効果的であると考えられています。

家庭菜園は、四季折々の中で、季節を感じながら、楽しく、健康的な作業の中からおいしい野菜が生産されることから、都市、農村を問わず多くの皆さんが取り組んでいます。近年は、食の安全性、食育、自然との共生など、農作業を通して体験できる副次的な効果も評価されています。また、栽培の過程で発生するいろいろな課題をそれぞれの工夫によって克服していく過程もほんとうに楽しいものです。

本書は、周年を通して季節ごとに野菜の特性や作業の工夫などがわかりやすく記載されており、すでに家庭菜園に取り組んでおられる方、これから始めようと考えておられる方のよき相談相手になることでしょう。

監修　塚田元尚
（長野県野菜花き試験場長）

目次

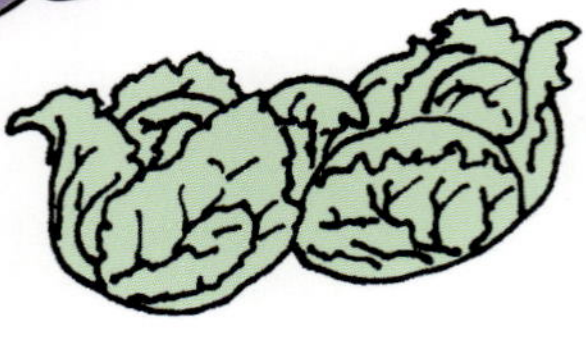

旬の技

❊菜園への挑戦
❊家庭で一年間に消費する野菜の量
❊連作障害対策
❊日当たりのよい所と日陰の利用
❊種子の整理と貯蔵
❊種子の発芽試験法
❊もみ殻くん炭の作り方

◆家庭菜園の作付計画例
◆家庭菜園の必要面積
◆キッチンガーデンのデザイン
◆品目別休栽年限表
◆種子の整理と種子の寿命
◆種子の発芽試験法
◆野菜種子発芽試験の基準
◆もみ殻くん炭の作り方

小寒（しょうかん）　1月5日頃　**冬至より一陽起るが故に陰気に逆らう故益々冷るも**※

この日は寒の入り、これから節分までが「寒」です。寒さはこれからが本番、池や川の氷も厚みをます頃です。

大寒（だいかん）　1月20日頃　**冷ゆることの至りて甚だしきときなればも**

一年で一番寒さの厳しい頃、逆の見方をすれば、これからは暖かくなるということでもあり、春はもう目前です。

※暦便覧より

❊菜園への挑戦

「お金で買えない自然な味」これが家庭菜園の魅力です。さらに、手作りという安全・安心、子供や孫とその生長過程を観察、収穫の喜びを一緒に味わうことができます。

作付け計画の基本

限られたスペースで無駄なく野菜を育てるには栽培計画が必要です。広い畑ほど野菜の選択範囲も広がり、計画は立てやすくなりますが、狭い畑では短期間に収穫できるものや、枝葉があまり横に広がらないものを選びます。また野菜には栽培期間の長いものと短いものがあります。特に狭い畑では収穫後あまり畑を空けずに次の播種・定植ができるように組み合わせを考えることも重要です。

品目・品種の選定

気象により毎年育ちが異なりプロの農家でも苦労します。昨年うまくいかなかった品目を、難しいからといってあきらめる必要はありません。できなかった物こそ挑戦、新しい品目にトライしましょう。

品種は特に病害虫に強い品種を選びましょう。また、菜園が狭い場合は、カボチャやインゲンはわい性や蔓なし品種を選ぶと場所を有効に使うことができます。

❊家庭で一年間に消費する野菜の量

野菜は、ビタミン・ミネラル・繊維の供給源として一人一日当たりの野菜の必要量は約四〇〇g、このうち緑黄色の野菜を一〇〇g、残りを淡色野菜とイモ類で摂取するのがよいといわれています。

したがって、年間約一五〇kgとなりますが、いろんな野菜を取り混ぜて計算すると一人当たり約一〇〇㎡となります。果菜類を除いて一年に二作収穫できますから、この半分つまり一人約五〇～六〇㎡、四人家族なら二〇〇㎡必要となります。

キュウリなら八株、トマトなら一〇株、ナスなら四～五株、ピーマンなら六株もあれば収穫最盛期にはあまるくらい穫れます。

家庭菜園の作付計画例

(菜園を5～7区画に分け、毎年1区画ずらして使う)

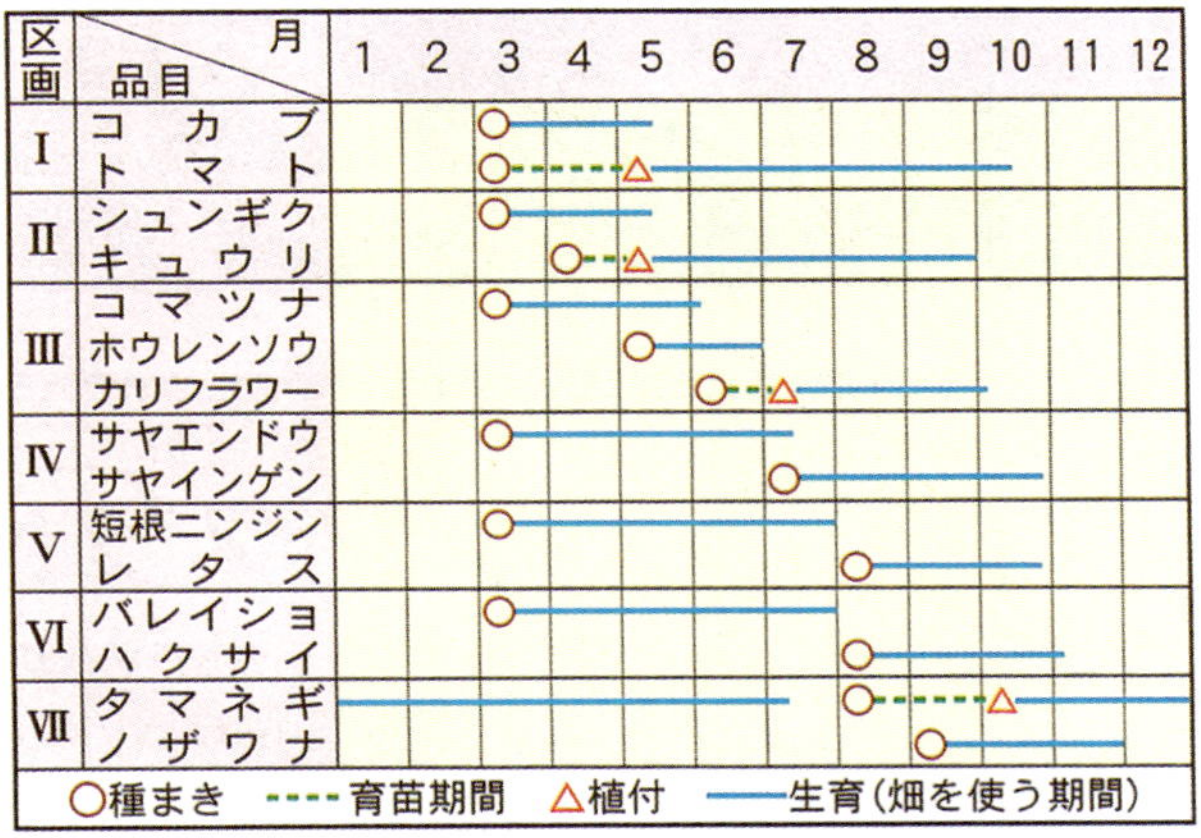

家庭菜園の必要面積

種類		ナス	トマト	キュウリ	カボチャ	ピーマン	スイートコーン	ニンジン	ダイコン	バレイショ	タマネギ	ハクサイ	キャベツ	ホウレンソウ	レタス	ツケナ	ネギ	ブロッコリー	サヤエンドウ	サヤインゲン	小計
一人当たり	必要量(kg)	6.2	8.5	11	5	8	4.5	4.5	30	30	5	10	8	4	5	5	6	1.5	1	1	154.2
	面積(㎡)	2.0	2.0	2.0	2.5	2.0	3.0	3.0	6.0	10.0	2.0	2.0	1.5	3.5	1.5	2.0	3.0	1.5	2.0	1.5	53.0
	本数(本)	6	4	5	6	6	15	45	30	35	54	7	6	−	10	−	50	5	−	−	
4人家族の場合	面積(㎡)	8.0	8.0	8.0	10.0	8.0	12.0	12.0	24.0	40.0	8.0	8.0	6.0	14.0	6.0	8.0	12.0	6.0	8.0	6.0	212.0
	本数(本)	24	16	20	24	24	60	180	120	140	216	28	24	−	40	−	200	20	−	−	

※連作障害対策

毎年同じ畑で同一の野菜を作っていると、年々生育が悪くなり全く収穫できなくなることもあります。これを連作障害といい、主に土壌伝染性の病害虫が発生したり、特定の養分ばかりが吸収され、栄養のバランスが崩れるため発生します。

連作障害を防ぐには、同じ仲間や相性の悪い野菜を続けて作らず三～四年は縁の遠い野菜を育てます。これを輪作といいます。

三年輪作を基本に畑を三～五等分して、それぞれに違う仲間の野菜を栽培するように計画します。例えば、Ⅰのエリアはアブラナ科、Ⅱのエリアはナス科とマメ科、Ⅲのエリアはその他の仲間、Ⅳのエリアはウリ科、そしてⅤのエリアには二年生から多年生のもの、Ⅵのエリアにはハーブ類を栽培します。

キッチンガーデンのデザイン

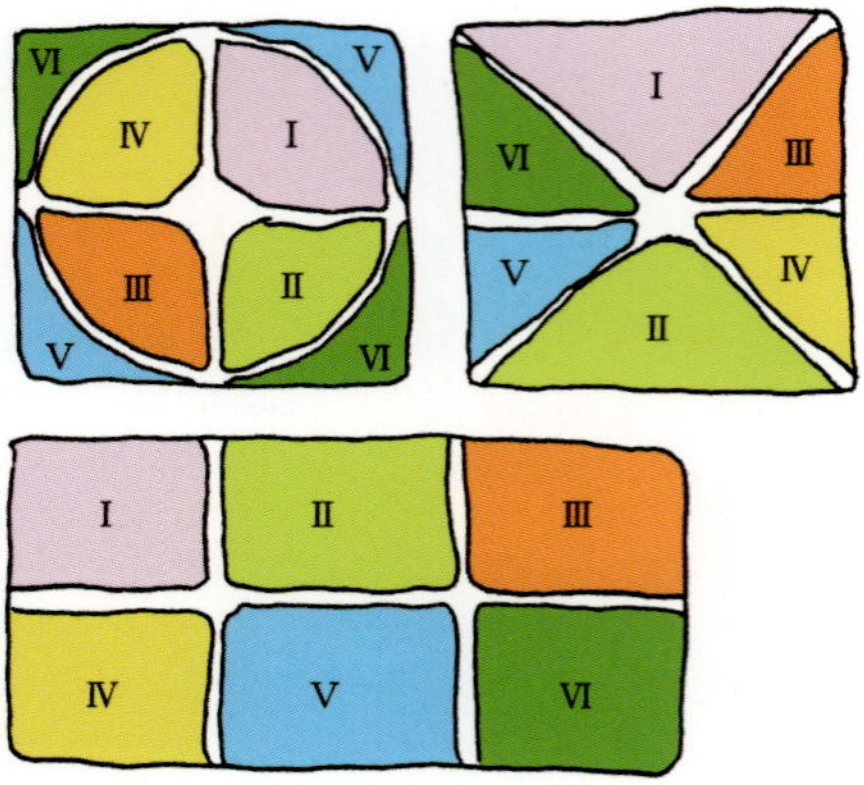

Ⅰ	春 秋	エダマメ、インゲン ハクサイ、ブロッコリー ダイコン
Ⅱ	夏秋 冬春	トマト、ナス、ピーマン エンドウ、ソラマメ ホウレンソウ
Ⅲ	春 秋	スイートコーン、レタス類 パセリ、セルリー ニンジン
Ⅳ	夏秋	キュウリ、スイカ、カボチャ
Ⅴ	２年草 多年草	イチゴ、タマネギ アスパラガス、ミョウガ フキ
Ⅵ	ハーブ類	バジル、タイム、セイジ ペパーミント

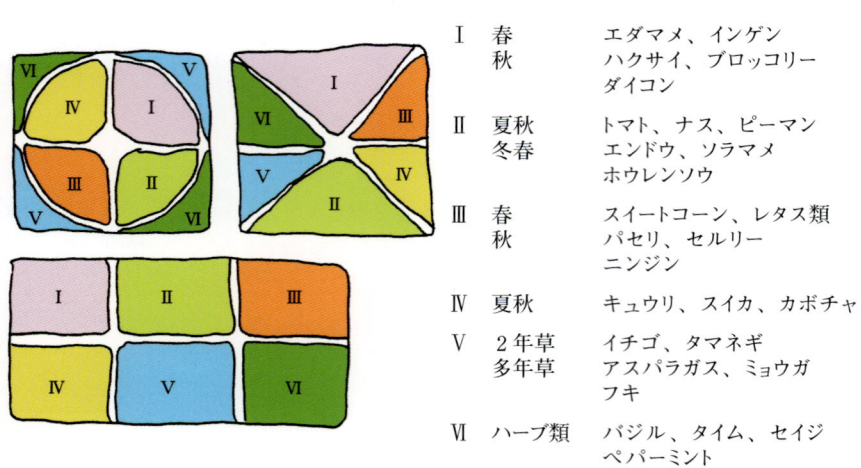

品目別休栽年限表

連作障害がでにくいもの	1年以上休ませた方がよいもの	3年以上休ませた方がよいもの	5年以上休ませた方がよいもの
カボチャ、タマネギ、サツマイモ、スイートコーン	ニンジン、キャベツ、カブ、ダイコン、レタス、シュンギク、セルリー	シロウリ、ハクサイ、ネギ、インゲン、ジャガイモ、サトイモ、ゴボウ、ホウレンソウ	ピーマン、スイカ、ナス、キュウリ、トマト、エンドウ

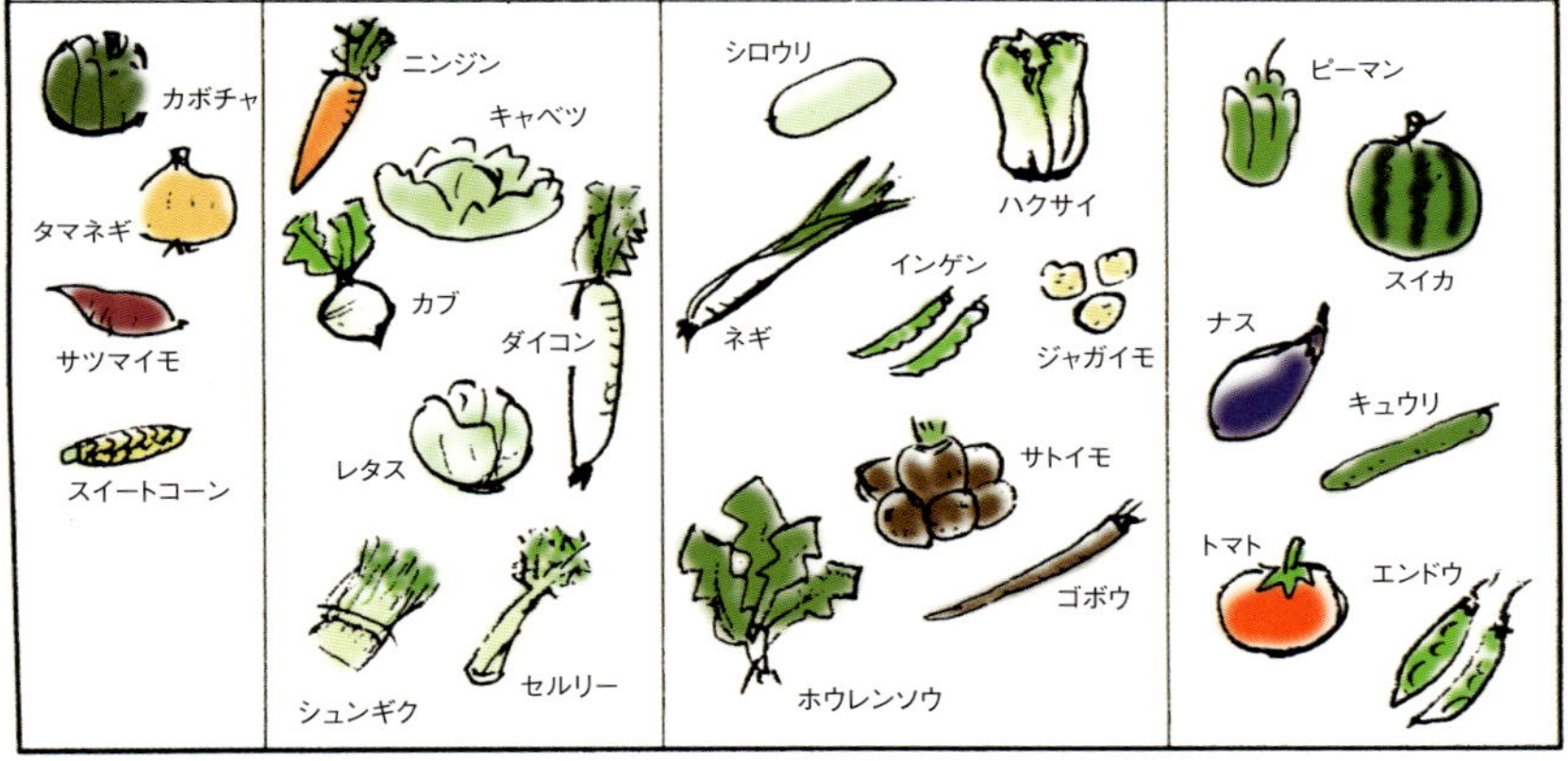

日当りのよい所と日陰の利用

一般的には日当りがよく、風通しのよいことが畑の条件です。しかし、野菜の種類によっては、弱い光(日陰)を好むものもありますから、家の北側なども利用できます。

ただ、樹木の下で朝露のきれの悪い所や、風通しの悪い所はどうしても病気が多くなりますから注意が必要です。

強い光を好むもの	キュウリ、スイカ、シロウリ、メロン、トマト、ナス、ピーマン、ジャガイモ、エンドウ、豆類、スイートコーン、ダイコン、ニンジン
やや弱い光を好むもの	アスパラガス、ネギ、タマネギ、セルリー、パセリ、ツケナ、イチゴ、サトイモ
弱い光を好むもの	ミツバ、ミョウガ、セリ、フキ

種子の整理と貯蔵

昨年採種した種や購入した種子の整理をしておきます。

整理

採種種子は十分乾燥させた後に紙袋に入れて、エンピツで採種年月日、（種類名）、品種名を記入します。購入種子はマジックペンで袋に購入年を記入します。

次に、果菜類・葉菜類・根菜類・ハーブ・その他などに分類してそれぞれ紙封筒に入れ、茶や海苔の缶に乾燥剤とともに入れて密閉します。

注文

同時にノートに整理して、足りない種類は早めに注文します。種子は意外に高価なものですから、整理することによって、まき忘れや無駄な購入を避けることができます。

保存

種子は二年ぐらいは発芽力を保ちます。ネギ類やニンジンなど短命な種類もありますが、前述のように保存をすれば二〜五年は使える種類もあります。

種子を保存するには、低温で乾燥の条件がよく、室内を二〇℃、相対湿度五〇％程度に調節します。

よく失敗する事例は、冷蔵庫に保管する方法です。低温ですが湿度が高いので、密閉したビンに入れないと、発芽が悪くなります。

種子の発芽試験法

保存した種子が発芽するか否かは、栽培上重要な問題です。正式には、シャーレにろ紙を敷いて検定種子を一〇〇粒並べ、恒温器で発芽をさせます。

簡易な方法は、広口の小ビンに、キッチンペーパーを小さく切って敷き、水道水で湿らせてから、一〇〜二〇粒の種子を入れてふたをします。これを二〇〜二五℃の室内に置き、発芽の早い種類で七日後、遅い種類で二一日後に発芽した種を数えます。なお、レタスやセルリーは発芽に光りが必要で、スイカは暗い方が発芽がよいので注意します。

実用的な発芽率は九〇％以上ですが、低いものは多めに種まきして使い、種子は採り返すようにします。

種子の寿命

長い	ナス、トマト、スイカ
やや長い	ハクサイ、ツケナ ダイコン、カブ キュウリ、カボチャ
やや短い	レタス、ホウレンソウ ゴボウ、エンドウ トウガラシ
短い	ネギ、ミツバ ニンジン、タマネギ

種子の整理

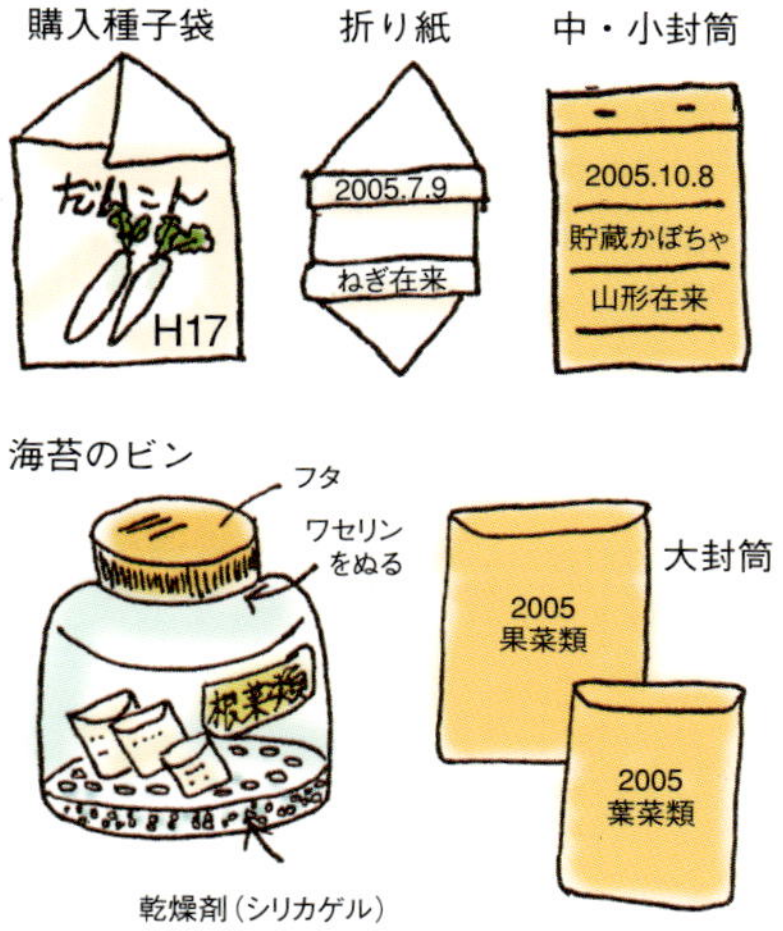

野菜種子発芽試験の基準

種類	発芽温度	調査日数 発芽勢	調査日数 発芽率	備考
ハクサイ	25℃	3日後	7日後	休眠・光
ツケナ	25	3	7	休眠・光
キャベツ	25	3	10	休眠・光
レタス	20	3	7	休眠・光
ネギ	20	6	12	
ダイコン	25	4	6	休眠
ニンジン	25	7	14	光
ゴボウ	25	6	12	休眠・光
トマト	25	5	14	光
キュウリ	25	4	8	光・低水
カボチャ	25	4	8	光・低水
スイカ	25	4	14	暗黒・低水
スイートコーン	25	4	7	暗黒
エンドウ	20	5	8	光

種子の発芽試験法

・正式な方法（20～25℃の恒温器）

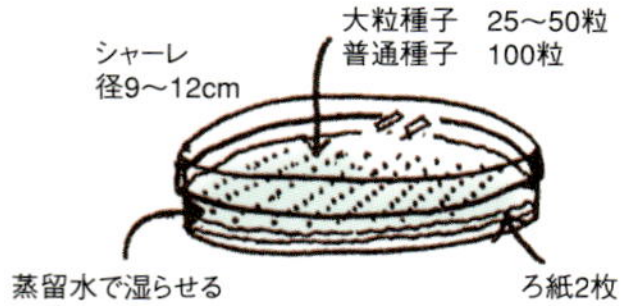

・簡易な方法（20～25℃の室内）

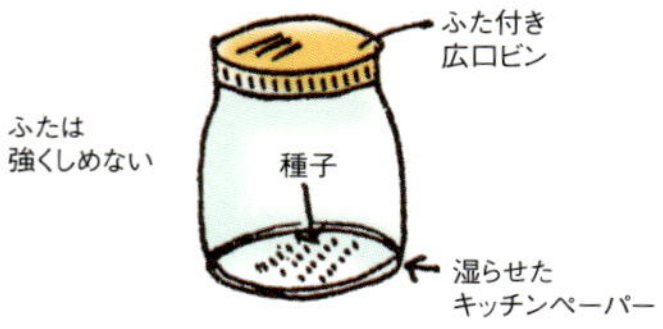

旬の技

もみ殻くん炭の作り方

多量に出る農家のもみ殻。そのままだと使いにくいのですが、加工すれば重宝します。作り方は簡単です(図参照)。

くん炭を土壌に混ぜると、排水、通気性をよくし、土をふんわりさせます。土壌酸度が矯正され、肥料の持ちもよくなり、微生物がバランスよく増殖します。

表面に撒けば、直まきした種子が雨にたたかれるのを防いで発芽をよくし、熱をよく吸収し生育も促進します。

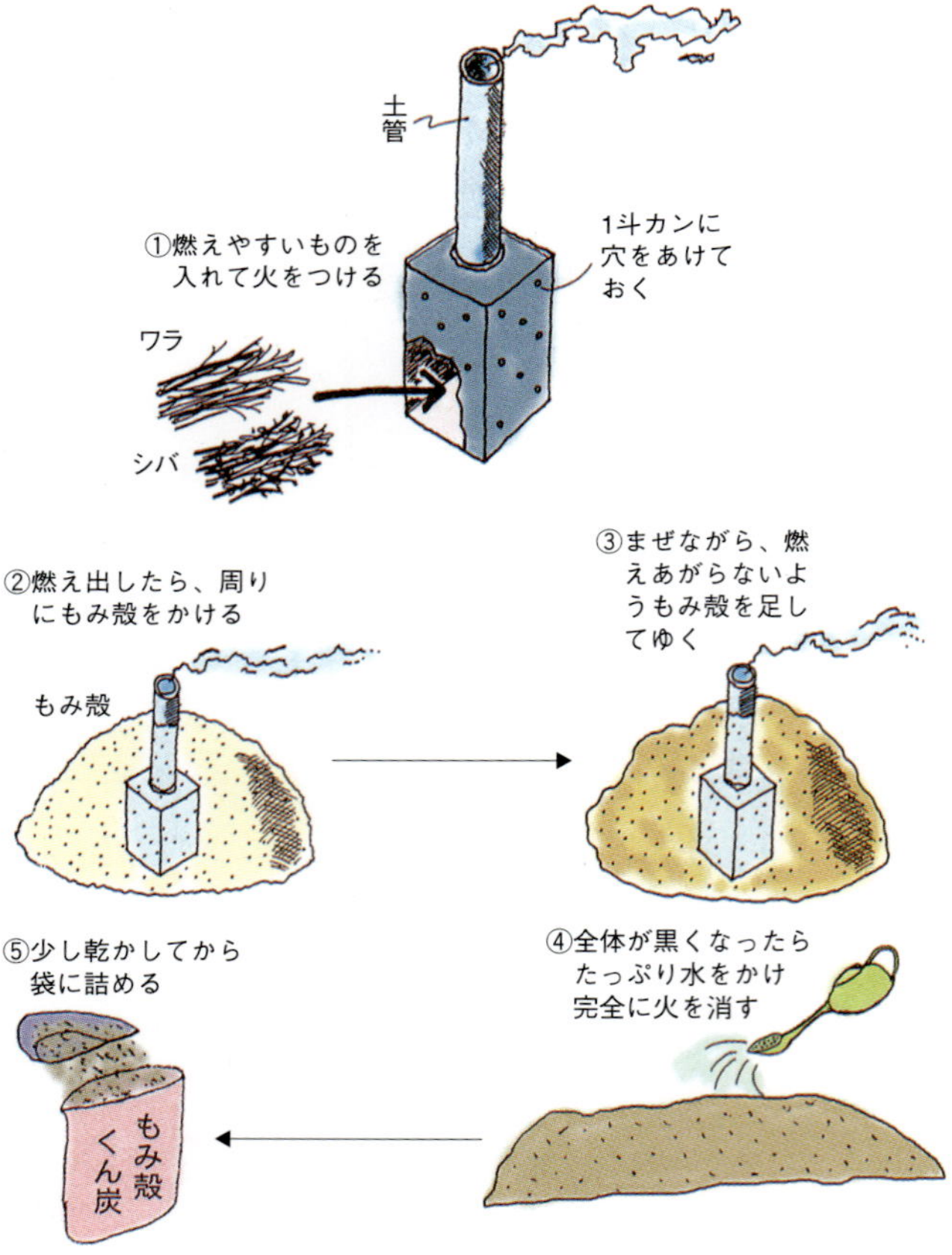

旬の技

✿菜園に取り入れたい野菜
✿種子を選ぶポイント
✿種の注文
✿忌避植物
✿早熟野菜の種まきと苗づくり
✿底面給水による育苗法
✿レタスの種まき
✿キャベツ類、パセリーの育苗
✿ウドの土寄せ
✿ホウレンソウの寒締め栽培
✿豆モヤシの栽培

◆菜園に取り入れたい野菜
◆家庭菜園の作付け体系モデル（例）
◆種子のチェックポイント
◆通信販売の利用手順
◆早熟育苗の工夫
◆底面給水鉢による育苗法
◆いろいろなレタス
◆葉菜の正常苗・徒長苗
◆ウドの生育と土壌管理
◆モヤシの作り方
◆肥料試算の方法

立春（りっしゅん） 2月4日頃　春の気たつを以て也

この日から立夏の前日までが春、まだ寒さの厳しい時期ですが日脚は徐々に伸び、遠くからは、梅のたよりも聞こえてきます。

雨水（うすい） 2月19日頃　陽気地上に発し、雪氷とけて雨水となれば也

空から降るものが雪から雨に変わります。深く積もった雪も融け始め、春一番が吹き、うぐいすの鳴き声も近くなります。

菜園に取り入れたい野菜

作り方が簡単で、早く収穫できる

生育日数、収穫期間が短いので、一種類を少しずつ何回かに分けてまくようにします。こうすると、一度にたくさん穫れすぎず、長い間楽しめます。草丈が低いものが多く、間作ができ、他の野菜との輪作組み合わせがしやすいのも利点です。

長い間収穫でき、労力がかからない

病害虫も比較的少なく、一度植えると長期間、あるいは何年にもわたって収穫できるので、畑の端などをうまく利用して作ると重宝します。ミョウガ等は、むしろ日陰を好みますので、日陰になりやすい場所を活用できます。

技術を要するが、長い間収穫できる

果菜類が多く、家庭菜園の王様です。収穫期間が長いのが魅力ですが、そのための技術が必要です。植え痛みや病害虫により枯れたりするので、予備のためたくさん作る人がいますが、むしろ必要本数だけでしっかり管理をする方がよいものが穫れますし、毎日の収穫量が平均化するなど合理的です。

技術を要するが、作ってみたい

スイカなどの蔓ものは、畑の余裕がないと無理ですが、楽しみな野菜です。整枝や受粉など技術が必要ですが、できたときの感激はひとしおです。ほかの野菜も毎年少しずつ挑戦して作り慣れたいものです。

調理範囲が広く、貯蔵が利く

冬が長い信州では、その間野菜作りができません。これらの貯蔵性のあるものが冬場の野菜不足を補う大事な役目をします。これらの野菜は、労力的にはあまりかからないので、畑に余裕があったら多めに作りたい野菜です。

菜園に取り入れたい野菜

☆作り方が簡単で、早く収穫できるもの

葉菜	ホウレンソウ、レタス、シュンギク、コマツナ、チンゲンサイ
根菜	コカブ、二十日ダイコン、短根ニンジン
果菜	スイートコーン、ズッキーニ
豆類	ツルナシインゲン、エダマメ

☆長い間収穫でき、労力がかからない

葉菜	アスパラガス、パセリ、ニラ、メキャベツ、ワケギ、ミョウガ

☆技術を要するが、長い間収穫できる

果菜	トマト、ミニトマト、キュウリ、ピーマン、オクラ、ナス、イチゴ
豆類	エンドウ、ツルアリインゲン

☆技術を要するが、作ってみたい

葉菜	セルリー、カリフラワー、ブロッコリー、スイカ、メロン、シロウリ

☆調理範囲が広く、貯蔵が利く

葉菜	ハクサイ、キャベツ、ネギ
根菜	タマネギ、ニンジン、ダイコン、ジャガイモ、サトイモ、ナガイモ、サツマイモ、ニンニク、ラッキョウ
果菜	カボチャ、ラッカセイ

家庭菜園の作付け体系モデル（例）

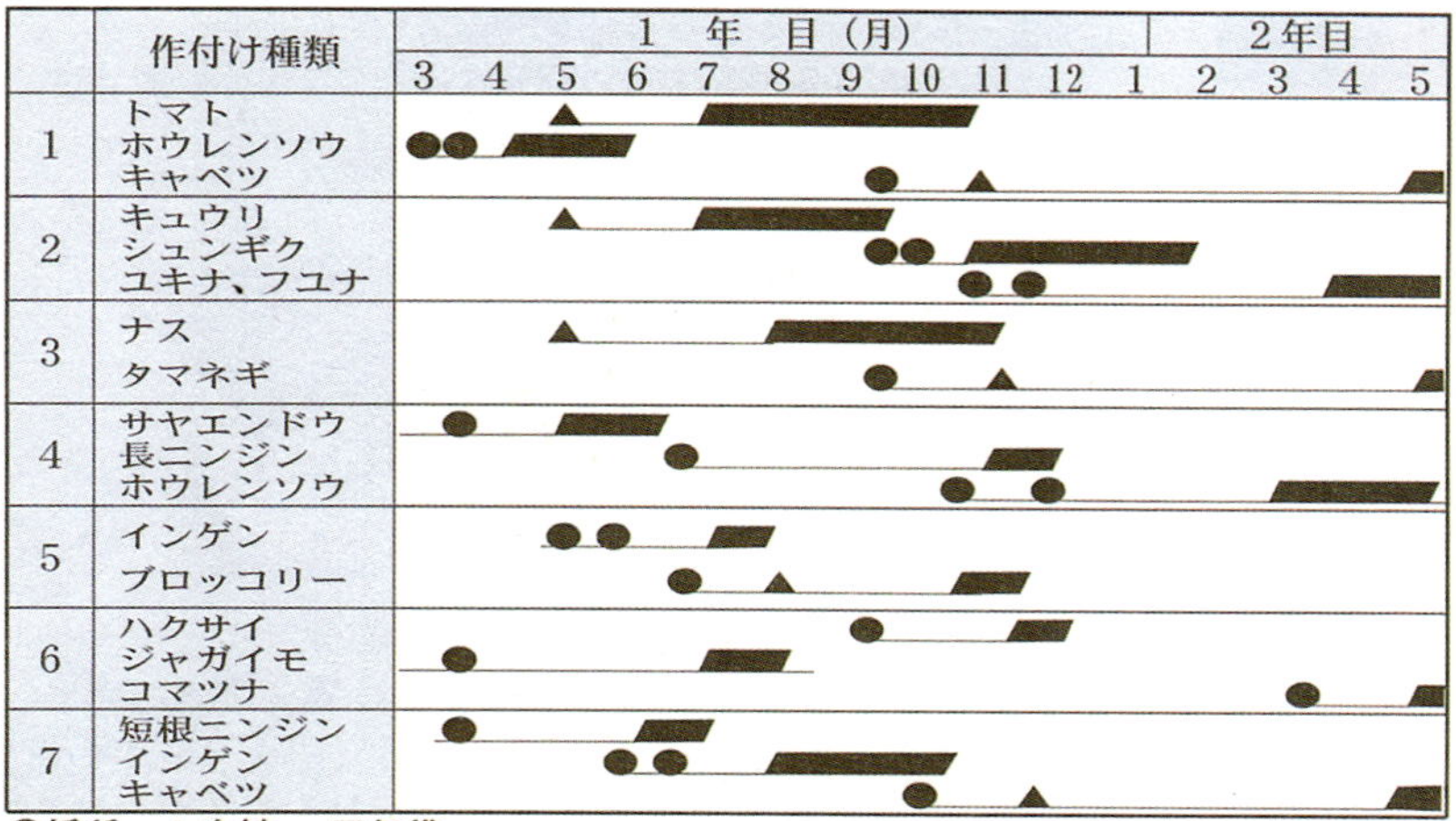

●播種、▲定植、▰収穫

✿種子を選ぶポイント

種子を買う

最近は、園芸店や種苗専門店以外にホームセンターやスーパーなどでも色々な種が袋詰めされて販売されています。

これらの種子は専門の種苗会社が品質を保証しており、安心して購入できますが、日の当たる所に長く置いてあったものは発芽率が落ちるので、袋の写真や絵が色あせているものは避けましょう。

形質や味が優れているものを選ぶ

今まで栽培したことのある品種なら安心して栽培できます。新しいものは、写真や絵を見ると同時に、裏に書いてある品種の特徴をよく読みましょう。

病気に強いものが作りやすい

家庭菜園では、専門家と違って病害虫防除や栽培管理が不十分です。そのため、耐病性と書かれた品種を選ぶことがよいでしょう。最近の品種はほとんどの品種が何らかの耐病性を持っていますが、その程度は多少強い程度から全く発病しない完全抵抗性のものまで幅があるので、過信しない方が無難です。なお、全ての病気に対して強いわけではないので、自分の畑に発生する病害等を、予め知ることが大事です。また、これら品種は草勢が強く、味はやや劣るものもあります。

播く時期を確認する

春まき、秋まきなど季節に応じた品種があり、しかもその中で早生・晩生などに分けられるので袋の表示事項を確認します。特にアブラナ科（ハクサイ・ダイコン等）やキク科（レタス等）は、温度に反応して花芽ができたり抽だい（とう立ち）するので、注意が必要です。

新しい種を利用する

コート（コーティング）種子と呼ばれるものは、形状の不整形な種子や微細な種子を、取り扱いやすく加工したもので発芽率がよくなっています。また、ホウレンソウ等ではネーキッド種子と呼ばれる発芽がよく揃う処理を施した種子もあります。値段は少し高いですが、利用してみるのもいいでしょう。

種子のチェックポイント

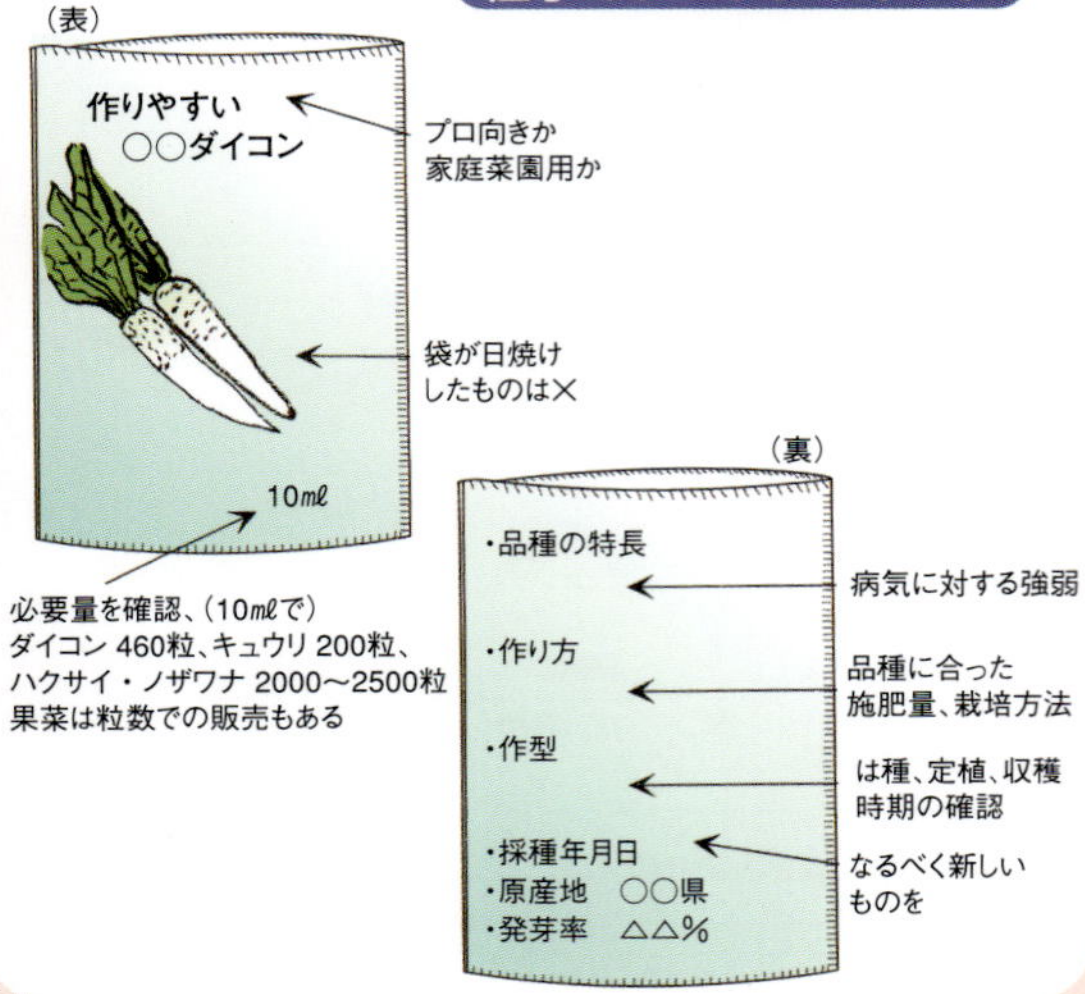

種の注文

栽培計画ができたら、種の注文をします。手持ちの種を整理して、無いものを補充します。種は、作りやすく味のよさそうな品種を選びます。その点では昔から長く使われている品種が無難です。

また、春まきに用いる葉菜や根菜は、とう立ちの遅い春まき用の品種を選びます。

種や苗は、近くの種苗店で買うのが安く、間違いないものですが、国内や海外の業者からカタログを取り寄せて、あれこれと選定するのも、この時期には楽しいものです。

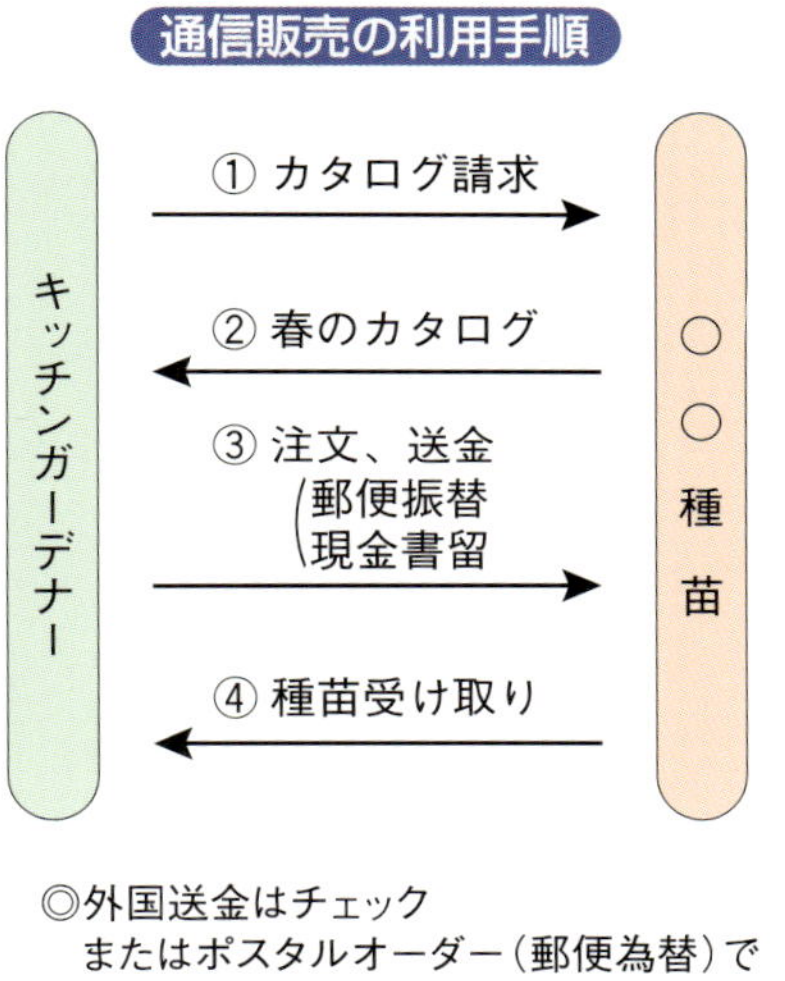

◎外国送金はチェック
またはポスタルオーダー（郵便為替）で

忌避植物

植物の中には野菜に着く病害虫が嫌うものがあり、それらを一緒に栽培することで病害虫を防ぐことができます。ネコブセンチュウやネグサレセンチュウにはマリーゴールドを一緒に植えることで退治することができます。

また、ウリ科の野菜には、ネギやニラ・ニンニクなどを植えるとつる割れ病等の予防になります。

早熟野菜の種まきと苗づくり

野菜を普通の時期に栽培すると病気や害虫が多発して作りにくいものです。

そこで、早期に育てた苗を四月頃にトンネルやハウスへ定植すると意外に育てやすいものです。苗は購入すればよいのですが、自分で選んだ品種の種をまいて育てることで楽しみも倍増します。

種まき

トマト・ミニトマト・ナス・ピーマン・パプリカは、六五〜九〇日も育苗するので、遅くても今月中に種まきをします。

一番注意しなければならないのは、温度です。特に発芽には、二五℃以上が必要ですので、ワーディアンケースや市販の発芽器を利用して種まきをします。

育苗

ポットやイチゴパックへ市販の培養土を詰め、浅くまきます。二週間ぐらいして発芽が揃ったら、最低気温一五℃以上の室内の窓辺に置き、本葉が三〜四枚になるまで、液肥を与えながら管理します。四月にポットへ一株ずつ鉢上げをして、最低気温を保てる場所で管理します。

なお、ウリの仲間は、もっと遅く種まきをします。ネギやレタス類は、もっと低い温度で育苗できます。ハクサイは、寒さには強いのですが、とう立ちをするので、一三℃以上で育苗します。

底面給水による育苗法

シクラメンの底面給水鉢やペットボトルを利用して作った底面給水装置による育苗は、潅水に気を使わないで楽にできます。

一ℓのペットボトルを真ん中で横に切り、ふたに焼いた鉄線で穴を空けます。そこへ細長く切った給水ひもを通し、逆さにして下半分へ挿し込めば出来上がりです。

鉢の八分目位にまでピートモス主体の培養土を詰め、十分湿らせて毛管水が繋がったら、薄く種まきをします。小さな種や光の必要なレタス類は、表面にばらまき、大きな種は、浅くまきます。

種まき後はポリ袋等で密閉し、発芽したら除きます。十分大きくなるまで育ててから移植するのがコツです。

早熟育苗の工夫

市販の発芽・育苗器

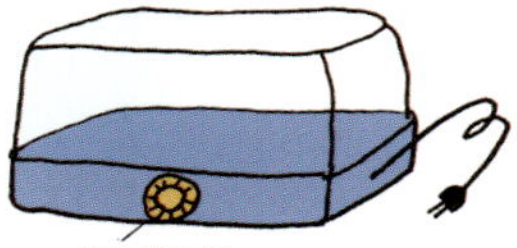

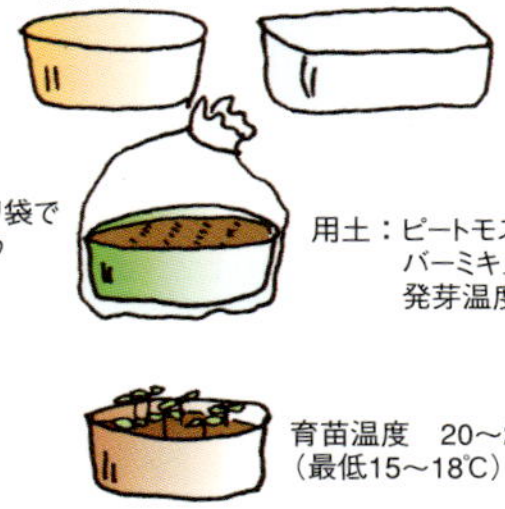

自作のワーディアンケース

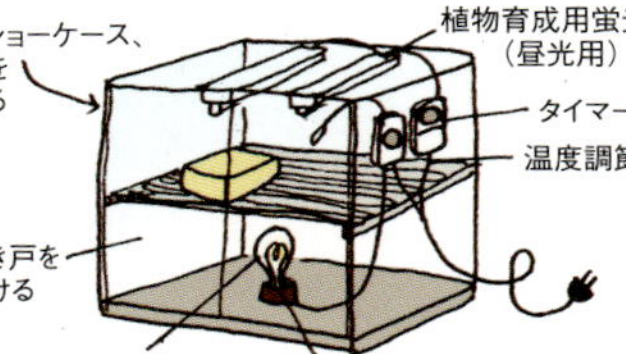

育苗中の最低温度

トマト、ミニトマト、ナス	13〜15℃
キュウリ、カボチャ	15〜17℃
メロン、スイカ	18〜19℃
ピーマン、パプリカ、シシトウ	

底面給水鉢による育苗法

シクラメンの底面給水鉢

ペットボトルを利用した底面給水鉢

レタス類の種まき

レタス類は、玉レタスやリーフレタスのほかロメインレタス・カキチシャ・茎レタス・サラダナなど種類が豊富で、色彩も赤や緑、中間色があります。性質も低温性で、春作では害虫も付きにくく、作りやすいので、ぜひ取り入れたいものです。

今月から無加温ハウスで育苗できます。育苗箱に野菜培養土を詰めて条まきし、ハウス内のトンネルで発芽させます。

本葉が展開を始めたら、直径七・五㎝くらいのポリポットや四～五㎝のセルトレイに鉢上げします。発芽温度は、最低五℃。日中二三℃くらいで管理し、発芽後は換気を十分にして、徒長させないよう管理します。

育苗日数は、三〇日ぐらいで三月までに本葉四～五枚のガッチリした苗を作ります。

キャベツ類、パセリーの育苗

発芽には最低一〇℃くらい必要です。しかし低温に強く、苗の小さいうちは低温下でも花芽を作らないので、無加温ハウスで、レタスに準じて育苗を始めることができます。トンネル栽培用のブロッコリーやプランター用のパセリーを育苗してみましょう。

ウドの土寄せ

春ウドは、枯れた茎葉を片付けて土寄せをします。株元二〇㎝くらいを軟白してその先を一五㎝緑化する山ウド風の半軟化栽培法は簡単で、料理の幅が広がるので試して下さい。

軟白には土が一番きれいに仕上がります。予め有機物を入れてふかふかにした土を芽の上二五㎝くらいの深さに盛ります。

ウドは霜に弱いので、収穫期から三〇日ぐらい遡って、盛った上に小トンネルをかけ、ポリフィルムと苗代用のホットンカバーを二重にかけて密閉します。

暖かくなったら時々のぞいて、芽が土の上に一〇㎝くらい伸びたら、株元を掘って収穫します。

葉菜の正常苗・徒長苗

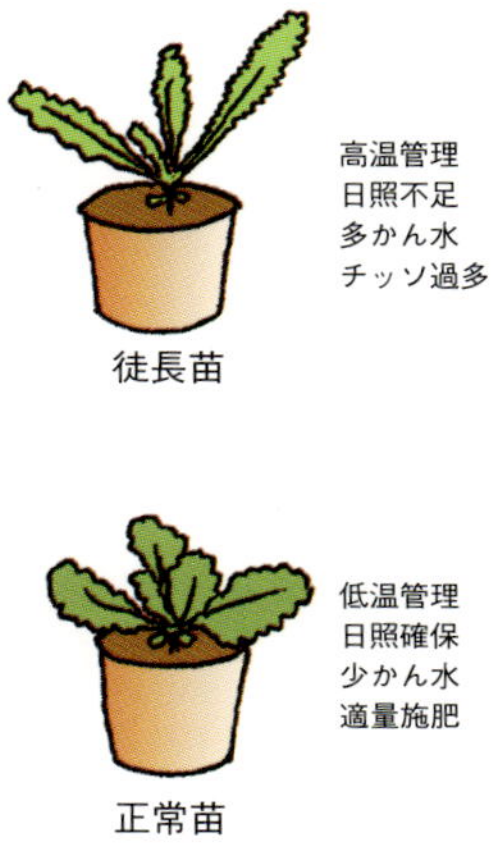

いろいろなレタス

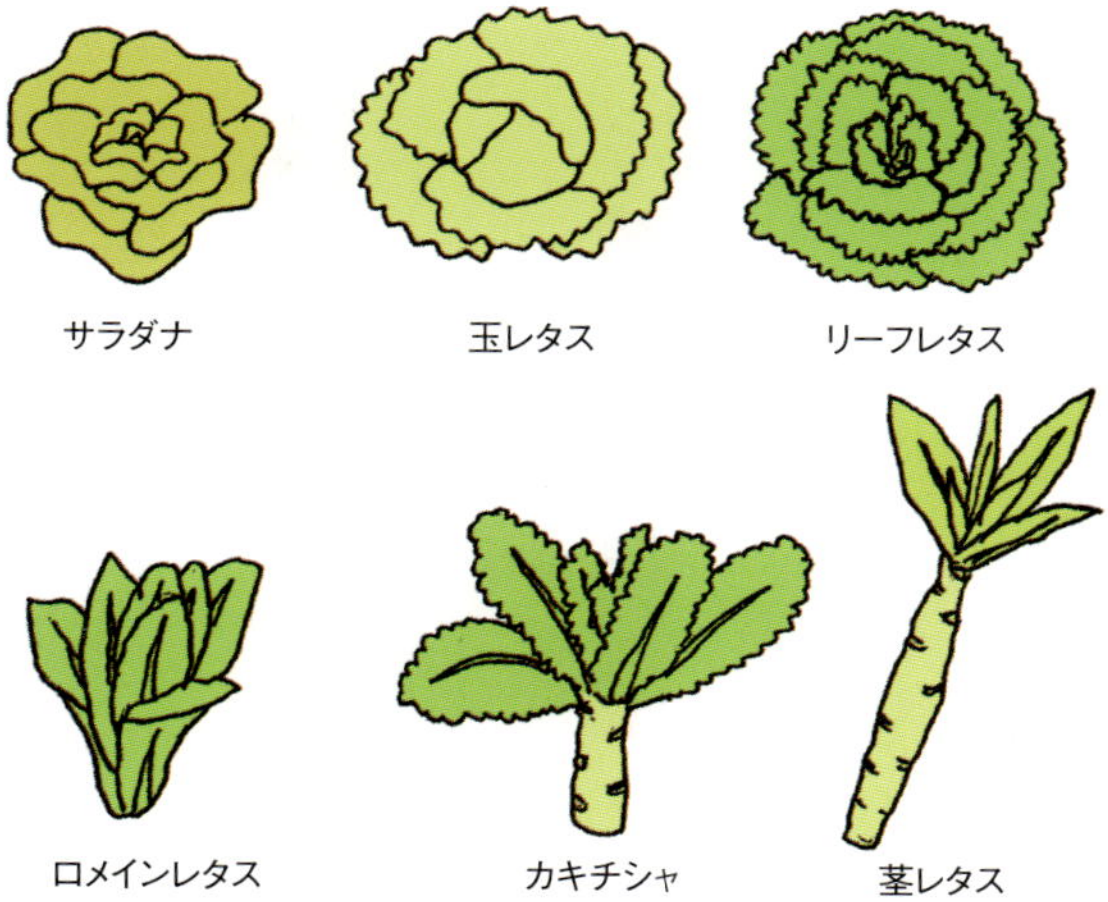

ウドの生育と土壌管理

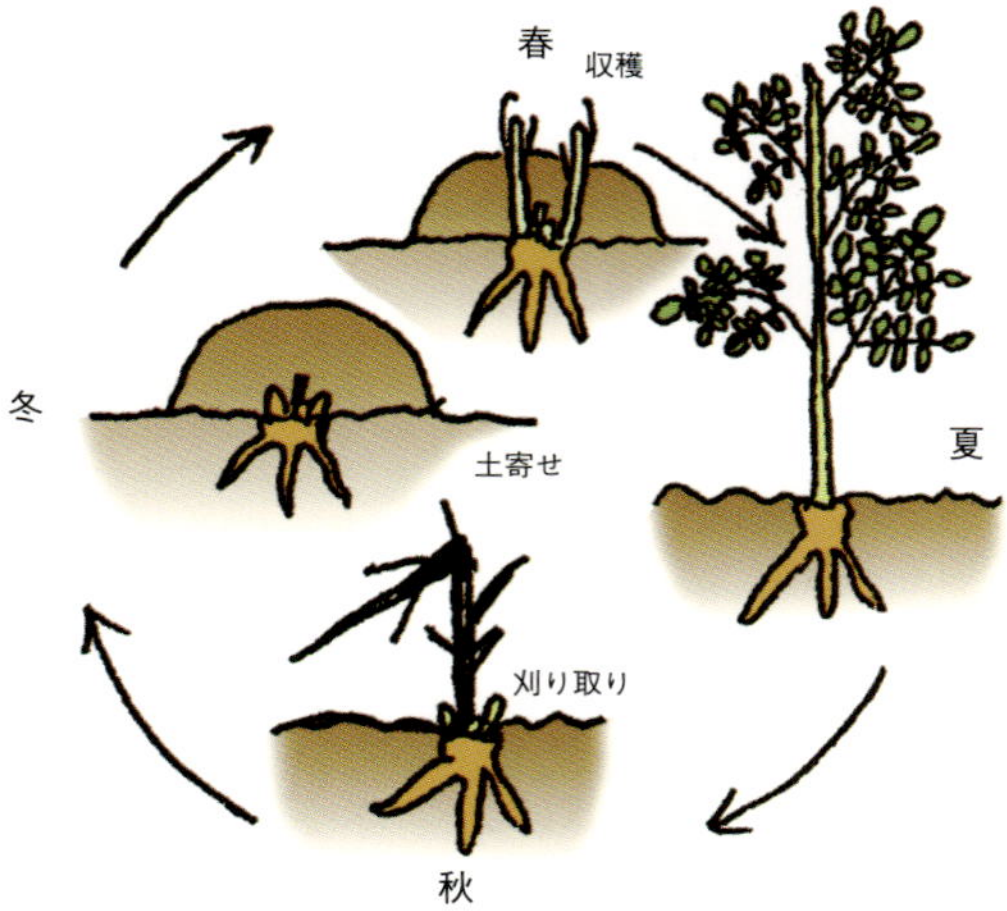

ホウレンソウの寒締め栽培

寒締め栽培とは

雪をどけながら掘りだしたホウレンソウ。何ともいえない甘みで美味しいものでハウス物とは格段の差です。

少し難しくなりますが、これは低温に合うと越冬できる体、つまり水分含量が低下し糖やビタミン含量を増加させます。

これを美味しいと感じるわけですが、この機構を利用して、暖かいハウスで生育を促進させた野菜を、収穫前にハウスを開けて寒さに当てることで食味・栄養価を高めて収穫・出荷するのが「寒締め栽培」です。

最低気温と品目

ホウレンソウ・フユナ・ユキナは、真冬の最低気温でマイナス五℃～一〇℃くらいの地域が適しています。コマツナ・サントウサイ・ナバナなどはやや耐寒性が劣るので、マイナス五℃程度の地域が適しています。

栽培法と留意点

収穫できる大きさになったらハウスを開放して二週間程度寒さに当てます。急に極端に低い外気に当てると傷むことがあるので、日中のみ開けることから始めて徐々に馴らします。また、小トンネルやべたがけも馴らしながらはずします。

ハウスは降雨・降雪や強風の時には閉めるようにしま

豆モヤシの栽培

専門の容器も市販されていますが、身近な物を利用して栽培してみましょう。

適温を保つ

種を発芽させるにはある程度の温度が必要です。多少の違いはありますが、およその目安として一五～二〇℃を保つようにします。

湿度を補給する

水分が不足すると発芽や生育がうまくいかないので、たびたび水ですすいで水分を補給しますが、過剰だと腐敗しやすいので、水切りをしっかりします。

通気を良くする

特に大粒の豆類はたくさんの酸素が必要です。ビンなどで作る場合は、水ですすいで水分を補給するとともに、酸素を送ります。

暗くする

光のない所で生育させることにより、芽が長く軟弱に育ちます。

す。ハウスを開けると生育は停滞しますが、ハウス内気温が五℃以上あれば生長を続けるので、大きいものから一カ月程度連続して収穫可能です。

寒締め栽培の実際

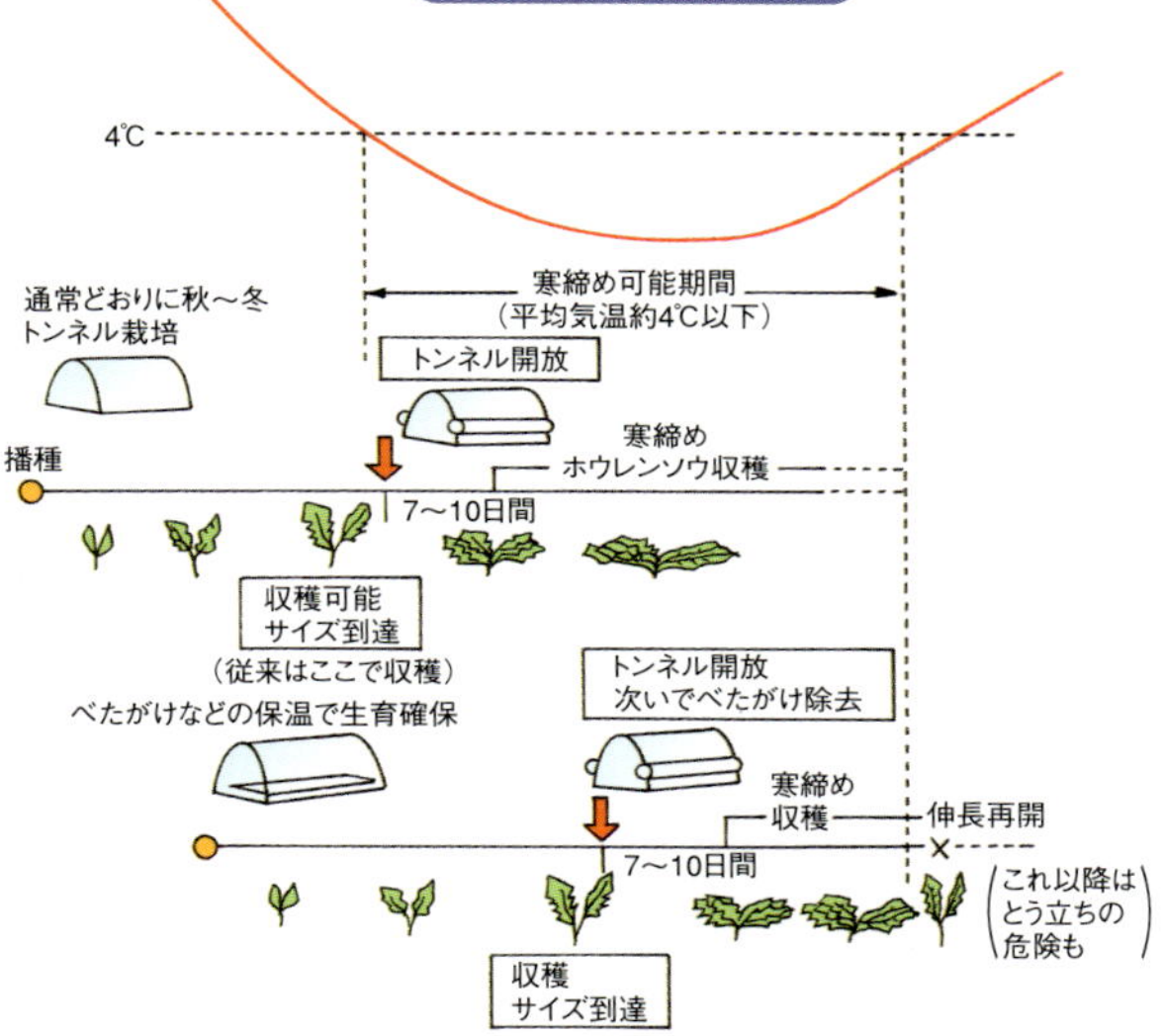

モヤシの作り方

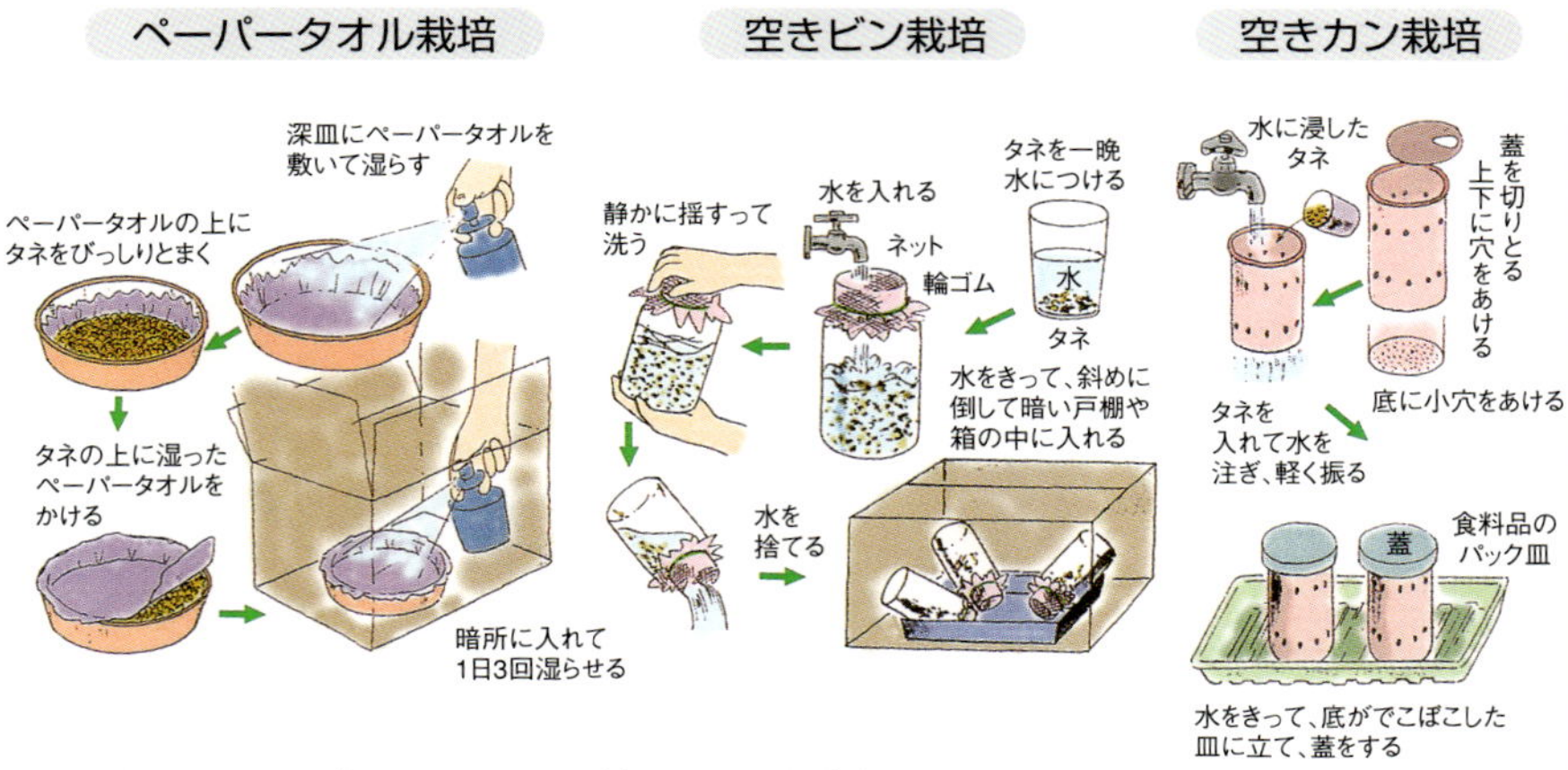

◎ポイント：水かけは1日3回（冬はぬるま湯）行う

旬の技

肥料計算の方法

キャベツの場合（例）

基肥

肥料名	保証成分（%）N-P-K	施肥量 g/㎡	成分量（g/10㎡） チッソ	成分量（g/10㎡） リンサン	成分量（g/10㎡） カリ	備　考
			120	160	120	
BB473	14-17-13	857（A）	119.9	145.7	111.4	
不足分※			0	14.3	8.6	
熔成リン肥	0-19-0	75.3		14.3		リンサン14.3となり、不足分0

計算式

①	チッソ	施肥量＝作物が必要とする成分量÷使用する肥料の含有成分量（%） Y＝120÷0.14 ＝857（A）　＝　119.9（成分量）
①	リンサン	施肥量＝（A）×使用する肥料（ここではBB473）の、リン酸含有成分量（%） Y＝857×0.17　＝　145.7（成分量）
①	カリ	施肥量＝（A）×使用する肥料（ここではBB473）の、カリ含有成分量（%） Y＝857×0.13　＝　111.4（成分量）
②	リンサン	Y＝不足分÷使用する肥料（ここでは、熔成リン肥）リン酸含有成分（%） ＝14.3÷0.19　＝　75.3（施肥量）

説明　この例では、BB473を基肥として施用する。

その結果、計算式①により、リンサン14.3、カリ8.6（g/10㎡）が不足する。

この場合、リンサン不足分（14.3g/10㎡）を、計算式②により、熔成リン肥76.3g/10㎡を施用し、補給する。なお、カリ不足量は、無視し、生育状況を見て、補給する。

追肥

肥料名	保証成分（%）N-P-K	施肥量 g/㎡	成分量（g/10㎡） チッソ	成分量（g/10㎡） リンサン	成分量（g/10㎡） カリ	
			80	0	50	
追肥NK20号	12-0-8	666.7	80	0	53.3	

計算式③

チッソ	施肥量＝作物が必要とする成分量÷使用する肥料の含有成分量（%） Y＝80÷0.12 ＝666.7　＝　80（成分量）
カリ	Y＝（B）×使用する肥料（ここでは、追肥NK20号）の、カリ含有成分量（%） ＝666.7×0.08　＝　53.3（成分量）

説明　この例では、追肥NK20号を追肥として施用する。
その結果、計算式③により、施肥量は666.7（g/10㎡）となり、チッソは成分量80、カリ53.3（各g/10㎡）が供給されることになる。（ただし、カリ3.3g/10㎡過剰分は、一応、無視する）

旬の技

✿肥料の上手な使い方
✿野菜により施肥法を変える
✿畑の耕起
✿越冬野菜の管理
✿春野菜の早まきと保温の工夫
✿保温方法
✿春野菜の播種
✿床土の作成

◆野菜の種類と施肥のポイント
◆各種野菜類の適正酸度
◆果菜の施肥
◆エンドウの管理
◆保温のいろいろ
◆組合せの例
◆ハクサイのいろいろ
◆野菜の花芽分化と抽たいの型
◆とうを食べる野菜

啓蟄（けいちつ）　3月6日頃　陽気地中にうごき、ちぢまる虫、穴をひらき出ればなり

冬眠をしていた虫が穴から出てくる頃だそうです。実際に虫が活動を始めるのはもう少し先ですが、柳の若芽が動き始め、雪の下で蕗のとうもふくらみ始めます。

春分（しゅんぶん）　3月21日頃　日天の中を行て昼夜等分の時也

この日をはさんで前後7日間が彼岸です。寒の戻りがあるので暖かいといっても油断は禁物、昼夜の長さがほぼ同じ頃で、これからは昼の時間が長くなっていきます。

肥料の上手な使い方

有機質肥料

堆肥も含め、魚粕・油粕・鶏糞などは、肥料成分のチッソ・リンサン・カリの三要素のほか、多くの微量要素を含む総合肥料です。効き方は緩やかで長効きをし、土壌を肥沃化する有機物を多く含み、化学肥料のような肥え焼けや、土壌の酸性化を招く心配のない優れた肥料です。

しかし、生のままで施すと初期の効き目が悪いほか、化学肥料に比べ三要素の成分が低いので大量に施しやすいのですが、そうすると生育の後半に効いてきて品質を悪くしたりする場合があるので、一度に多量に投入するのではなく、毎年一定量を施すようにします。

化学肥料

肥料成分を化学的に製造したもので、三要素の内一つだけ含んだものを「単肥」、複数含んだものを「化成肥料」と呼んでいます。

化成肥料は、窒素・リン酸・カリの三成分を作物ごとに適するように配合してあること、窒素成分についてはすぐ効く速効性のものと、じわじわ効く緩効性のものがあるので、特性を知って使うと効果が高く、省力的です。

野菜の種類により施肥法を変える

野菜の種類によって、肥料の吸収や吸収時期は三つのタイプに分かれます。

尻上がり型（元肥を抑え、待ち肥で効かす）

スイカ・カボチャなど生育前半が長く収穫期間が短期間に終わる野菜は、初期生育はゆっくり育て、中期から後期にかけては追肥を行って尻上がりに肥料が切れないように草勢を維持させます。

コンスタント型（元肥を深く、追肥は早めから肥切れさせない）

トマト・キュウリなどの果菜類は、収穫期間が長く、果実がなり始めるまでは窒素は控えますが、その後は定期的に追肥を行い、最後まで肥切れさせないようにします。化成肥料を施用する場合は、緩効性の肥料を用いると追肥を省略できるなど省力的です。

先行逃げ切り型（元肥を主体的に施す）

生育期間が短く一斉に収穫する葉菜類や、根菜類がこのタイプで、元肥を主体とし肥料は浅めに施します。

多めの施肥は、後でコントロールできません。畑の地力を勘案し、気持ち少な目に施して、生育を見ながら追肥を行うと良品生産が期待できます。

各種野菜類の適正酸度

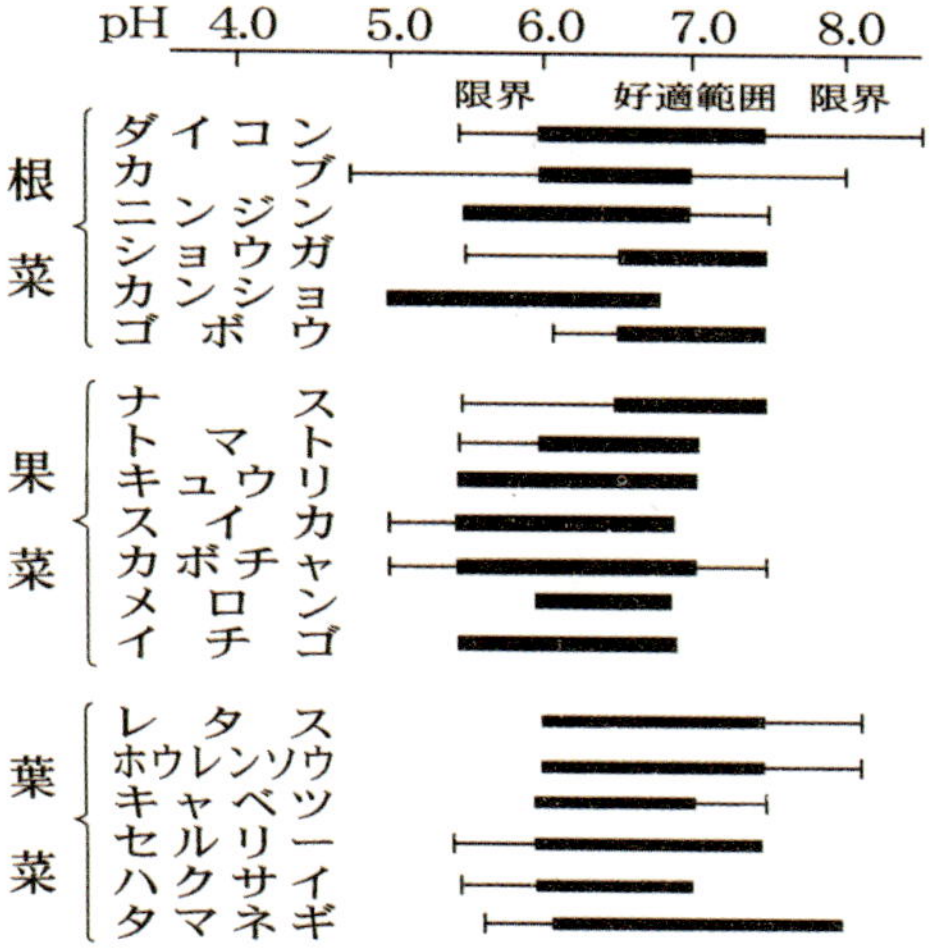

野菜の種類と施肥のポイント

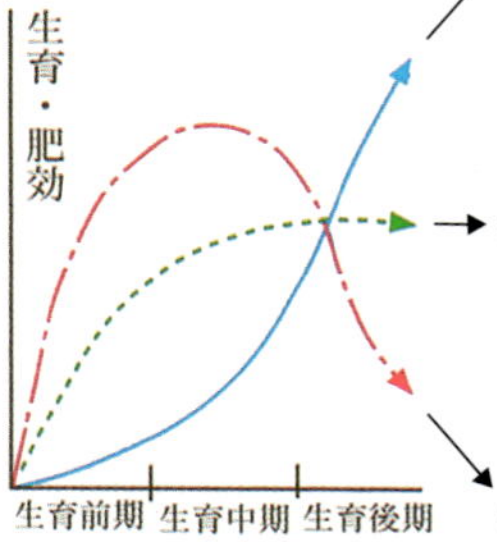

		◎野菜の種類	◎施肥のポイント
①	尻上がり型	スイカ、メロン、カボチャ、ダイコン、ゴボウなど、前半の生育をおさえないと収量低下(ツルボケ、葉ボケ)するもの。	元肥を少なくし、また、深めに入れる。追肥(待ち肥)で尻上がりに効かす。
	この中間型— イチゴ、スイートコーンなど		
②	コンスタント型	トマト、キュウリ、ネギ・インゲンなど茎葉の生長に支えられながら、収穫部の肥大が進行するもの。	安定した肥効が大切。元肥を深めに施し、追肥を早めに施す。
	この中間型— キャベツ、サトイモ、タマネギなど		
③	先行逃げ切り型	ジャガイモ、サツマイモ、サトイモ、小カブ、レタスなど茎葉がまずしっかりし、その後収穫部が肥大してゆくもの。	元肥主体で表層に施し、後半窒素の肥効が出ないようにする。

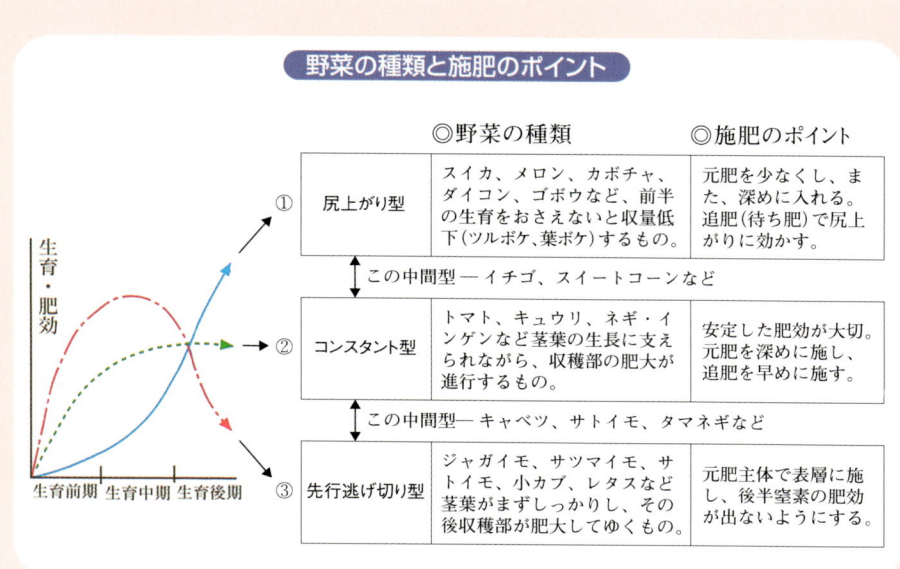

畑の耕起

秋耕していない畑では、早いうちに堆肥や有機質資材・石灰等を散布し、数回深耕します。資材の投入量は、一〇㎡当たり堆肥等二〇～三〇kg、苦土石灰二kgを目安とします。

トマトやキュウリなど長期間栽培する野菜は、堆肥等は全面散布と畝溝施肥を併用するとよいでしょう。

越冬野菜の管理

タマネギの追肥

根は気温が低くても生育を始めています。追肥時期は二月中旬～四月上旬ですので、この間に即効性の肥料を施用します。注意することは、遅れると小玉となる他腐敗等で貯蔵性が低下するので三月中には施用してしまうのが理想です。施肥量は、チッソ・カリとも成分量で一㎡当たり五g（成分量一二％の肥料なら四〇g）程度でよく、これを二～三回施用します。降雨後あるいは降雨が予想されるときに施用すると効果が高まります。

イチゴ、アスパラガスのトンネル

越冬したイチゴは、すでに花芽がついています。傷んだ下葉を整理してトンネル被覆すると、花芽が伸びてきて開花し、露地に比べて一カ月程早く収穫できます。アスパラガスも同様にトンネル掛けで収穫が早まります。注意点は、潅水を十分に行うこと、日中は二五℃を目安に換気をすることです。

ホウレンソウの追肥

昨年秋にまいたホウレンソウは寒さのため生育が止まった状態ですが、北側に風除けを設置したり、トンネル被覆すると生育が早まります。トンネル内は高温で軟弱徒長となるので、後半は積極的に換気を行います。この時、液肥と兼ねて潅水してやると生育がよくなります。

エンドウの管理

秋まき越冬したエンドウは、気温上昇とともに急に伸び始めます。間引きをしてなければ一カ所二本立てとします。支柱を立て早めにネットやわらなどで巻きひげを誘引します。この時生育をみて一〇株で一握りの追肥を株元に施し、軽く土寄せを行います。また、湿害に弱いので、排水対策はしっかりしましょう。

果菜の施肥

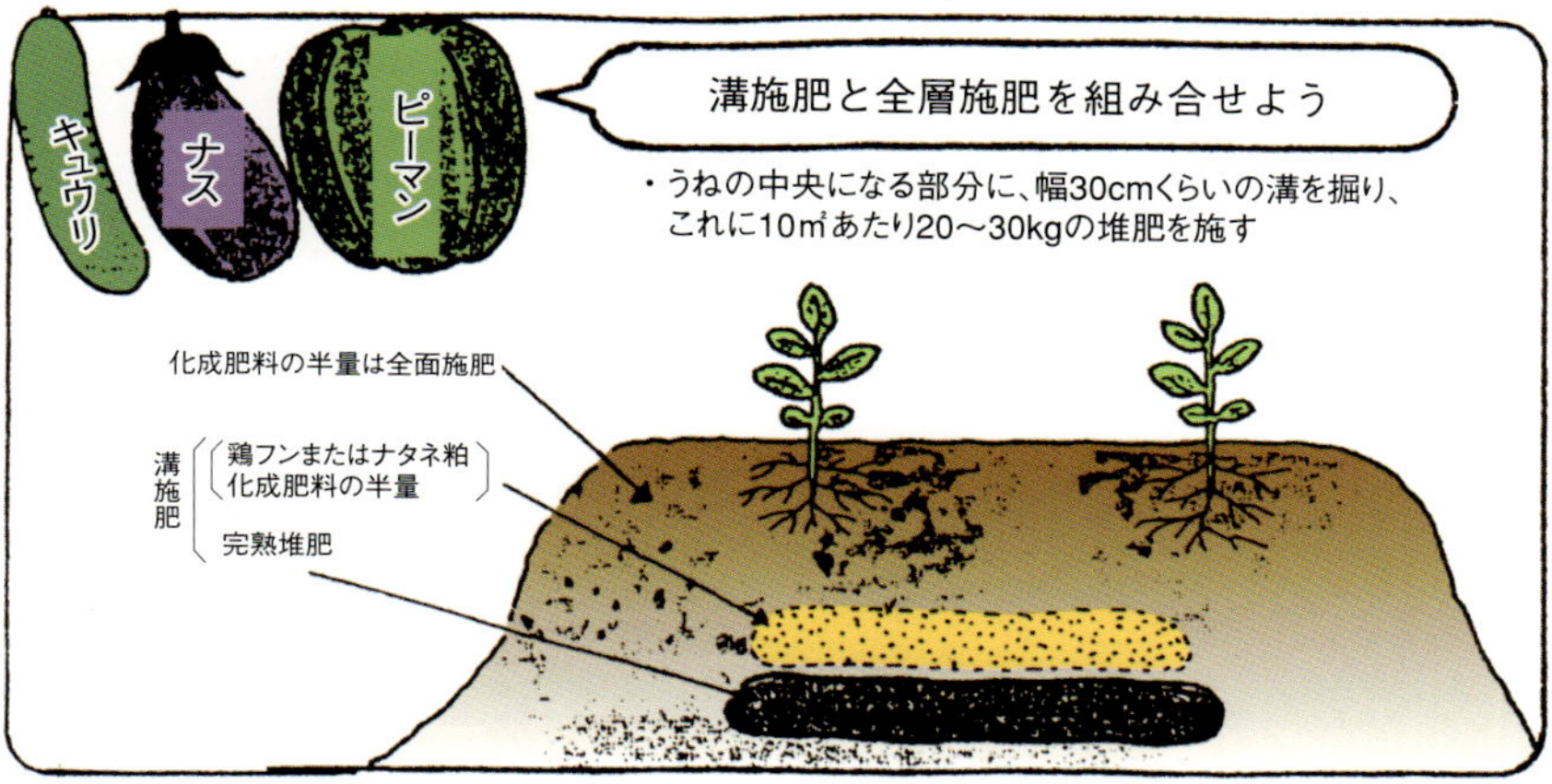

エンドウの管理

春になると、急に伸び出すので、その前に巻きひげがからみつけるように支柱を立てる。魚網やキュウリネットを使うのが簡単だが、ひもを張って代用することもできる

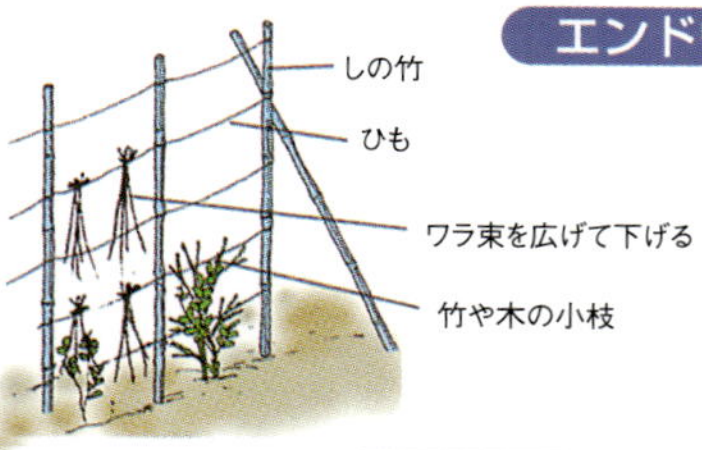

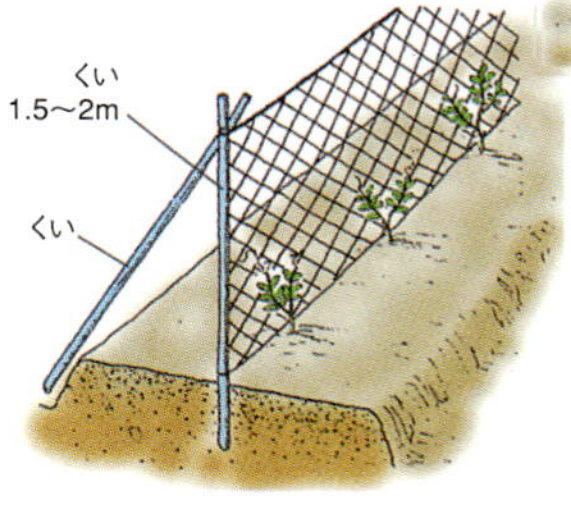

エンドウの誘引方法

エンドウの収穫適期

実エンドウ
子実がよく充実し、さやがふくれて表面が光沢を失い、ざらざらするようになったときに収穫する

サヤエンドウ
さやが平らで、外から子実の形があまりはっきりわからないうちに収穫する

スナップエンドウ
若さやのうちから収穫できるが、子実が大きくなって、さやの断面が円形になるくらいふくらんだころが収穫時期

✿春野菜の早まきと保温の工夫

ぽかぽかした陽気になると、畑に出て種をまきたくなりますが、直まきにはまだ早く、普通は桜の咲く頃まで我慢します。

しかし、四月は干ばつになりやすいので、雪解け水などで十分湿っている三月に保温をして早まきをすると、発芽揃いや生育がよいものです。

早まきは、ポリマルチやトンネルなどの保温資材を利用して行います。

三月に保温して種がまける野菜は、短根ニンジン・時無系春ダイコン・二十日ダイコン・コマツナ・ホウレンソウなどです。

一㎡当たり、堆肥を二～三kg、石灰資材を五〇～一〇〇gまいて荒起こしをし、次に化成肥料を一〇〇gくらい表面にまいて耕します。

うねは、床幅四五～五〇cmに立て、表面を平らか中高にして、土壌水分のあるうちに透明または黒ポリマルチをかけます。マルチには、条間二五cm、株間はダイコンで二〇cm、その他は一五cmくらいで、まき穴をあけます。

各二～六粒まいて土をかけたら、ポリトンネルやべたがけで保温します。

✿保温方法

春の栽培では、種まきや定植後の初期に一〇から一五日間ぐらい保温をするだけで生育が進み、すばらしいものを生産することができます。

保温の方法には、マルチやべたがけ、トンネルがけがあります。

マルチやべたがけは資材をそのまま使用しますが、トンネルは、ピアノ線などを用いてトンネルを作りフィルムをかけます。また、密閉状態では苗が焼けてしまうので、適宜穴あけをしてやります。

ポリマルチは毎年更新しなければなりませんが、べたがけやトンネル用のフィルムは五年ぐらい使えるので、大切に使用しましょう。

保温のいろいろ

溝方式改良マルチ栽培

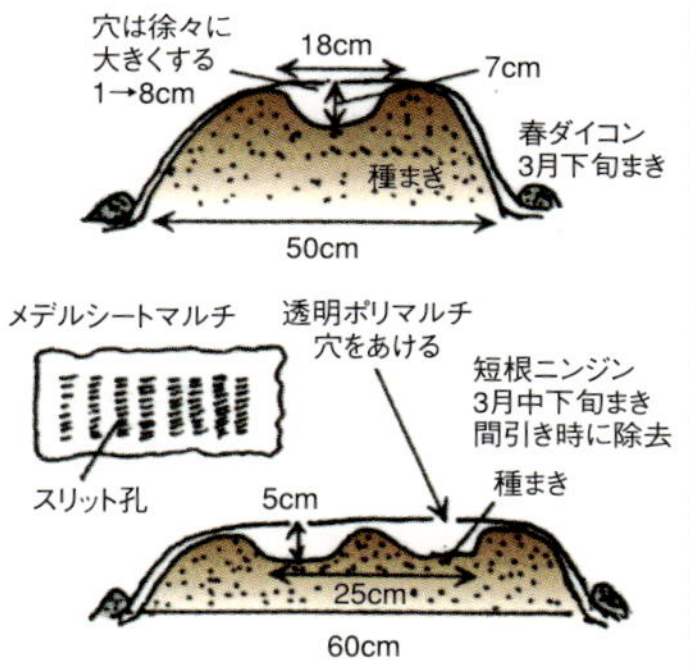

ポリトンネル栽培

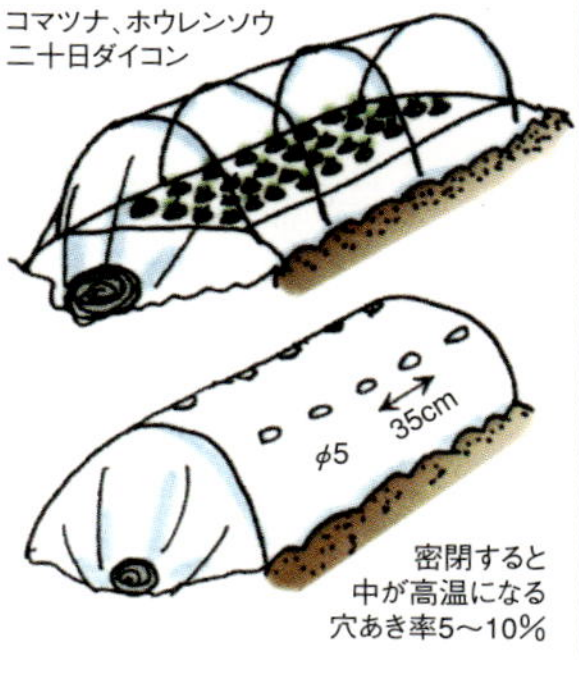

べたがけ栽培

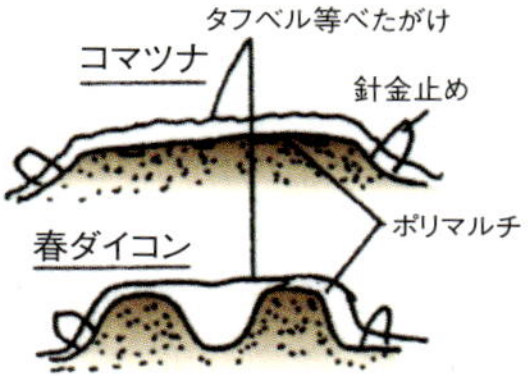

早まきのポイント

①春まき用の品種を用いる
②トンネル、改良マルチは穴をあける
③間引き時に穴を大きくするか除去する

組合せの例

ポリトンネル

トンネル＋べたがけ

不織布べたがけ

不織布トンネル

春野菜の播種

ホウレンソウ

三月上旬に播種すると五月上旬から収穫できます。春まきは長日(日が長い)によりとう立ち(抽だい)が早いので西洋種（丸種）など晩抽性の品種を選びます。

ハクサイの播種・育苗

とう立ちさえ気を付ければ、春ハクサイは病害虫の発生が少なく作りやすいものです。品種はとう立ちの遅い春まき専用のものを購入します。低温に感応してとう立ちするので、育苗中は一三℃以下にしないよう、地表面に温床線を張って加温します。夜間低温に遭遇してしまった場合は、日中ハウスを密閉して二五℃以上の高温に遭わせると、とう立ちを遅らせることができます。育苗日数は三〇日前後で本葉六枚以上を目安にします。

ダイコンの播種

ハクサイと同じように低温によってとう立ちします。青首系の品種は感応しやすいので難しいですが、春まき用の品種を用い、マルチとトンネルを組み合わせることによって低暖地では三月上旬から可能です。ニンジンも同様にできますが、発芽を揃えるために、播種前に十分潅水をしておくとよいでしょう。

春まきエンドウ

まき時は、移植作型は二月下旬～三月上旬、直まきは三月中旬～下旬です。遅れると収穫期が梅雨から高温期に当たり減収となります。畑は連作を避け、良質な有機質を投入するとともに、湿害や干害を回避する畑作り、土作りが大切です。

ウグイスナ

コマツナの中で晩抽性品種が利用されていますが、発芽温度が最低四～八℃と低温性ですので、トンネル被覆栽培すると春早くから新鮮なものが収穫できます。寒冷地でも三月上旬頃から播種できるので、肥沃な畑に一五㎝ほどに条まきします。一度にまかずに一〇日程の間隔で、数回まいておくと長期間収穫ができ便利です。

野菜の花芽分化と抽だいの型

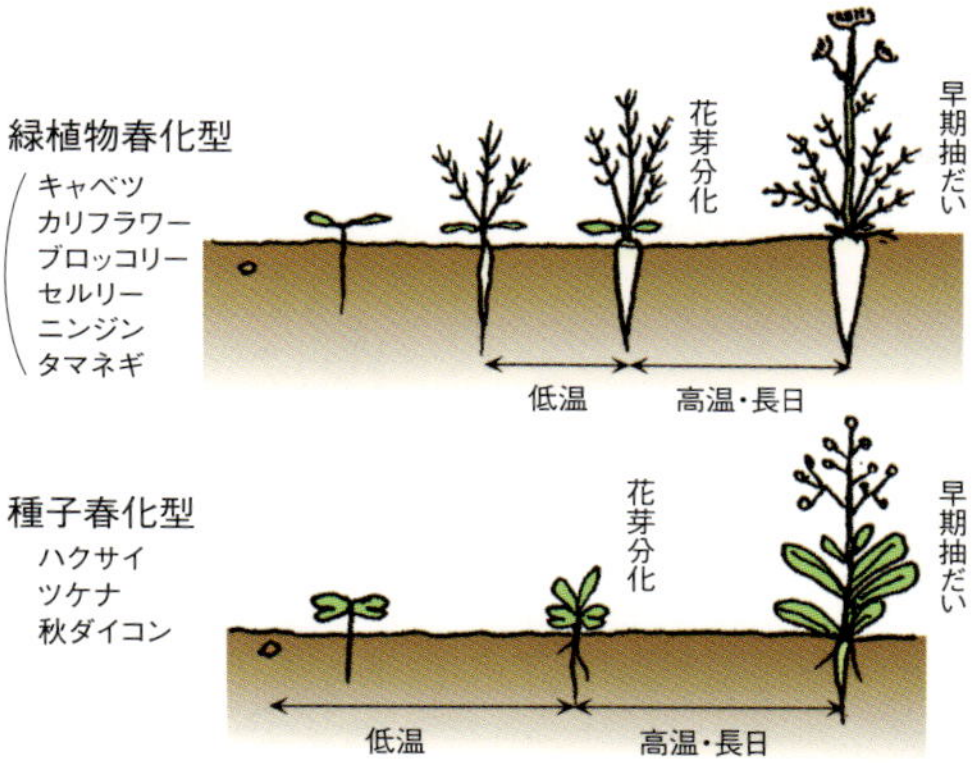

ハクサイのいろいろ

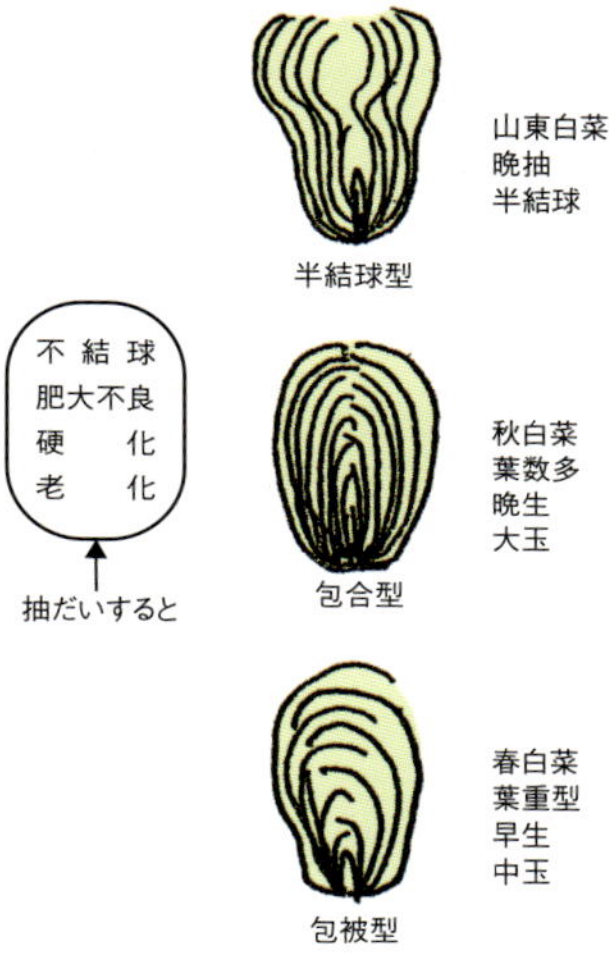

床土の作成

野菜用の育苗用土が数多く販売されているので購入して使用します。水稲用培土はpHが低いので間違えて使用しないように注意してください。

床土を自分で作る場合は、原土一：完熟堆肥一に混合し、一m³当り配合肥料一・〇kgくらいを混合します。

原土は無病な畑土を選び、病気の心配のあるときは、七〇℃で三〇分間以上の焼土を行います。

とうを食べる野菜

とうを食べる野菜

春になると、越冬したアブラナ科野菜はとう立ちをしてきます。

ナバナ、コウサイタイが有名ですが、ノザワナなどつけ菜の仲間も食べることができます。

とうは、花が咲くと筋っぽくなるので、つぼみが十分発達したものを収穫します。収穫は、長さ10～15㎝で、手折りまたは、はさみで切り取ります。収穫後も枝が発達するので、つぎつぎと収穫することができます。

このほかに、とうを食べる野菜には、カイランやサイシンなどとう立ちしやすく改良された種類があり、夏でも楽しむことができます。

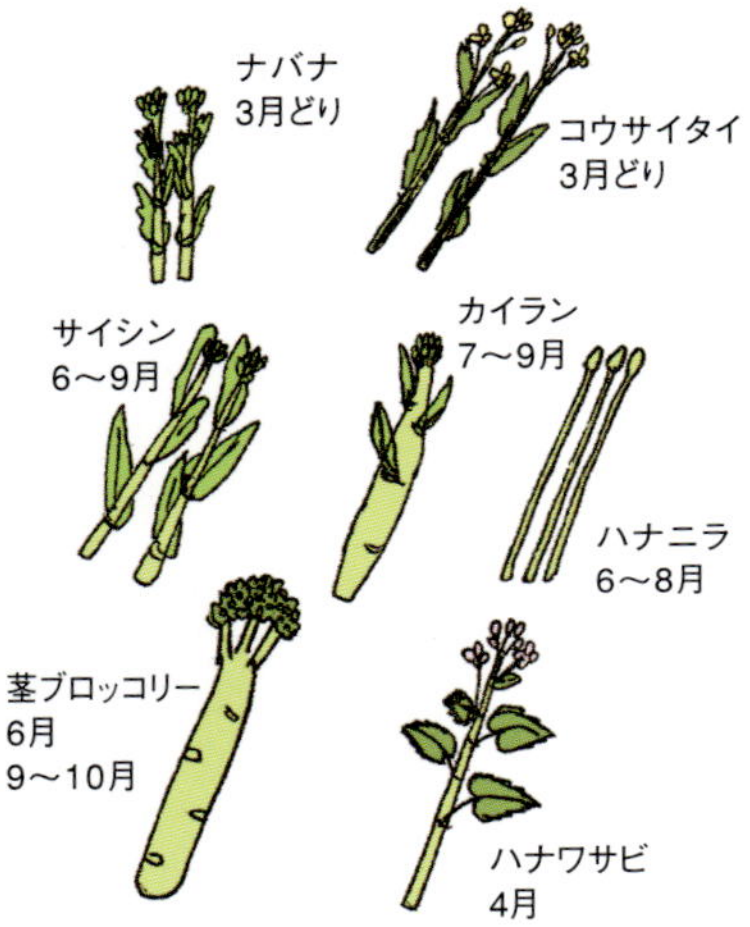

シュンギクの収穫

コカブ等と同様に栽培しますが、株収穫と摘取り収穫ができます。株収穫の場合は最終株間を4～5㎝とし、摘取り収穫は、分枝させて長期間収穫するので、株間15～20㎝とします。

摘取りは、草丈15㎝以上になったら、まず主枝は本葉5～6枚残して摘取り、残した葉から伸びた側枝は2枚残して摘取るとさらに孫枝が伸びてくるので長期にわたって収穫できます。

わき芽を2葉残して摘取ると、さらにそこからわき芽が伸びて、再び収穫できる

旬の技

✿露地野菜の播種・定植
✿トンネル栽培
✿ジャガイモの定植
✿白ネギの定植
✿キャベツ・ブロッコリーの定植
✿アスパラガスの収穫
✿作りやすい春野菜
✿ハーブ類の定植
✿チャレンジ山菜
✿ウドの収穫
✿ミョウガ

◆種まきのコツ
◆うねの立て方
◆ポリマルチのいろいろな張り方
◆ジャガイモの定植
◆白ネギ栽培のポイント
◆とう立したネギの使いみち
◆春のキッチンガーデン
◆ハーブの手入れと挿し芽
◆ウドの収穫管理
◆タラノキの剪定と収穫
◆よい苗の選び方

清明（せいめい） 4月5日頃　万物発して清浄明潔なれば、此芽は何の草としれる

清浄明潔の略、晴れ渡った空には清浄明潔という言葉がふさわしい季節です。地上に目を移せば、桜の季節に入ってきます。

穀雨（こくう） 4月20日頃　春雨降りて百穀を生化すればや

田んぼや畑の準備が整い、それに合わせるように、柔らかな春の雨です。この頃より変わりやすい春の天気も安定し日差しも強まってきます。

露地野菜の播種・定植

スイートコーン・サヤインゲン

平均気温が一四～一五℃が目安となります。早く食べたければマルチ栽培としますが、露地でも十分にできます。

肥料は、㎡当たりスイートコーンは一五〇g、豆類は一〇〇gで、播種一週間前までに施肥し、土と十分に混和しておきます。

品種は早生を用います。播種は、スイートコーンは畝幅九〇㎝、株間三〇㎝で二粒まきにします。サヤインゲンは畝幅六〇㎝、株間二五㎝で二粒まき、エダマメは畝幅六〇㎝、株間一〇㎝で一粒まきでよいでしょう。

豆類の播種は、鳥害が問題となります。これを回避するには、ポットに播種してハウスやトンネル内で育苗し、本葉展開してから定植するとよいでしょう。

トンネル栽培

トンネル栽培は、保温効果があるので主に春先の温度の低い時に効果があり、一〇～一五日ぐらい早植え、早まきができます。

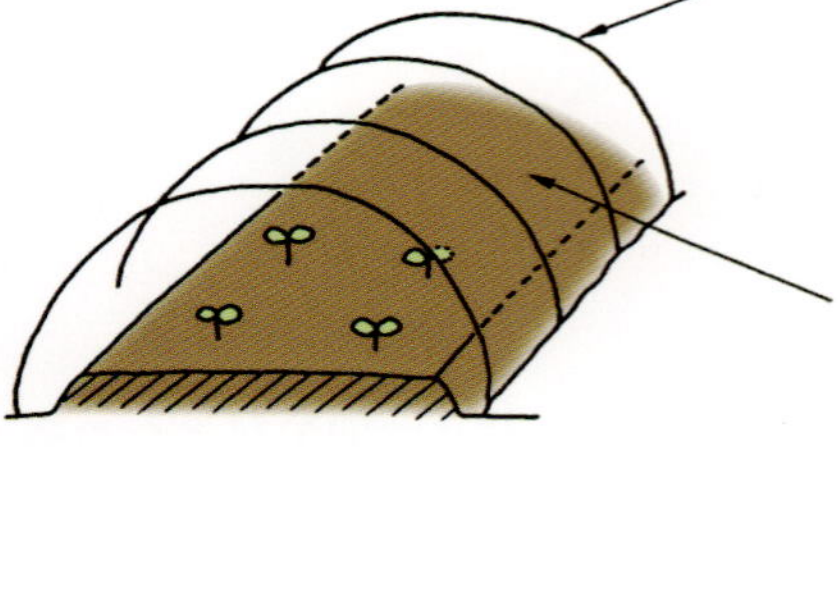
①支柱は、直径1cmくらいの硬質プラスチックの製品や、直径4～5mmのグラスファイバーが市販されているので、畝の幅に応じたものを求めて使用する
②被覆資材は、ポリエチレンを使用する
③トンネルは、中央部で重なるように2枚掛けとした方が換気しやすい
④高温時には、こまめに換気する夜のしめ忘れに注意する
・使用後は、畑で焼却しない

種まきのコツ

点まき

①株間を考えて、一定間隔のまき穴を作る
②まき穴に種の間隔を一定にしてまく。かためてまいてはダメ

条まき

①種まき前日にまき溝を切り、そこに十分水やりをして湿らせておく
②まき溝全体に均一に種をまく

・ハクサイ、ダイコンなど株間を広くとる野菜向き
・間引きが楽で、種も少なくてすみ、どんな野菜でも種代が安くなり経済的

・小カブ、ホウレンソウ、コマツナなど株間が狭くてもよい野菜向き

ポリマルチのいろいろな張り方

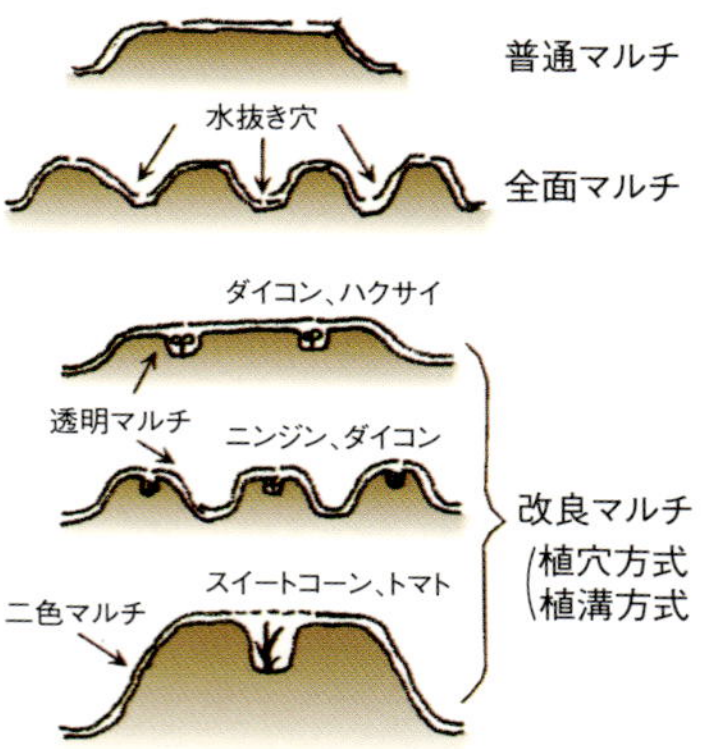

畝の立て方

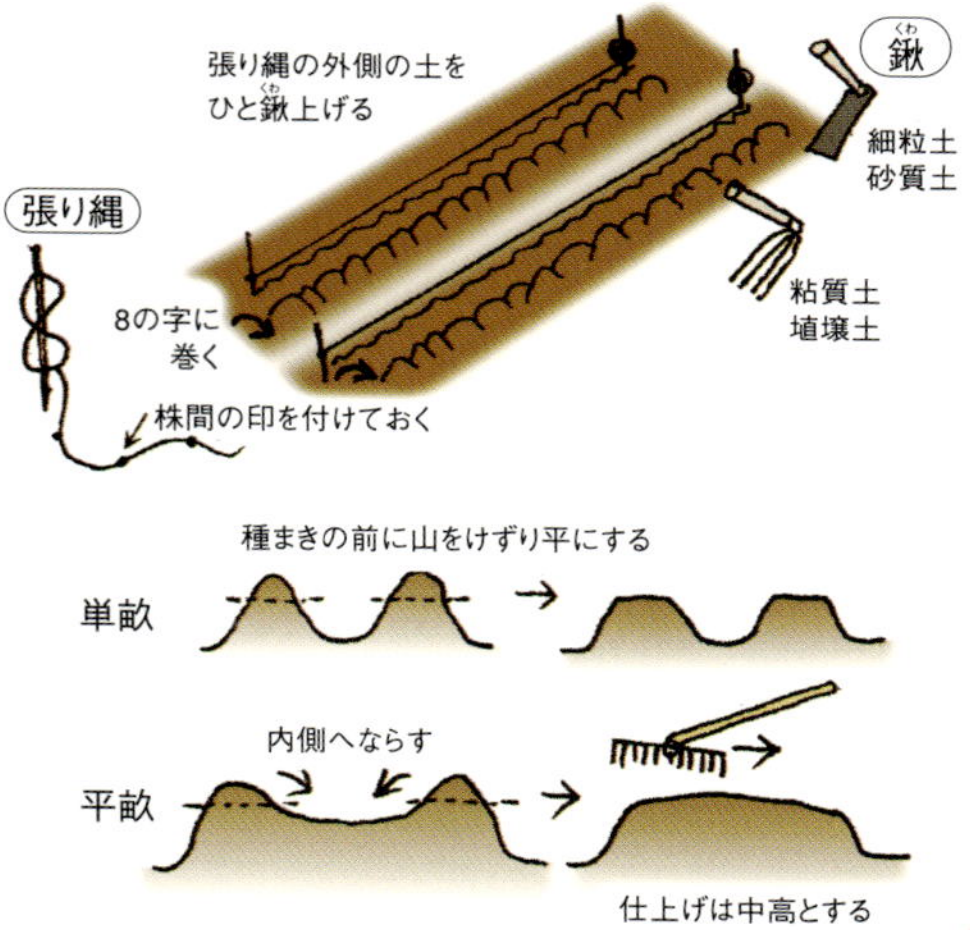

ジャガイモの定植

畑の準備

有機物の施用効果が高いので、一〇㎡当たり堆肥等二〇~三〇kg、苦土石灰二kgを目安とします。また、リン酸の増施の効果が高いので、化成肥料一kgに加えヨウ燐などを施します。

種イモの準備

前年の貯蔵イモも使えますが、病気の心配があるので、種苗店で購入したイモを利用するのがよいでしょう。三〇~四〇gならそのまま植え、それ以上なら切り分けて使います(図参照)。

安定した芽を確保するには、植え付け二~三週間程前から軒先等の日当たりのよい所に並べ、催芽してから植え付けるとよいです。

朝から夕方まで十分日光に当て、夜は寒いのでコモやムシロ等をかけて保温してやると、小さな芽が伸びてくるのでこれを植えます。

品種

病気の心配があるので、種苗店で購入するのが無難です。男爵・メークィン以外にも、赤皮品種や黄肉品種があります。後述の秋栽培をする場合は、デジマやニシユタカなどを利用します。三〇~四〇gならそのまま植え、それ以上は切り分けて切り口を数日間乾かして使います。

植え付け

畝幅七五cm、株間二五cmの一条植えとし、深さが一五cm程の植え溝を切り、切りイモは切り口を下にして植え付けます。覆土は一〇cm程度、発芽後何回かに分けて追肥と一緒に土を寄せていきます。マルチ栽培ではやや深めにします。

秋栽培

デジマやニシユタカなど休眠の浅い品種を六月中に掘り上げ、涼しい所で保存しておき、八月下旬~九月上旬にもう一度植え付けると年内に収穫できます。

ジャガイモの定植

植え方

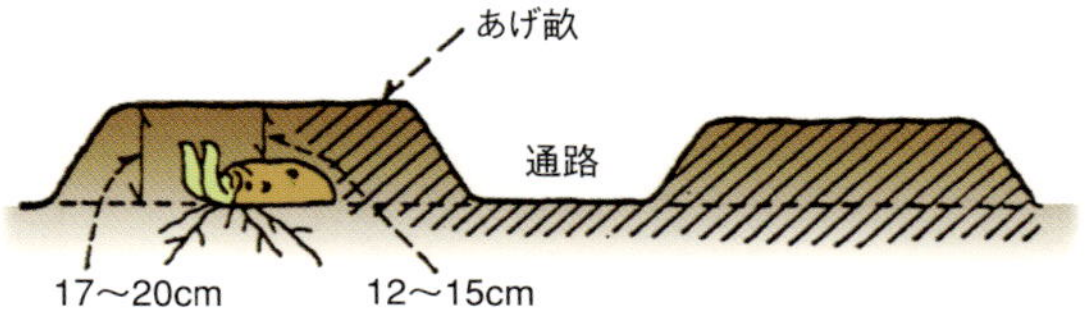

種イモの切断

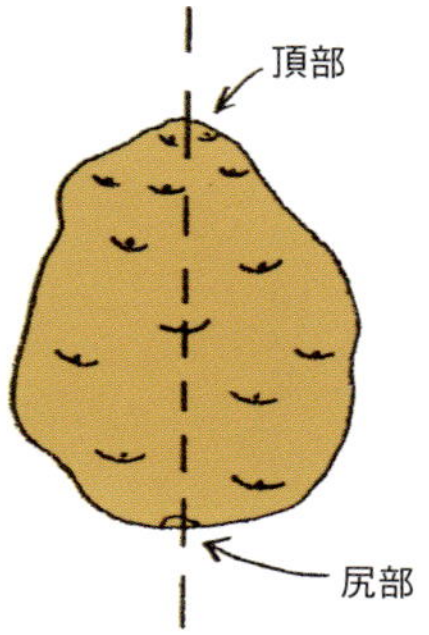

60〜70gの2つ割がよい
横に切ると萌芽の揃いが悪い

植え付けと培土

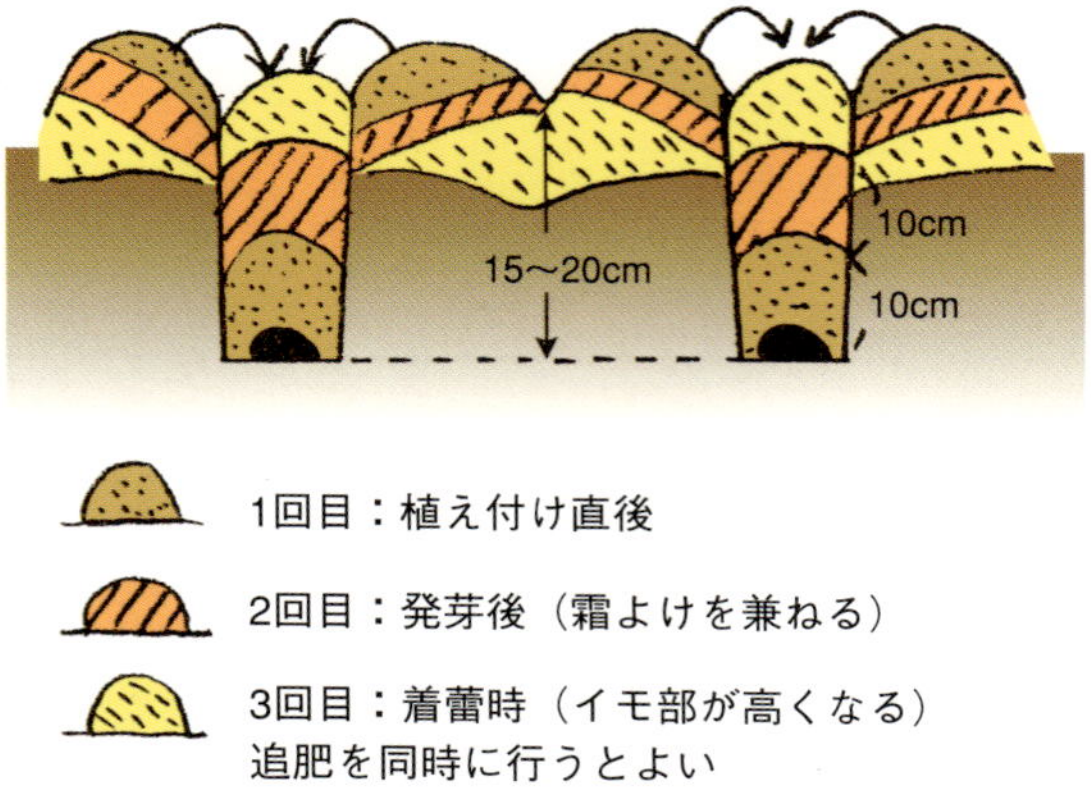

白ネギの定植

畑の準備

ネギは、湿害に弱く、酸素不足になると腐敗します。また酸性土壌を嫌います。このため、一〇㎡当たり堆肥等二〇～三〇kg、苦土石灰二kgを施し、深く耕します。化成肥料は特に痩せた土壌でなければ追肥を行うので必要ありません。

苗の選別

苗の大きさを揃えるため、大と小に分けます。萎縮した苗は省きます。ネギ坊主が出ているものはちぎっておきます。

植え付け

畝幅九〇cmが標準ですが、土寄せ作業が容易でない場合は広めにします。雨に当てて土が落ち着いた状態で、できれば南北方向で鍬幅の深さ一五cm程度の植え溝を切り、溝の西側に添わせて二～三cm間隔で植え付けます。覆土は二～三cm、その上に乾燥防止の切りわらや堆肥を乗せておきます。

土寄せ

一回目は三〇～四〇日後、溝間の土を削り込むようにします。その後一月ごとに土寄せする土に㎡当たり一握りの化成肥料を施し、首の付け根が埋まらない程度に土を寄せます。

キャベツ・ブロッコリーの定植

キャベツ

この時期に定植すると六月下旬～七月に収穫となります。夜間はまだ冷え込む時期の定植なので、定植の七日程前から苗を十分に外気に当てて馴らしてから定植します。裸地でも十分にできますが、マルチをすると生育は安定します。施肥量は化成肥料で一〇㎡当たり一～一・五kg程度とし、十分に耕して、畝幅六〇cm、株間三〇cmに定植します。生育期間が長いので二～三回追肥を行いますが、マルチでは株と株の間に穴を開けて、裸地では畝間にすじまきし、土寄せを兼ねて行うとよいでしょう。

ブロッコリー

この時期に定植すると五月末～六月に収穫となります。畝幅や株間はキャベツよりやや広くします。元肥の施肥量はやや多めの一・五～二kg程度とし、追肥は定植二～三週間後に倒伏防止の土寄せと同時に行います。

白ネギ栽培のポイント

・土寄せは首のつけ根が埋まらない程度に3～4回に分けて行う

・冬越しのための土寄せは11月中旬までに行う

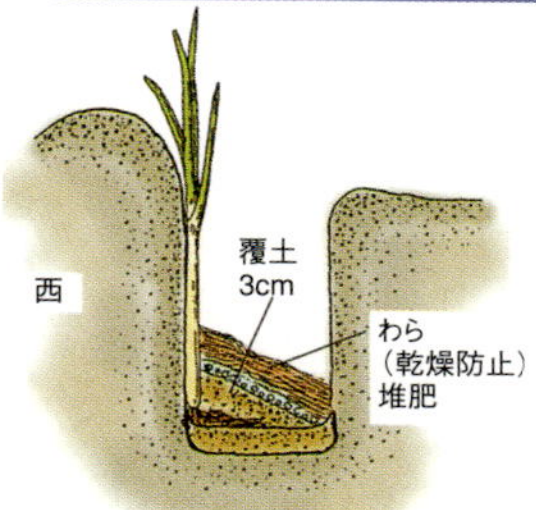

・溝切りは定植の前日、当日に行う

・降雨後、湿った状態で行うと垂直にでき、活着もよい

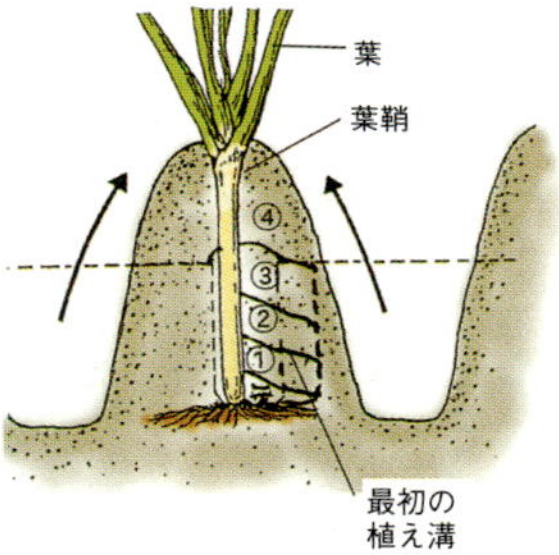

・溝の底は2～3cm軟らかい土をもどしておく

・元肥をする場合は直接根に触れないように間土をする

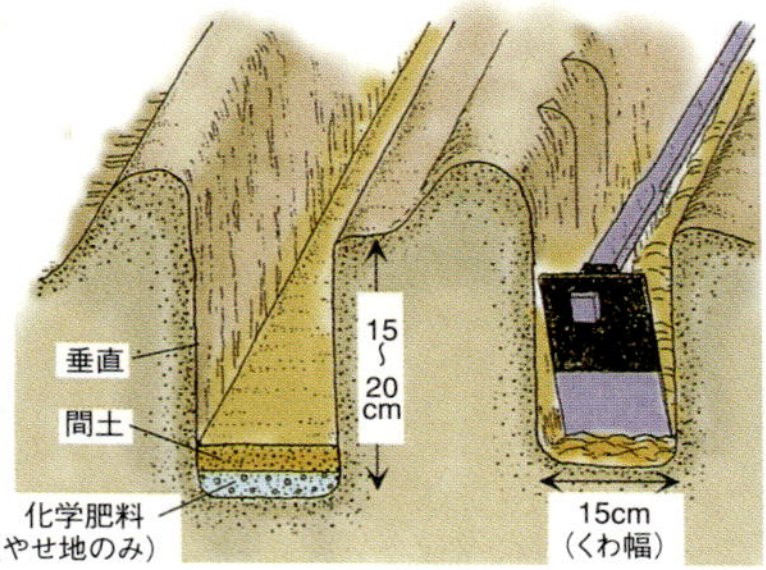

とう立したネギの使いみち

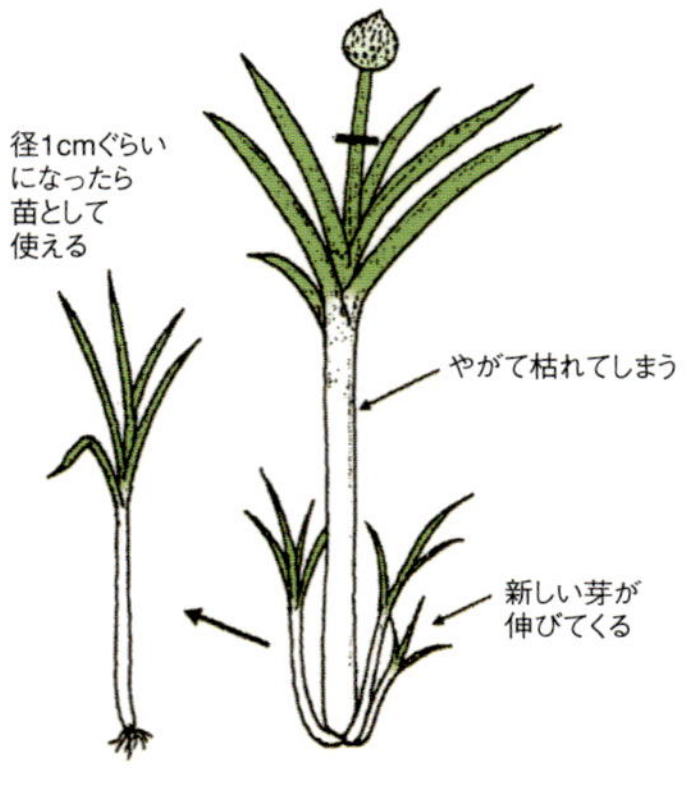

アスパラガスの収穫

露地でも四月中旬になると萌芽してきます。この時期は霜が心配です。若茎は霜に非常に弱く、一度遭うと一〇日以上収穫できなくなります。ポリトンネルを行い霜害を防ぎますが、晴れた日は日中温度が上がりすぎてやけを起こすので換気をしてやります。万が一霜にあったら、株の消耗を防ぎ新たな若茎の萌芽を促すため被害茎は地際から刈り取ります。

作りやすい春野菜

アオナ

コマツナ・ウグイスナ・サントウナ・チンゲンサイは、とう立ちが遅く、種をまいてから四〇～五〇日で収穫できるし、間引き菜としても利用できます。広幅の床に条まきをします。一〇日おきぐらいに連続してまきます。発芽がよく、まき過ぎると軟弱になるので早めに間引きます。

キャベツ・ブロッコリー

苗を購入して植え付けます。苗は霜に弱いので、トンネルを掛けるか温暖地で下旬からとします。

定植後キャベツは六五日、ブロッコリーは四五日ぐらいで収穫になります。また、ブロッコリーは中心の花らいを収穫したあと、側芽の花らいも収穫できます。コナガやアオムシは見つけ次第捕殺しましょう。

マメ類

サヤエンドウから始まり、サヤインゲン・エダマメが作りやすいものです。

エンドウは、中旬までにまき、他は中旬頃からまけます。一カ所に二～三粒をまいて、一～二本に間引きます。マメ類は連作を嫌うので、毎年作る場所を変えます。株を倒すとよい莢が採れないので、支柱やひもで誘引してやります。

ハーブ類の定植

キッチンガーデンにハーブは欠かせません。パセリ・ペパーミント・チャービル・タイム・セイジ・ローズマリー・タラゴン・バジルなどが代表的な種類です。

バジルを除いて、ほとんどが多年草なので、畑の周囲に植えたり、ハーブ類だけのハーブガーデンを作ります。

苗は購入できますが、株分けや挿し芽によっても容易に増やすことができるので、知人から分けてもらってもよいでしょう。一般に、水はけがよく、雨が当たりにくい場所でよく育ちます。混みすぎないように、適宜摘み取りや刈り込みをしてやります。

春のキッチンガーデン

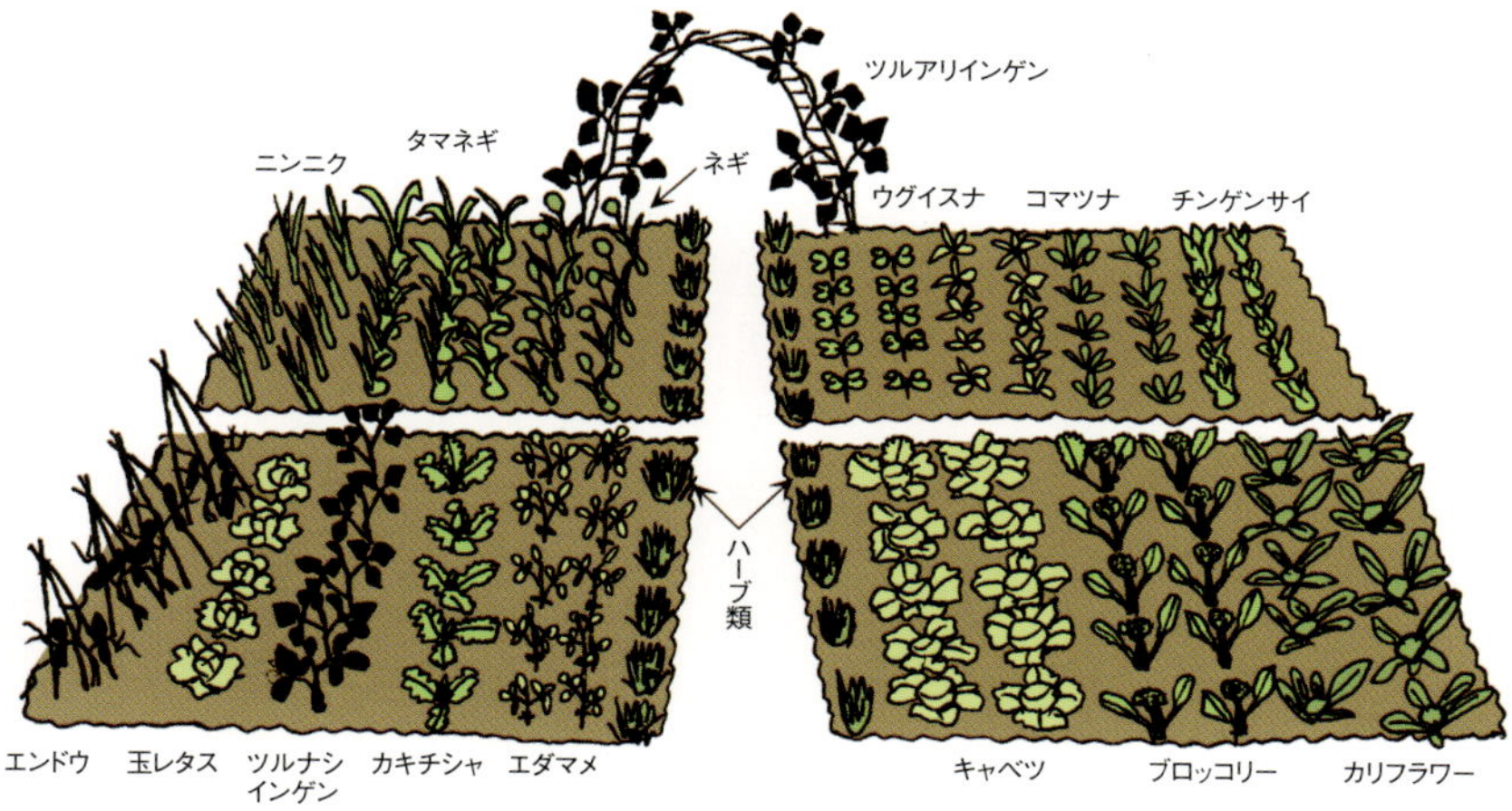

ハーブの手入れと挿し芽

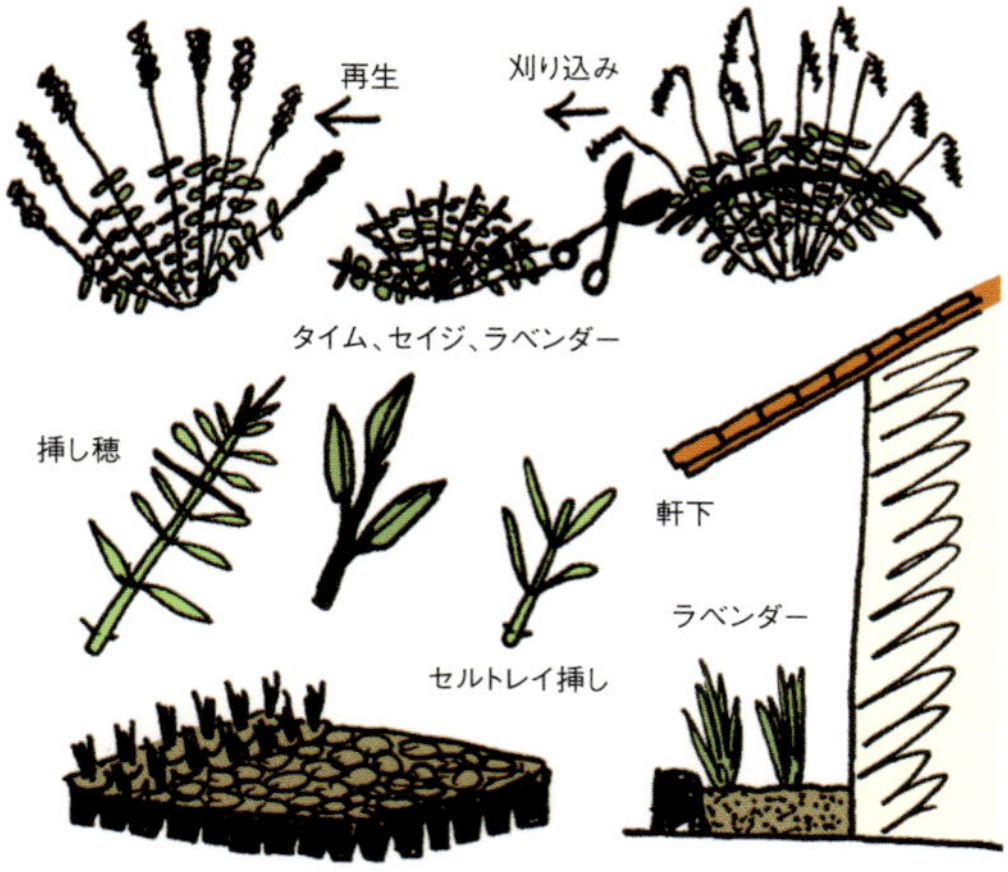

用土：赤土 3 ＋ピートモス 1 ＋ 与作 1

チャレンジ山菜

信州は山菜の宝庫です。山で採らなくても畑の隅にあると身近で楽しめます。

フキ

苗の活着は秋植えが良好ですが、春植え（三月下旬～四月下旬）もできます。苗は近所から分けてもらうか、購入するなら早生種がよいでしょう。一〇㎡当たり一〇〇株程度です。植え換えをするときは、勢いのある子株、孫株の地下茎二～三節を付けて切り取り苗とします。堆肥や鶏糞を入れ、深く耕し畝幅一二〇cmのやや高畝を作り、株間一〇cmで条間三〇cm三条植えとします。覆土は芽が隠れない程度の浅さとし、その上に切りわらを畝全面にかけ乾燥を防ぎます。

タラノキ

収穫の終わった古い株を掘り取り、鉛筆の太さ以上の根を一〇～一五cmに切ります。少々高いですが、「とげなしタラ」株を購入するのもよいでしょう。堆肥等有機質を十分に施し、元肥としての窒素は控えます。鍬で溝を切り株間六〇cmで一列に植えておくとよいでしょう。覆土は七～一〇cmとします。

一年目は根が浅く乾燥に弱いので、夏は敷きわらを敷き、潅水を行います。二年目以降は図を参考に剪定を行い、四～五年は栽培できます。

ウドの収穫

土を盛ったウドは、桜の咲く頃から土を割って芽が出てきます。白く軟白したウドとして使う場合は、この時に収穫しますが、そのままおいて、葉が一〇cmくらい伸びてから収穫すると、山ウド風で天ぷらなど料理の幅が広がります。

収穫は、ゴム手袋をはめて盛土を芽の位置で崩し、株元から切り取ります。土は再び戻しておきます。親茎は残さずに二～三回は収穫できます。

なお、若芽は霜に弱いので、水稲育苗用の保温マットをトンネルがけしておくと、霜よけになります。

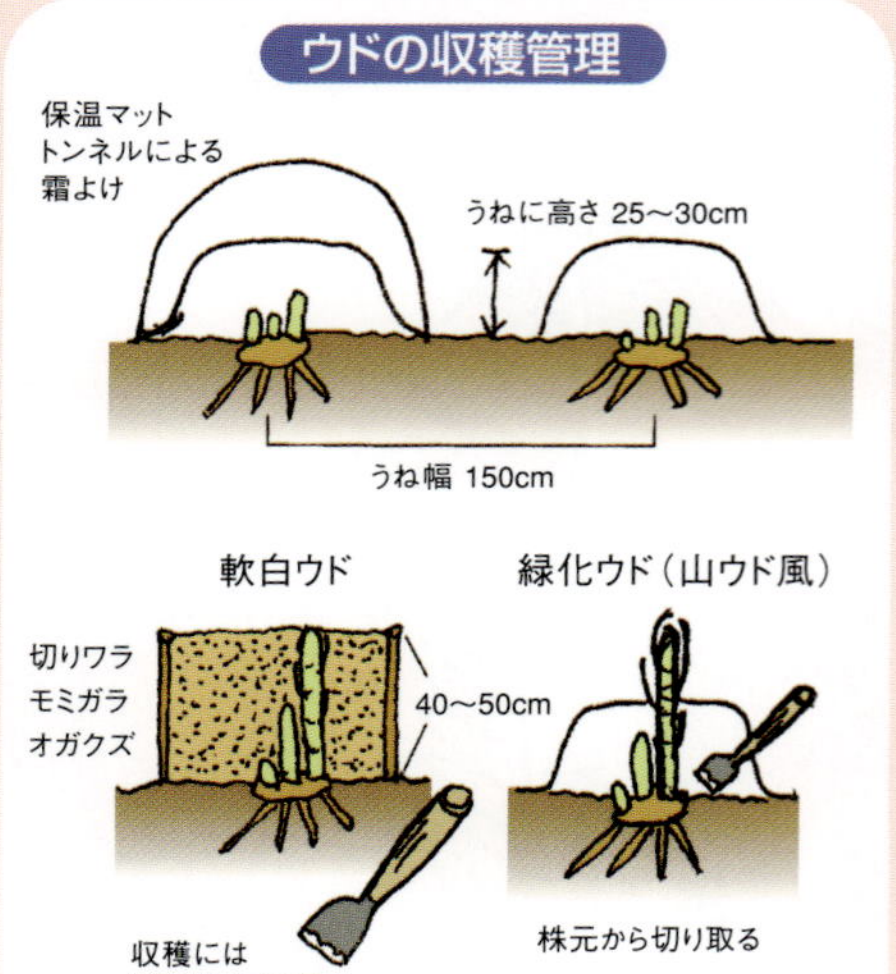
建築用の幅広の
ノミを用いるとよい

タラノキの剪定と収穫

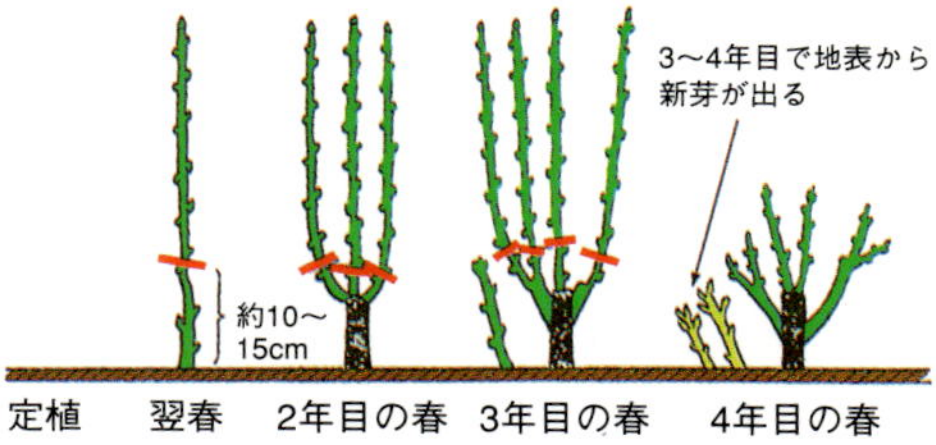

タラノキの剪定法

タラノキの挿根の取り方

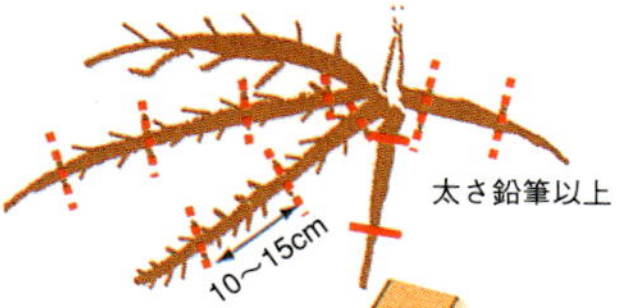

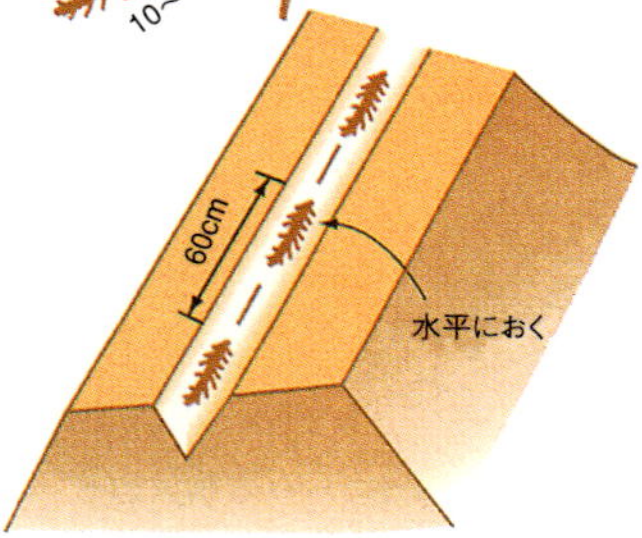

植付方法

✿ミョウガ

独特の風味が珍重され、わずかでも栽培すると、食卓が豊かになります。

土壌は、排水良好で有機物に富み肥沃な土壌を好むので、完熟堆肥を十分に施し、深耕しておきます。

定植は、萌芽前の今が適期です。種茎も販売されていますが、近所から分けてもらってもよいでしょう。古株を掘り取り、二～三芽をつけて分割します。畝幅六〇cm、株間一五～二〇cm、深さ五～一〇cm程度で㎡当たり一〇本が目安です。

定植初年目は、活着後の五月中旬と六月下旬頃の二回追肥を行い、盛夏期には時々潅水をすると、株が充実します。

四～五年も経つと畑一面になりますが、混みすぎると発生も少なくなり太りも悪くなります。この場合、畑の幅三分の一位を掘り上げ、堆肥などを鍬込むと、残しておいた株から新根が発生し、生育がよくなります。この部分は二年も経てばふさがるので、残った部分を同様に繰り返せば畑全体が更新できます。

面積が少ない場合は、スコップを用いて所々根切りを行えば、同様の効果が得られます。

旬の技

よい苗の選び方

一般的な苗の見かたのポイント

全体に地上部、地下部（根鉢が大きく）バランスがよいものを選ぶ。

心葉が正常でしっかりしている。
一番花の蕾が大きく充実している。
節間が短く徒長していない。
茎が太い。
下葉が大きく濃緑で厚い。
（ただし、春植えのセルリーは、
葉色が濃いものはとう立ちの
危険があるのでさける）
双葉が健全でついている。
地際部に障害や病斑がなく健全である。
根がかたまっていない。
（根がまいていない）

旬の技

◎果菜類定植のポイント
◎果菜等の播種
◎栽培できる山菜
◎サトイモの栽培
◎直まき野菜の間引き
◎病害虫の防除と工夫

◆定植初期の保温方法
◆接ぎ木苗の植え方
◆エダマメの品種別作型
◆カボチャのキャップ栽培
◆栽培しやすい山菜
◆サトイモの栽培
◆種のまき方
◆根菜の間引き方
◆雑草の三悪
◆害虫の忌避・遮断
◆ウドの収穫後の管理
◆ゴーヤ、ズッキーニ

立夏（りっか）　5月6日頃　夏の立つがゆへ也

この日から立秋の前日までが夏です。野山は新緑に彩られ、夏の気配が感じられるようになります。山菜狩りの季節です。

小満（しょうまん）　5月21日頃　万物盈《えい》満《まん》すれば草木枝葉繁る

陽気がよくなり、草木などの生物が生長して生い茂ってきます。かえるが鳴き始め、竹の子が生えてくる頃です。

果菜類定植のポイント

夏に収穫するトマト、ピーマン、ナス、キュウリなどの定植時期です。

苗の用意

苗は市販のものが便利です。種苗店などでしっかりとしたものを選びます。チェックポイントは、
①茎が太くしっかりしている。
②節間がつまっている。
③芽先がしっかりしている。
④葉色が濃く、奇形でない。などです。
少々値段が高いですが接ぎ木苗が病気に強くて丈夫です。接ぎ木苗は、接ぎ木部がしっかり接合し、上下の太さが揃っているものを選びます。

定植準備

潅水の後マルチやトンネルなどで地温を予め上げておき、植え付け直後の活着を促進します。また、遅霜等の寒害を回避するため、トンネルや風除けなど設置してやります。しかし、トンネルは日中の高温による障害が発生しやすいので換気が必要になります。

定植したらすぐに支柱をしてやると、地際が固定され活着が早まります。

トマト・ミニトマト

基肥を控えめにし、最低地温が一三℃以上になったら定植します。トマトは、最初の花房が開花を始める頃に植えると初期の生育が落ち着きます。ミニトマトはトマトより若苗で定植しても大丈夫です。また、花房や腋芽が同じ方向に出る性質があるので、花芽が同じように向くように苗の向きを揃えて植えます。

キュウリ・スイカ

キュウリも最低地温が一三℃以上になったら定植します。接ぎ木苗は、接いだ部分が埋まったり地面に付かないように植え、穂木から根が出ないように注意します。スイカやメロンはより高温性なので最低地温が一五～一八℃になってから定植します。

ピーマン・シシトウ・ナス

高温性なので、最低地温が一七℃以上になったら定植します。将来隣の株と重なり合わないよう分枝が畝と直角になるように揃えて浅植えとします。

定植

いずれも、マルチを張って定植します。穴を開けて植え付けますが、深植えしないように注意しましょう。接ぎ木苗は接いだ部分が埋まったり地面に着かないように植え、穂木から根が出ないようにします。トマトは、花房や腋芽が同じ方向に出る性質があるので、花房を通路側に向けて定植します。

低温対策

果菜類は高温でよく生育します。朝晩はまだ寒いので、穴あきトンネル、行灯（あんどん）などで保温すると、霜よけにもなり生育が促進します。

定植初期の保温方法

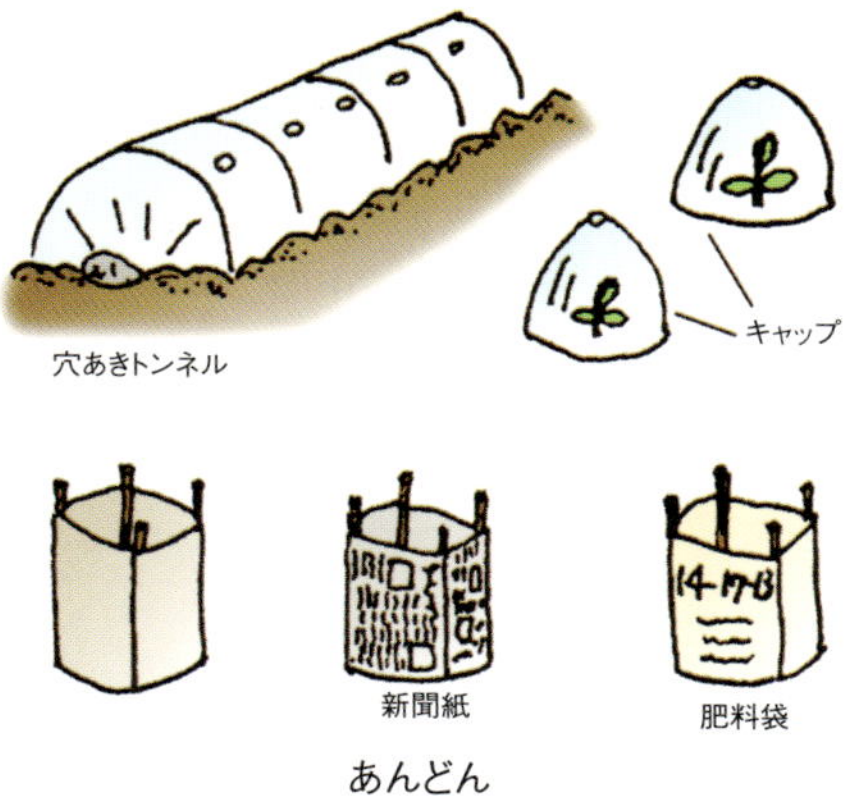

極端に温度が下がりそうな日は、保温マットやコモを併用する

接ぎ木苗の植え方

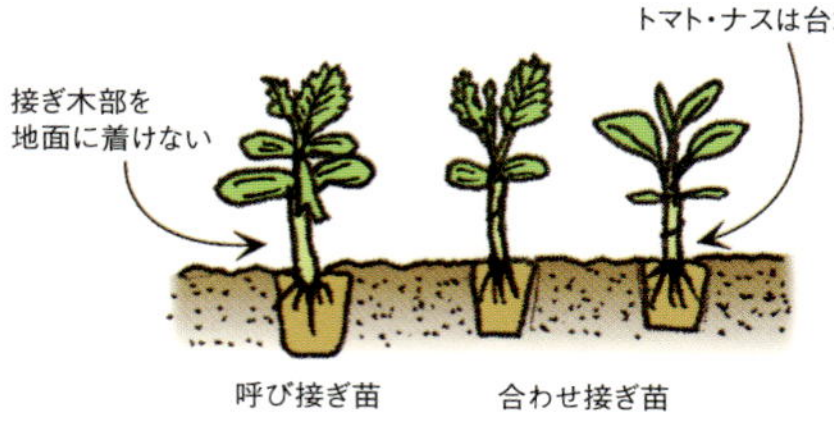
トマト・ナスは台木が短い

トンネル内に植える場合は
根鉢を倒してねかせる

果菜等の播種

エダマメの播種

大豆の若莢をエダマメとして利用しており、早生系の品種を主に使用します。実取り品種も使用できますが、晩生のものは収穫が遅れ九月になるので注意しましょう。霜の心配が無くなったらいつでもまけるので、品種を組み合わせて収穫期間の延長も考えて播種します(図)。また、茶豆などを若取りしてエダマメとして利用すると、一味違った味が楽しめます。大豆にはチッソ肥料はほとんど不用ですがエダマメとして利用する場合は生育期間が短く、しかも低温期の生育なので、成分量で一㎡当たり一～二g相当のチッソ肥料を施用します。

スイートコーンの播種

スイートコーンは異品種を近くに作り開花期が一致すると花粉が混ざり、実の粒色が変わったり甘味が無くなるので注意が必要です。また、播種期を三回くらいにずらしてまくと収穫期間が伸ばせます。遅霜の危険が無くなればまけますが、ポリマルチをすると一〇日程早まきが可能です。

カボチャのキャップ栽培

種を直まきする場合は、遅霜のなくなる一〇日くらい前から行い、一カ所三～四粒まきし、温度を確保するためビニールキャップします。七日ほどで発芽するの

栽培できる山菜

作りやすい山菜は、山ウド、タラノメ、アサツキ、ギョウジャニンニク、コゴミ、ウルイなどです。山ウドやタラノメ、アサツキは水はけのよい畑地でよく育ち、ギョウジャニンニク、コゴミ、ウルイは水分が多い場所が適します。

山菜類の種は発芽させることが難しく、収穫できるまでに年数がかかります。一般に株で入手して、株分けや根分けで増やします。

キッチンガーデンの外周に植え付けておけば、毎年春には収穫を楽しむことができます。また、収穫の時期が分かるので、山菜狩りの目安にもなります。

でキャップの上部に小さめの穴を開け換気します。穴は次第に大きくし外気にならし本葉二～三枚の頃一本に間引きます。苗を定植する場合は、カボチャは霜に弱いので暖かい日が続く時を選び、初期はやはりキャップで保温してやると活着が早く進みます。

エダマメの品種別作型

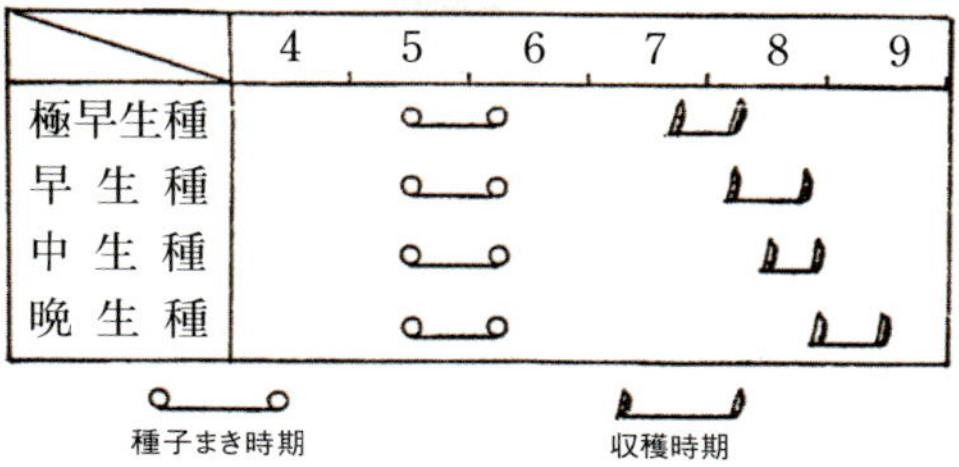

カボチャのキャップ栽培

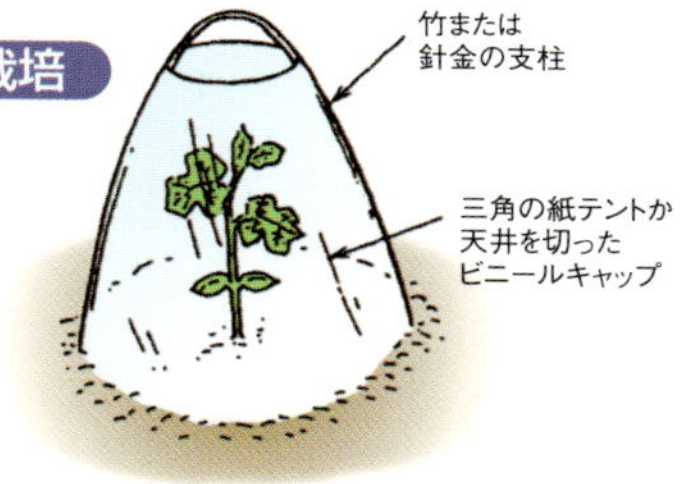

栽培しやすい山菜

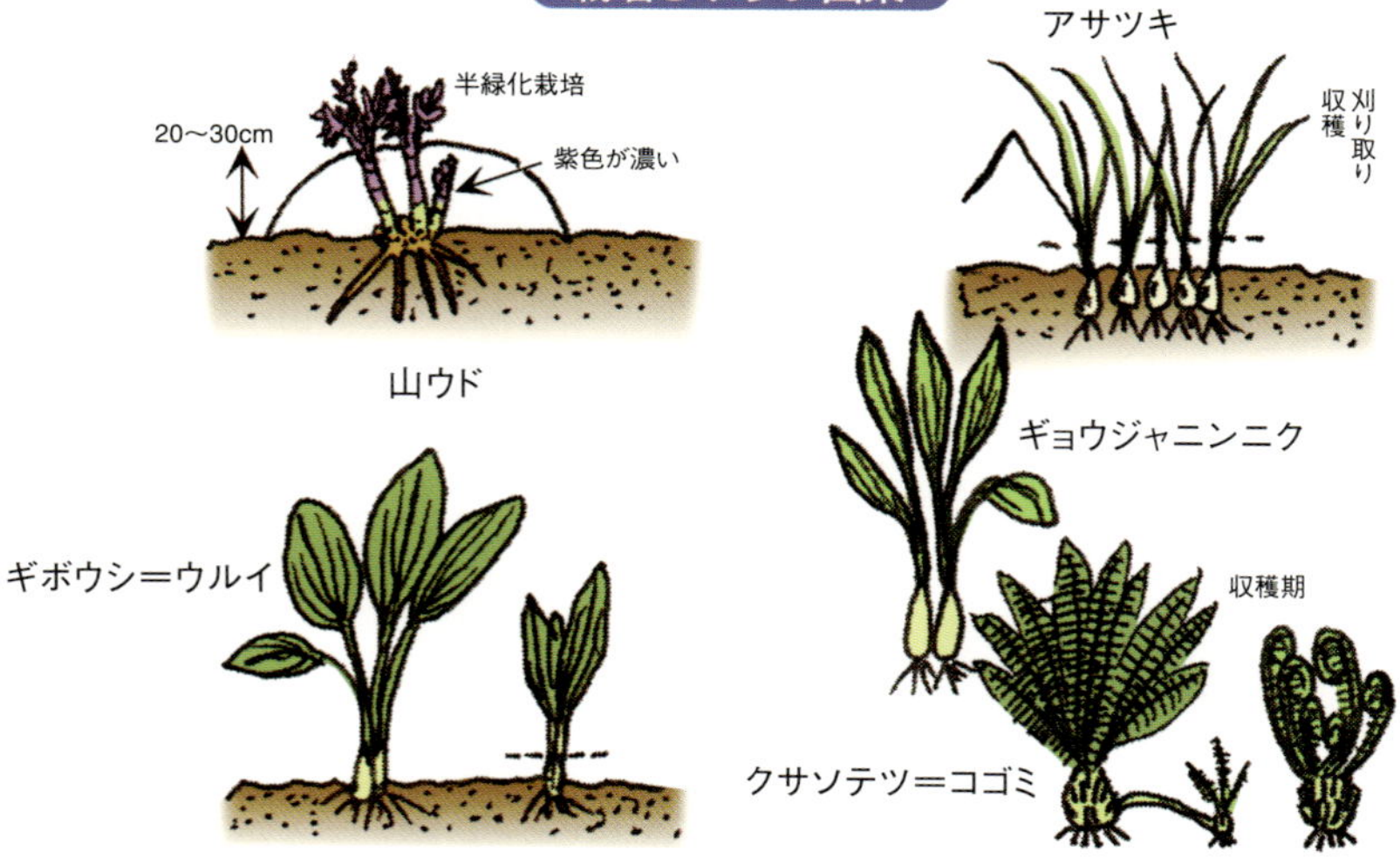

サトイモの栽培

草たけも大きく、場所を取り家庭菜園向きではありませんが、手間もいらず半日陰でも育つので条件さえ合えば作ってみたい野菜です。

品種

食用にする部分によって親イモ用、子イモ用、親子兼用とあります。種イモ用には、四〇～六〇gの大きさで、形のよいものを選びます。

植え付け

一週間前までに苦土石灰を施し十分耕起し、図のような畝を立てて覆土します。この時に、深植えに注意します。マルチをして地温を高めると発芽が早まります。発芽したら穴を開けてやります。

土寄せ

一回目は草たけが三〇cmくらいになったときに五～六cm、その後二回くらい土寄せして二五cmくらいの高さにします。この時、化成肥料を一握り施します。

乾燥防止

乾燥に対しては弱く、収量、品質に大きく影響します。梅雨明け前に乾燥防止として敷きわらを敷いたり、できれば潅水をまめに行います。

直まき野菜の間引き

成功の第一は、発芽をよくすることですが、発芽がそろったら一回目の間引きをします。さらに生育が進みしっかりしたところで、二回目の間引きをします。

大体二回くらいで間引けば、株がよく揃いますが、間引きが遅れると株同士で競争して生育が遅れます。

春ニンジンは、本葉二～三枚時に三～五cm間隔に間引き、本葉六～七枚時に一〇cmくらいを目安に間引きます。間引きが遅れると隣同士で直根が絡み合ってしまいます。

春ダイコンは、在来種では多めに種まきして、発芽揃い時に二本に間引き、本葉七～八枚時までに二〇cm間隔で一本立ちにします。

交配種は、最初から二〇cm間隔で点ぱし、本葉七～八枚時までに一本立ちとします。

菜類や小カブは、条まきをしますので本葉二～三枚時までに、菜類で株間五～七cm、小カブで一〇cmに間引きします。

なお、間引きの手間を省くには、最初から定間隔に点ぱするとよいです。

間引きをした株は、柔らかく栄養価も高いので、汁の具や油炒めなどで料理して食します。

収穫

軽い霜に一度遭った頃掘り上げます。いつまでもほっておくと芋が腐り込んできます。茎(ずいき)を利用する場合は早めに掘り取ります。

サトイモの栽培

植付け方法

植えつけの１週間前に、薄霜程度の白さに苦土石灰をまいて土を耕しておく。植えつけ当日に畝を作り、間土をした上に、上下をまちがえないようにタネイモを並べ、土をかける

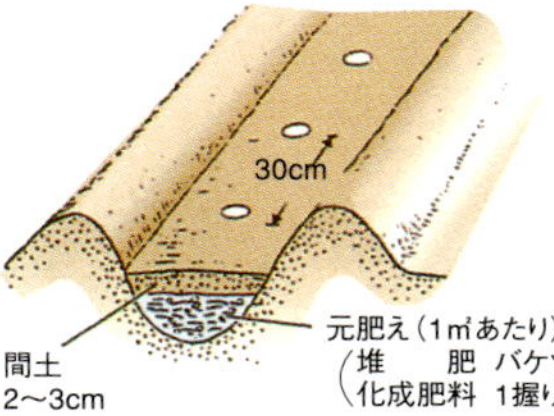

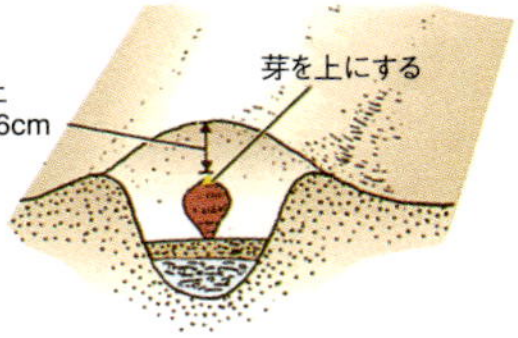

サトイモの苗

40〜60gの大きさで、形のよいものを選ぶ。小さなもの、芽が欠けたもの、病気のものは避ける

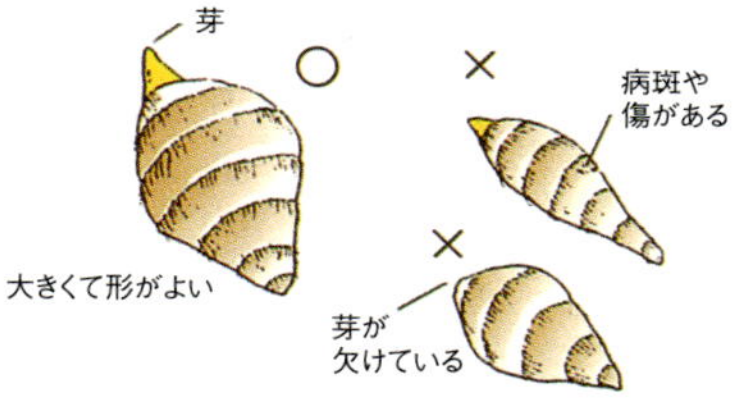

土寄せ方法

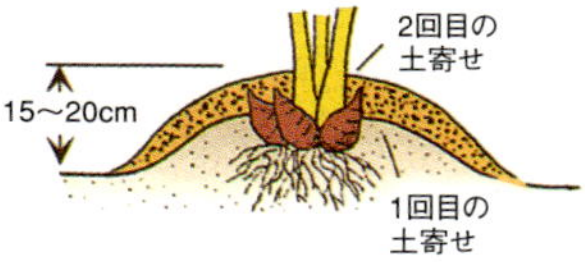

根菜の間引き方

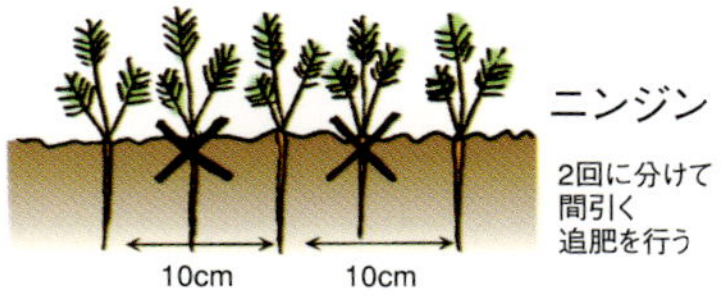

間引く株：葉の色や形が違う株
大き過ぎる株、小さい株

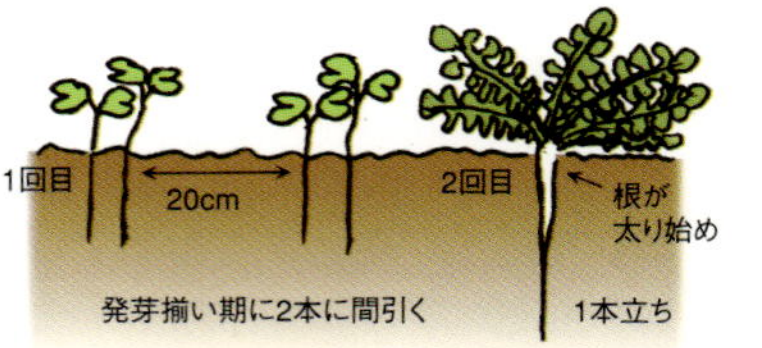

種のまき方

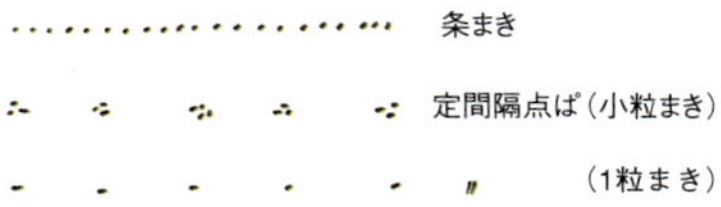

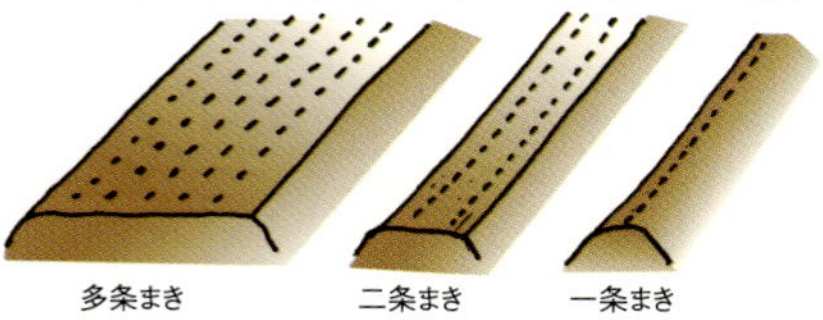

病害虫の防除と工夫

「安心・安全の無農薬で栽培したい」自分で野菜を育てるには理想ですが、狭い家庭菜園でも病害虫が発生して食べ物にならないほど被害を受けます。農薬をできるだけ使わないようにするには工夫と努力が必要です。

基本 ―健全な野菜は健全な畑で育つ―

連作をしない　同じ仲間の野菜を毎年同じ場所で栽培すると連作障害が発生します。畑をブロックに分け、輪作するようにしましょう。

水はけをよくする　水はけが悪いと土壌中が酸素不足で根の張りが弱くなります。排水溝を掘ったり、有機物を投入・深耕して膨軟な土壌にしましょう。

バランスよく肥料を与える　特に窒素肥料のやりすぎは株が軟弱となり病害虫にかかりやすくなります。「腹八分目」で、追肥で調節しましょう。

雑草退治　雑草が生い茂ると日当たりや風通しが悪くなり、軟弱徒長します。また、病害虫の巣となり伝染します。小さいうちに退治しましょう。

病気の株は処分する　病気にかかっている株はほかの元気な株にも伝染する可能性があります。もったいないなと思っても心を鬼にして早めに処分しましょう。

予防 ―被害を受ける前にできるだけ予防―

栽植株数を減らす込みすぎは厳禁。一〇株から八本ずつ穫るよりも、八株から一〇本ずつ穫れるようにしましょう。

雨よけ栽培　降雨に当たると病害の発生が多くなります。果菜類の雨よけ、葉菜類のトンネル栽培は病害の発生防止に効果があります。

跳ね上がり防止　降雨による土壌の跳ね上がりは病害の発生に大きく影響します。マルチや敷きわらで防止します。

遮断　寒冷紗や防虫ネットを利用したトンネル栽培は、害虫寄生を回避します。

忌避　銀や白色のマルチやテープは、アブラムシ等を寄せ付けません。誘引紐は黄色は止めましょう。

防除 ―少ない回数で効率的な防除―

散布時期　病害虫が蔓延してからでは効果がありません。よく観察していて、出始めに防除しましょう。

ラベルの表示を守る　農薬をたくさん撒いても効きません。使用時期・希釈倍率等決められた基準を守り、正しく使いましょう。

雑草の三悪

日光を遮り風通しを悪くする

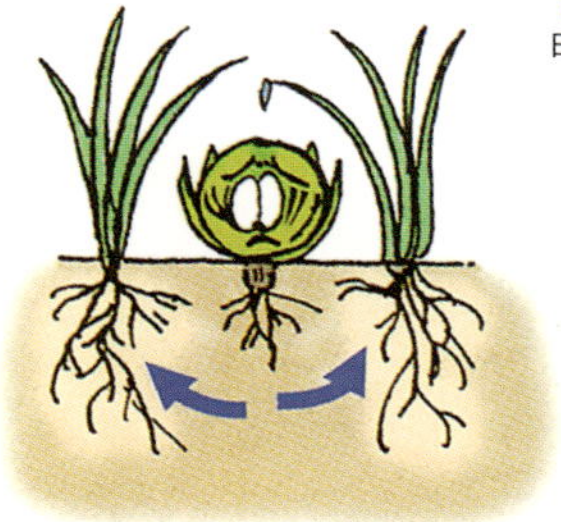

野菜の肥料をうばう

病害虫が
発生しやすい

害虫の忌避・遮断

寒冷紗・防虫ネットによる
侵入回避・遮断

中に入れないよう!?

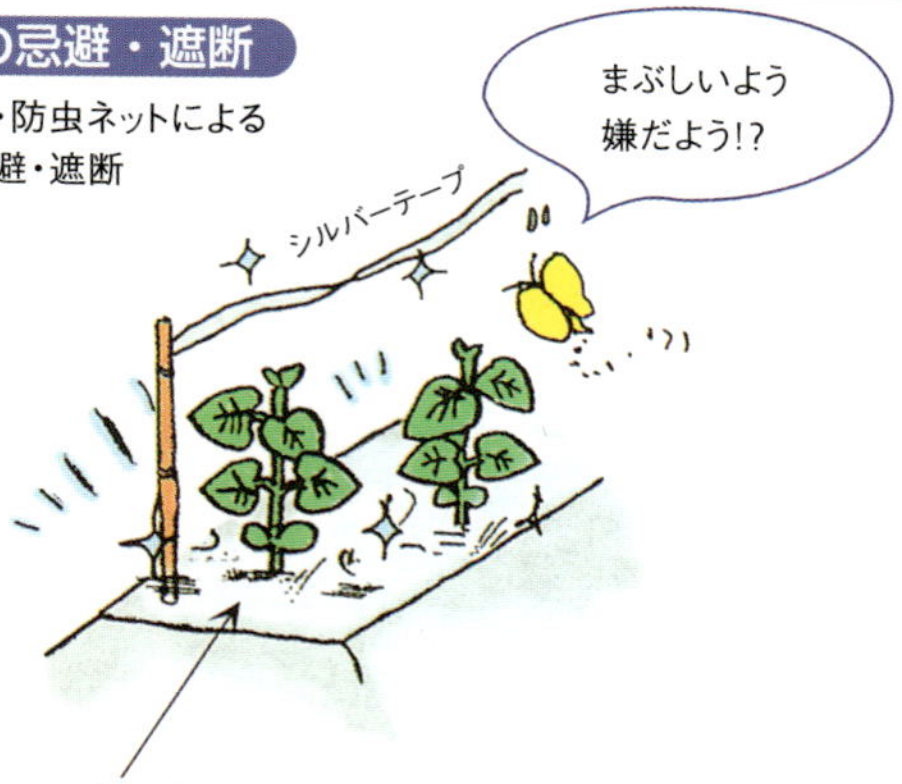
まぶしいよう
嫌だよう!?
シルバーテープ

銀・白色マルチ
光を反射して
害虫を忌避

旬の技

ウドの収穫後の管理

ウドを山ウド風に2～3回収穫したら、芽を伸ばし、ある程度芽が出揃った時に寄せ土を戻し、若芽の整理を行います。立茎数が多いと秋の株元の芽が小さくなりますので、1株当たり1～2本に間引きます。なお、間引いた若芽は細いものですが、ウドの風味が十分あって、料理に使うことができます。

寄せ土を戻す方法は、三本鍬でおおまかに土を除き、株元はゴム手袋をはめて掻き出します。この時十分土を戻さないと秋に芽が上がってしまいます。

また、株分けをする場合は、株をスコップで掘り上げて、斧でたち割り、地下茎と根を付けて分割します。

〈ウドの養成茎の立たせ方〉

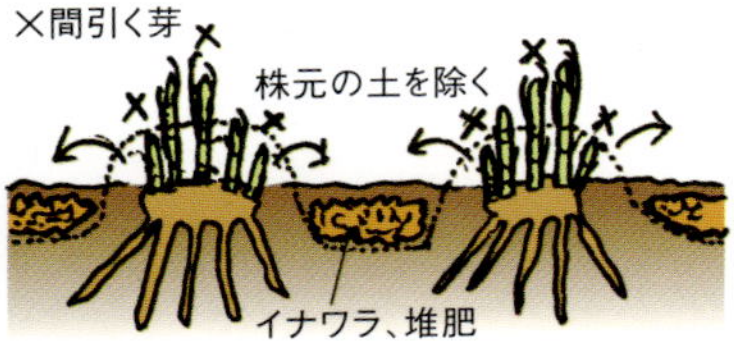

1株1～2本を残して芽を整理する

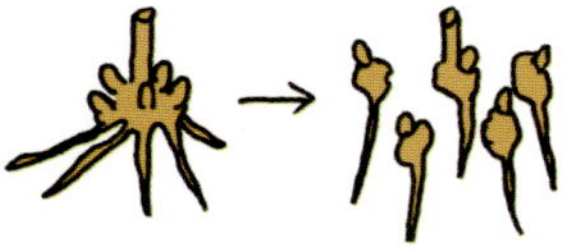

ウドの種株の分割は1芽1根にする

ゴーヤ・ズッキーニ

ゴーヤ（ニガウリ）

近頃人気の野菜です。発芽適温が高いので、ハウス内でポットなどで育苗します。3～4粒まきで本葉1枚で1本にし、3～4枚で定植します。

畝幅1.5m株間と条間1mの支柱ネット栽培か棚仕立てとします。主枝には雌花が少ないので、ネット栽培では本葉5～7葉で摘心し、側枝を5本伸ばします。棚仕立てでは主枝の先端が棚に届いたところで摘心し、側枝を扇状に誘引します。

〈ゴーヤの育苗法〉

種皮が硬く吸水しにくいため、種のとがった先端を爪切りやペンチなどで少しカットし、発芽しやすくする。その後、水に2時間ほど浸しておく。あまり長く浸しすぎると水腐れするので注意。浮いた種は捨てる。約2㎝の深さで、ポットに3～4粒まき、25～30℃で発芽させる。

ズッキーニ

カボチャの仲間ですが、蔓が伸びずにキュウリのような実が主茎になります。直まきでは畝幅1.2m、株間1mくらいで3粒まき、移植では3～4葉で定植します。開花後7～10日で約20㎝の実が収穫できます。

6月 ◎旬の技

旬の技

- ◎タマネギの収穫
- ◎夏まきニンジンの種まき
- ◎サヤエンドウの片つけ
- ◎抑制ズッキーニの種まき
- ◎雨除け栽培
- ◎果菜類の支柱立て
- ◎春野菜の収穫
- ◎果菜類の整枝方法
- ◎イチゴの苗を育てよう
- ◎新品目にチャレンジ
- ◎アスパラガスの栽培
- ◎アスパラガスの茎葉管理
- ◎サツマイモの栽培

- ◆エンドウゾウムシ
- ◆簡易雨よけ
- ◆支柱の立て方
- ◆春野菜の収穫法
- ◆ピーマン・ナスの誘引、整枝法
- ◆キュウリの整枝法
- ◆イチゴの採苗方法
- ◆オクラの管理
- ◆ツルムラサキの収穫
- ◆モロヘイヤの管理
- ◆アスパラガスの定植
- ◆ホワイトアスパラガス
- ◆アスパラガスの茎葉管理
- ◆サツマイモの植え方
- ◆野菜の種類とその選び方

芒種（ぼうしゅ） 6月6日頃　芒《のぎ》ある穀類、稼種する時也

稲の穂先のように芒（とげのようなもの）のある穀物の種まきをする頃という意味です。現在の種まきは大分早まっています。梅雨のはしりが現れる頃です。

夏至（げし） 6月21日頃　陽熱至極しまた、日の長きのいたりなるを以て也

一年中で一番昼が長い時期ですが、梅雨の時期であまり実感されません。花しょうぶや紫陽花などの雨の似合う花の季節です。

タマネギの収穫

茎がほとんど倒れたら、晴れ間をみて収穫をします。早いと球が小さく、遅れると茎がとろけて収穫しにくくなります。直ぐに食べる場合は畑で茎と根を切り網袋に入れて持ち出します。貯蔵する場合は、茎と根を着けたまま運び、五球くらいずつ束ねて軒下に吊します。九月頃までは貯蔵ができます。

タマネギの倒状

夏まきニンジンの種まき

夏まきニンジンは六月下旬からまけます。ニンジンの発芽から初期の生育には、十分な水分が必要なので、梅雨が明ける前に種まきします。すじまきでよいのですが、粘土質の少ない膨軟な畑を選びます。鍬で浅く溝を切って種まきし、種が隠れる程度に土をかけてから、鍬の底で軽く土を抑えてやります。その上に切りわらを薄くまいてもよいでしょう。なお品種は夏まき用のものを選びます。

抑制ズッキーニの種まき

ズッキーニはほとんどつるが伸びずに種をまいてから二カ月くらいで収穫できるので、六月にも二回目の種まきができます。一株で一m四方を確保し、一ヵ所に二粒まきして、大きくなったら一本に間引きます。この時期はウイルス病にかかりやすいので、最初から開花期頃まで寒冷紗でトンネルをかけてアブラムシの寄生を防ぎます。

雨よけ栽培

トマト、キュウリ、アスパラガスは雨に当たらないようにしてやると、病気の発生が少なくなり、消毒の回数を半分くらいに減らすことができます。また、トマトでは果実の色つやもよくなります。

家庭菜園では、簡単な方法で雨よけをしても効果があります。雨の時だけかけてもよいでしょう。ただし、風に飛ばされないように注意します。

サヤエンドウの片づけ

秋まき越冬のサヤエンドウは、実の成りが次第に悪くなって、葉が黄色くなるので、茎葉を片づけます。支柱やネットから茎葉をはずし、乾燥させてから堆肥にします。片づける時にさやの青いものは、食用子実として採取し、さやが黄色くざらついているものは、来年の予備種子用として乾燥保存します。ただし害虫のエンドウゾウムシが寄生している場合があるので注意します。

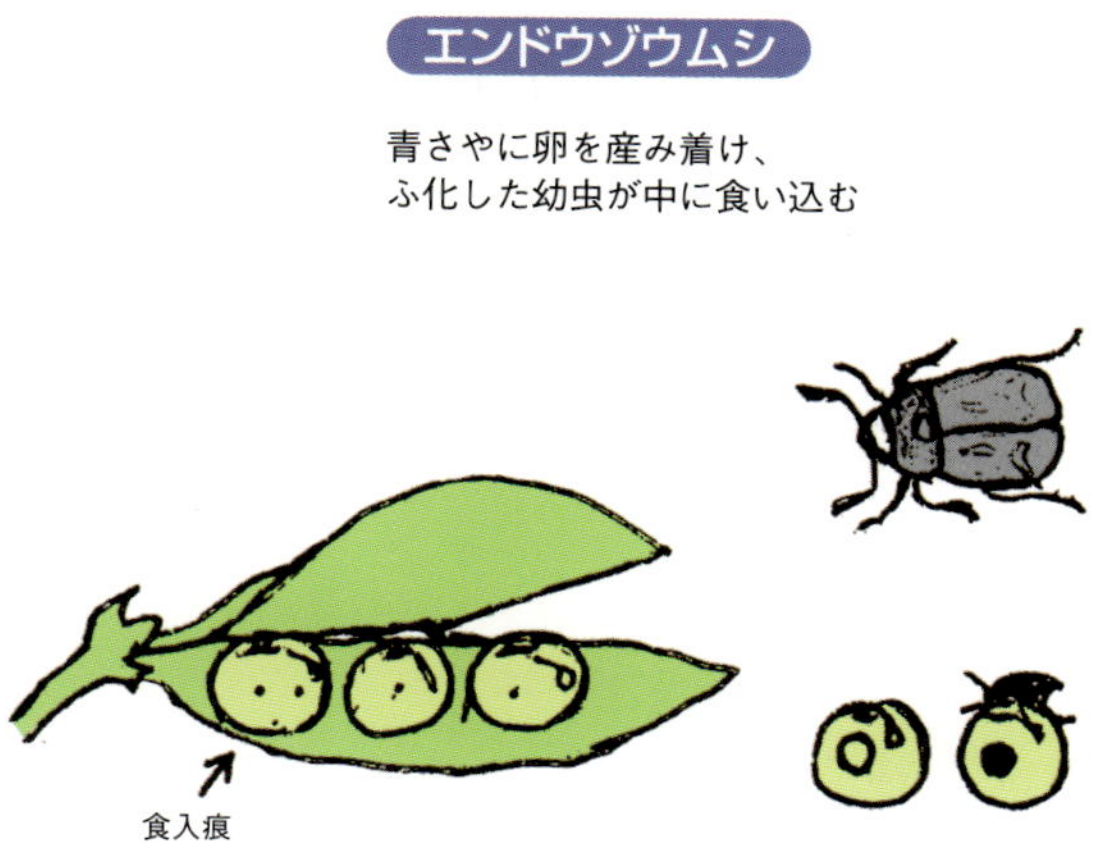

青さやに卵を産み着け、
ふ化した幼虫が中に食い込む

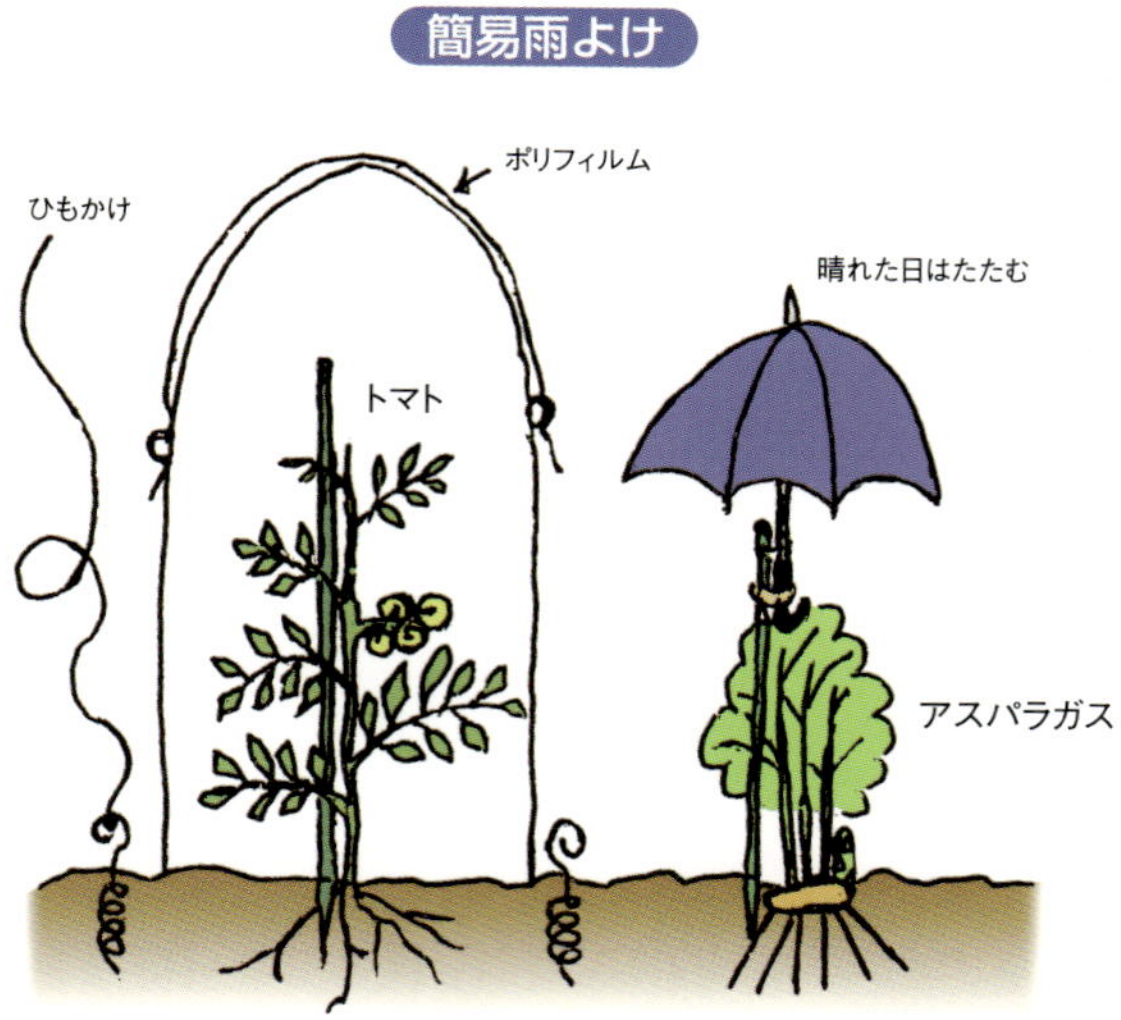

果菜類の支柱立て

キュウリやトマト、サヤインゲンなどは、支柱を立てて誘引し、立ち作りにすることにより、畑を立体的で有効に利用できます。立ち作りをすると、作物によっては、生長が進み、地表面の温度や湿度の影響が少なくなるので、果実の品質が高まります。また、風通しもよくなって、病害虫の発生も少なくなりますが、台風などの強風に弱いのが欠点です。

支柱の方法は、二畝を対にして合掌にすると、倒れにくく安定します。一畝で一列に立てる場合は、両端や中間に筋交いを入れて補強します。また、鉄線等で支柱同士を連結して両端で引っ張り固定しておきます。

支柱立ては、定植前から活着までに行い、ひもで株を支柱へ誘引してやります。材料は、市販の支柱もありますが、竹や木の枝を利用することができます。

誘引の方法は、まず側枝や下葉を掻いた後、葉が十分展開した高さ二〇～三〇㎝の位置で、ひもまたはわらを用いて縛ります。ループを作るなど緩く縛って茎が太った時に締め付け過ぎないようにします。後は、三〇㎝おきぐらいに同様な作業を繰り返します。

春野菜の収穫

春レタスは、結球が進んだら球重五〇〇～六〇〇gで収穫します。硬く手に持って重いようなものは過熟で水分が少なく味も悪くなるので、若どりが無難です。

春ハクサイは、結球の上から手のひらで押さえて、手応えのある時が適期です。なお、球葉の包合が悪い場合は、中でとう立ちしているおそれがあるので、早めに収穫します。

春ダイコンは、根が太れば適宜収穫できますが、根部が地上に出てきて、緑色に着色し、直径八㎝くらいに太らせた方がうまみがでます。やはり茎が立ってきた株は早めに収穫します。なお、収穫が遅れるとス入りします。

支柱の立て方

ハウス内でのひも誘引

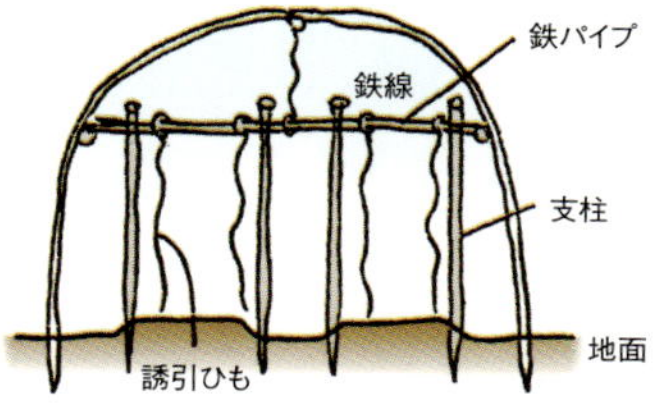

1列支柱

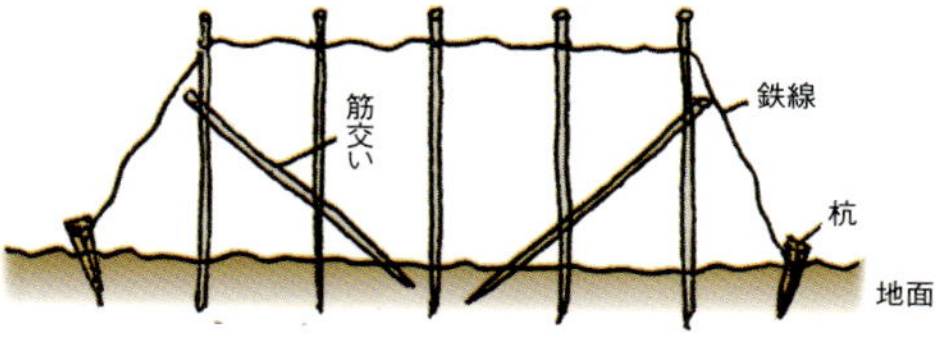

アーチパイプによる誘引

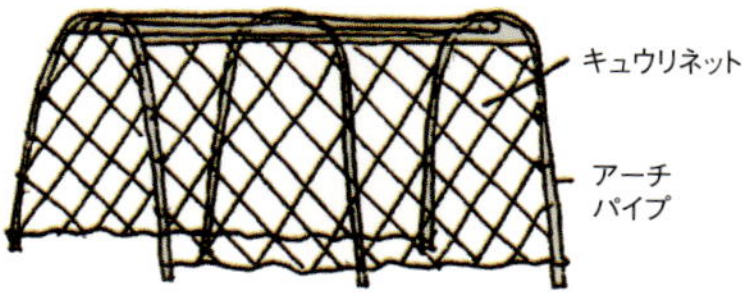

合掌支柱

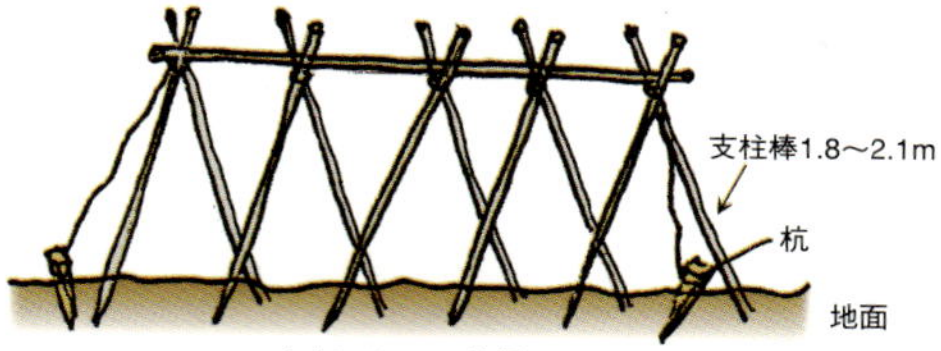

土中には30cm位挿し込む

春野菜の収穫法

レタス

・なるべく地際から包丁を入れる
・外葉は1〜2枚つける
・切り口の乳汁をふきとる

ハクサイ

・株を倒して外葉を折り包丁を入れる
・外葉は1〜2枚つける

ダイコン

・葉をもって引き抜く
・葉は10〜15cmで切る
・泥付きの方が日持ちする

果菜類の整枝方法

トマト

竹や支柱を用い二畦を対にして合掌にします。大玉トマトの場合は、支柱にまっすぐに誘引しますが、ミニトマトの場合は、節間が長いので、花房の段数を稼ぐために、斜めに誘引してゆくとよいでしょう。

ピーマン・ナス

枝が細く、放任しておくと垂れ下がって生育が鈍ります。支柱を立て、上方に向かって枝をひもでつり下げるようにします。

仕立て方は、ピーマンは一番花の上の側枝と主枝を用いて二本ずつ分枝するので、合計四本とします。ナスは、一番花の上下のわき芽と主枝を伸ばす三本仕立てが基本です。

キュウリ

トマトと同様合掌造りかアーチパイプを利用したネット栽培があります。この場合も長期に収穫するには斜めに誘引するとよいでしょう。整枝は、主枝(親づる)一本仕立てと三本仕立て(親づる一本と子づる二本)が基本です。

イチゴの苗を育てよう

今年収穫した株は、そのまま来年利用しても収穫できますが、大きな実をたくさん採るには、新しい株を植える必要があります。

秋に苗を購入してもよいのですが、自分で苗を育ててみましょう。

収穫の終わった株から、ランナー（ほふく枝）が発生し、その先に子苗（株）ができます。

土耕で苗採りする場合は、子苗を受ける部分の土を軟らかくしておきます。

本数の多くないときは、ポットや育苗箱を利用すると良いでしょう。

キュウリの整枝法

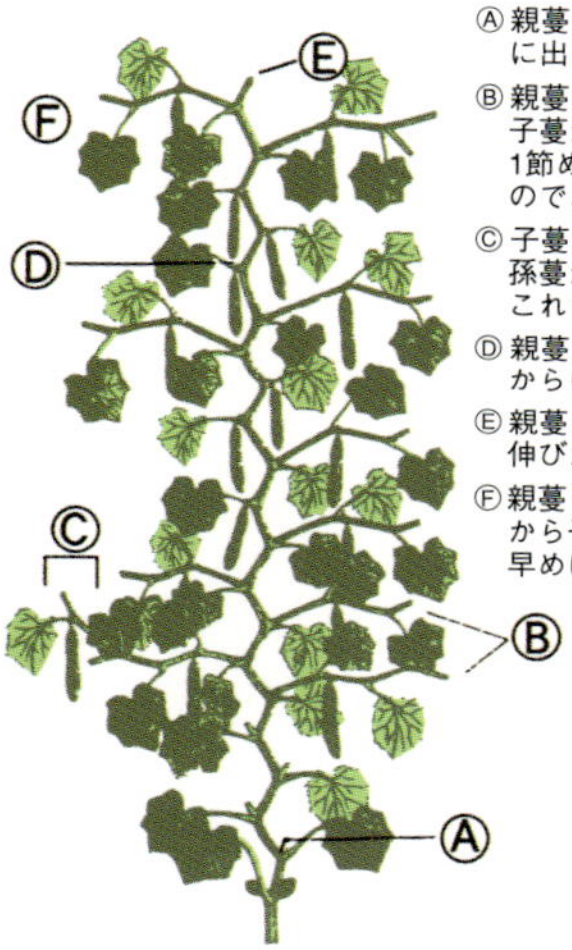

Ⓐ親蔓の株元から5〜6節までに出る子蔓は早めに摘み取る
Ⓑ親蔓に雄花の着いた節から子蔓が出て、1節めに雌花を着けるので、3〜4節で摘芯する
Ⓒ子蔓を摘心すると孫蔓が出ることがある。これも3〜4節で摘心
Ⓓ親蔓に雌蔓の着いた節からは子蔓は出ない
Ⓔ親蔓は支柱の高さまで伸びたら、摘心する
Ⓕ親蔓を摘芯すると上の節から子蔓が強く伸びるので、早めに摘心する

ピーマン・ナスの誘引・整枝法

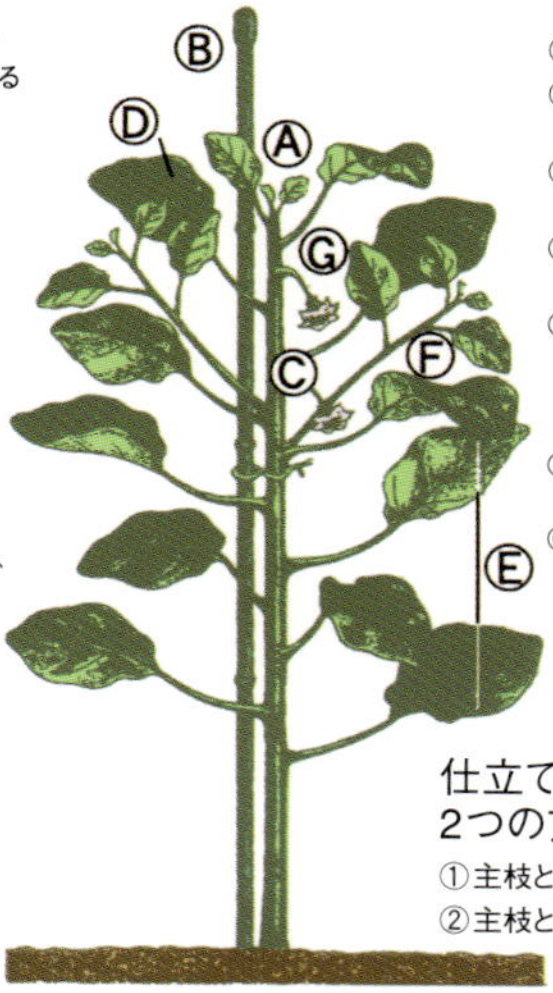

Ⓐ支柱
Ⓑ本支柱を立て茎を誘引する
Ⓒ1番花（8〜9節め節目に着く）
Ⓓここから上は放任しておく
Ⓔこの間のわき芽は早めにかき取る
葉は1番果収穫までつけておく
Ⓕ1番花直下のわき芽が強く伸びる
Ⓖ2番花（花は2葉おきに節間につく）

仕立て方には2つの方法がある
①主枝と1番花の下、2芽残す方法
②主枝と1番花の上下各1芽残す方法

イチゴの採苗方法

ポット受け
針金を曲げて押さえを作る

育苗箱受け

新品目にチャレンジ

春野菜の収穫は早いものからそろそろ終わりになります。開いたスペースを旨く利用していろいろな品目にチャレンジしましょう。

オクラ

暑い夏によく育ち、美しい花を咲かせ、観賞用としても人気があります。普通は緑色で莢の切り口が五角形ですが、中には莢が赤いものや切り口が丸いものもあります。畝幅は一ｍ程度でよいですが、草丈が一・五ｍ程にも育つのでほかの野菜が日陰にならない場所を選びます。播種は、発芽しやすいように一晩水に浸して一穴五～六粒まき、本葉二枚程度で間引きます。気温が低いときは初めトンネルにするといいでしょう。

花が咲くようになったら、月に二回程追肥をしてやると長期間収穫できます。

ツルムラサキ

多肉のややつややかな葉をつけて夏から秋にかけて繁茂する蔓性の野菜です。平らにならした一ｍ幅の畝に株間三〇cm、条間六〇～七〇cmの二条まきとしますが、蔓性なのでパイプハウスの周囲を利用してもよいでしょう。発芽がやや悪いので四粒まきとし、本葉が出たら二本に、本葉四～五枚で一本にします。草丈が二〇cmくらいになったら支柱を立てて蔓を誘引してやります。蔓は

モロヘイヤ

エジプト生まれの「王様の野菜」と呼ばれます。平らにならした五〇～六〇cm幅の二ｍくらいの場所に株間三〇cmで五～六株あれば四～五人家族で食べて十分ですが、発芽と初期生育があまりよくないので、すじまきとし、順に間引いて三〇cmの株間にします。一月程度で、主茎先端の収穫ができます。腋芽がたくさん出てくるので、先端一〇cm程度を順次収穫します。

なお、秋になると葉の付け根に花が咲き実が着きますが、有害物質が含まれているので、食用にしないよう注意します。

ツルムラサキの収穫

わき芽が伸びてきたら、蔓先10cmくらいのところで、葉を2枚残して摘み取ります。わき芽が長く伸びてから、蔓先を摘み取ると繊維質が強くなり、食味が低下し、次のわき芽の発生も遅れるので、こまめに摘み取ります

オクラの管理

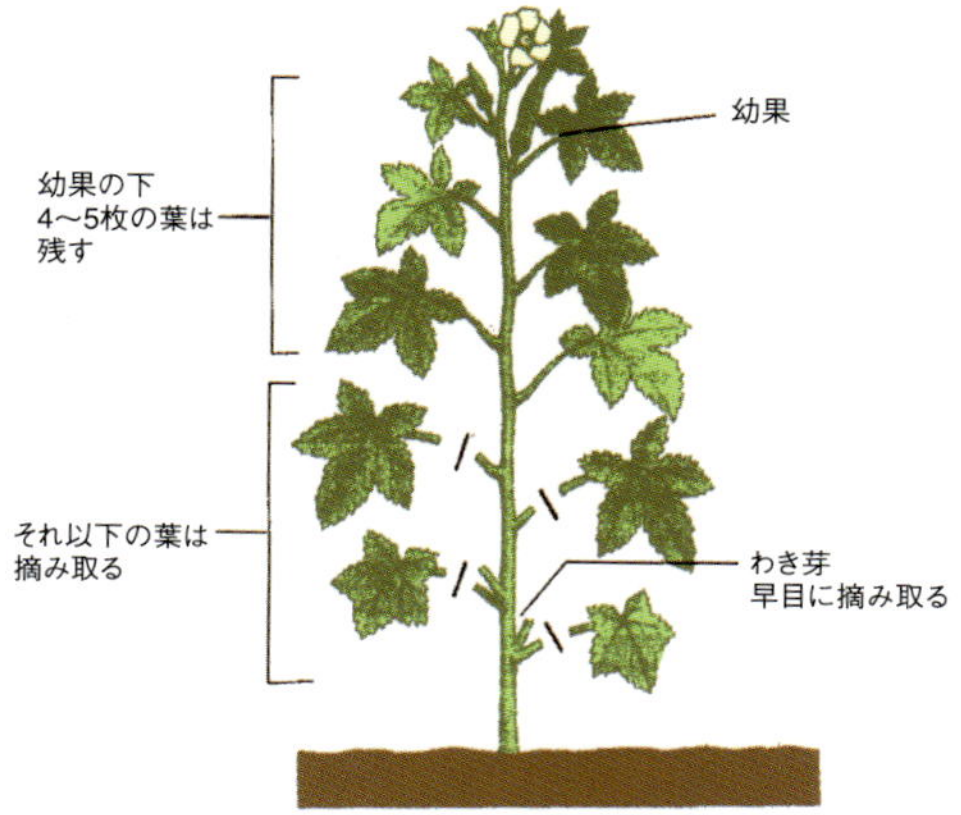

枝分かれして盛んに伸びるので、しっかり立てます。草丈が一m程に伸び、葉の大きさが一〇cmになったら、先端から一〇cm程を摘んで収穫します。

モロヘイヤの管理

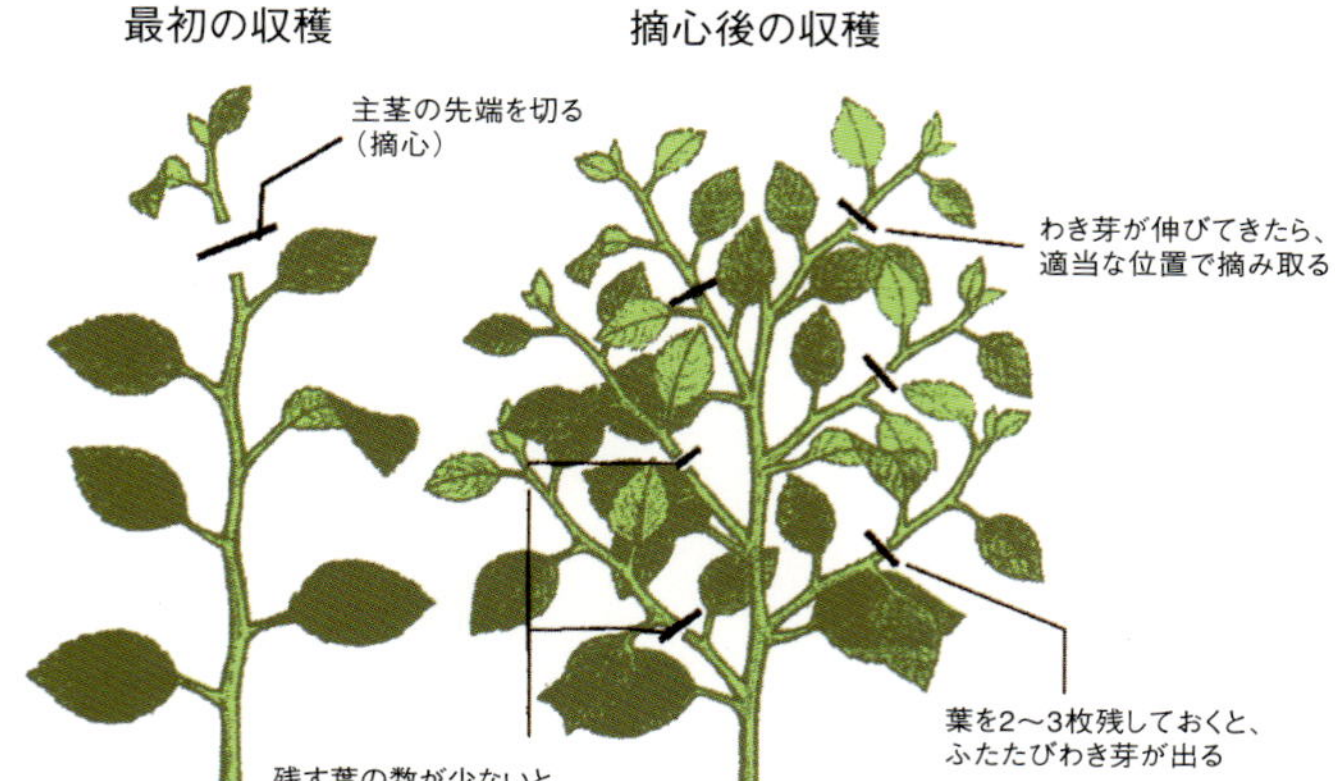
残す葉の数が少ないと
新しい芽の数も少なくなる

アスパラガスの栽培

定植時期　園芸店等ではセル成型苗やポット苗を販売しています。この苗は、春なら六月一杯、秋は九月に定植できます。一年養成した大苗は三月末か四月上旬に定植します。ここでは、セル苗やポット苗の定植作業を説明します。

畑の準備　半永年性作物であるため、耕土が深く地力に富む場所が適地です。茎葉は背が高くなり隣の作物が日陰となるので、南北畝で畑の隅がよいでしょう。多収を期待するには潅水が多く必要となるので、水利の便も考えます。

定植後は株下の土壌改良ができないので、根を深く張らせるために全面に一〇㎡当たり堆肥を二〇kg、苦土石灰二kg、化成肥料一kg施し、三〇～四〇cm深耕します。畝幅は一二〇～一五〇cmとし、幅三〇cm、深さ二〇cmの植溝を切り、底にさらに一mに二kgの堆肥、一〇〇gの化成肥料を入れ、幅七〇cmの畝を作り、マルチを張ります。

定植　株間三〇～三五cmの一列植えとします。場所がなくて密植する場合は条間四〇cmの千鳥植えとします。根鉢を崩さないように注意し、セル苗では浅く、ポット苗ではやや深めに植えます。

次々に芽が出てきて周りに広がるので、セル苗でもマルチの孔は直径一〇cmくらいと大きめにします。

管理　活着するまでに乾燥に注意し株元に潅水してやります。秋になり霜に遭って茎葉が黄変したら刈り取り、マルチも剥ぎます。二年目春の収穫は、じっと我慢をしてもう一年株を養成します。畝間一m当たり堆肥二kg、化成肥料を二〇〇g施し耕して畝の上に盛ります。茎葉が一m以上にもなり倒伏するので、支柱を立ててやります。

収穫　定植してから二年、春先に太い若茎が萌芽してきます。三〇cmくらいに伸びたら収穫します。順次収穫しますが、三年目は三〇日、四年目は四五日、五年目以降六〇日ぐらいで収穫を止め、再び茎葉を立たせ、二年目の三割増しの肥料を施して株養成を行います。

アスパラガスの定植

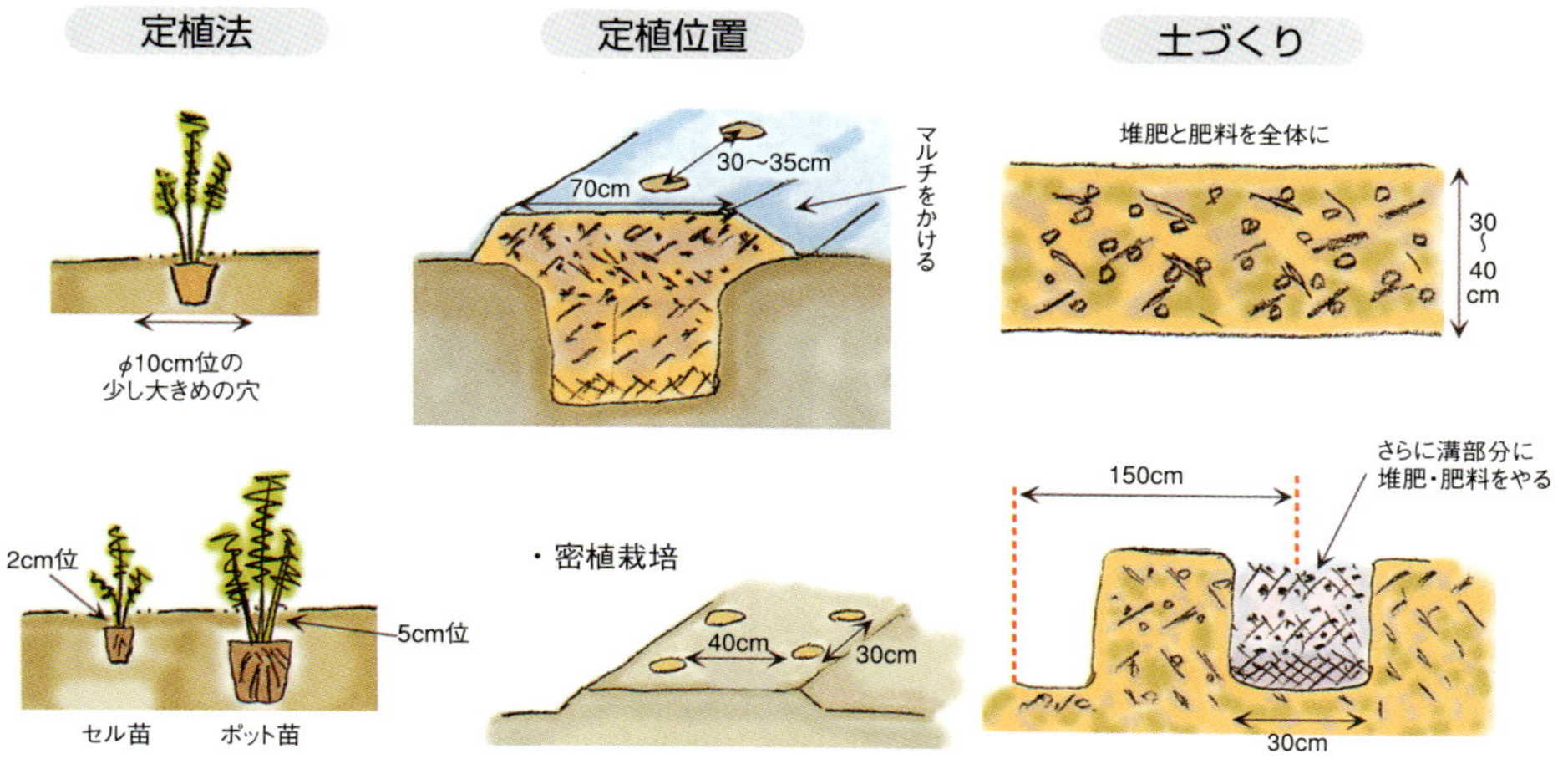

ホワイトアスパラガス

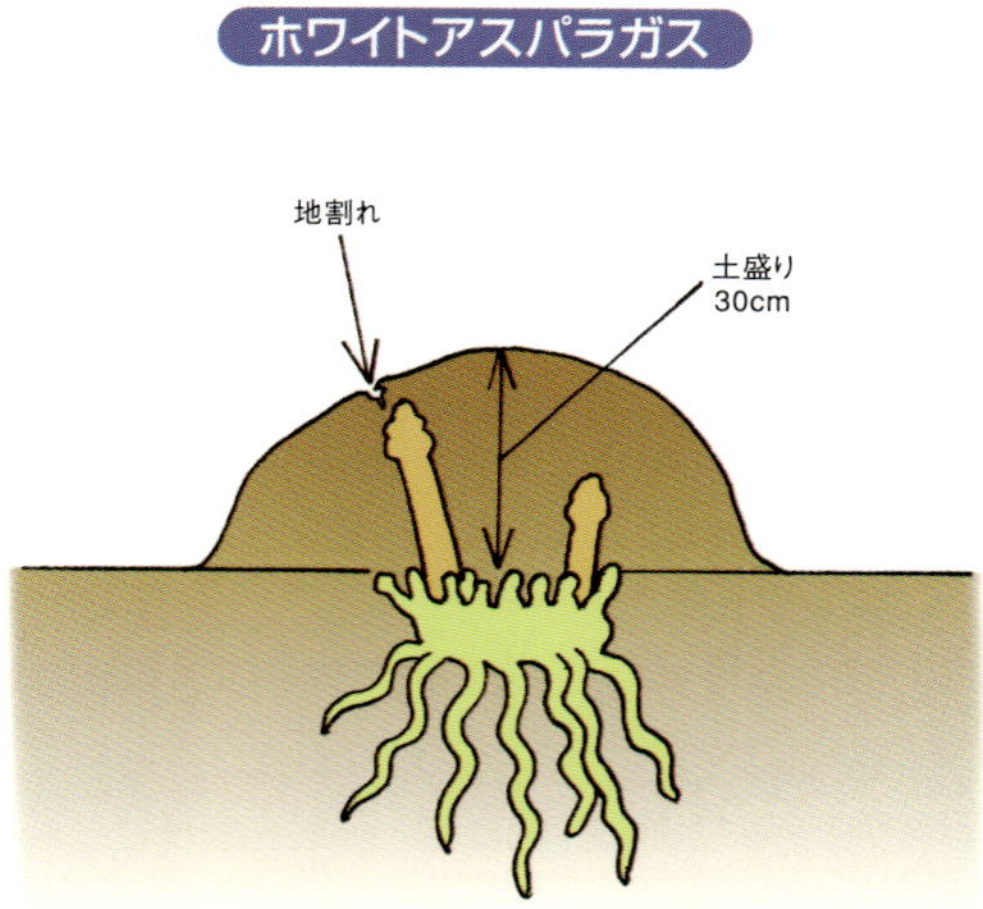

ホワイトアスパラガス

若茎が萌芽する前に土を三〇cm程盛上げ、地割れした所を掘るとホワイトが収穫できます。

夏秋取り

春収穫をやや早く五月末で終わりにし茎を生育させます。七月中旬に茎を株当たり五～六本に整理、下枝を地際から五〇cmまで掻き、潅水すると萌芽してきます。九月一杯収穫できます。

アスパラガスの茎葉管理

露地では春の収穫がそろそろ終わりになります。来年のために茎を立たせます。

茎の立たせ方

順次茎が伸張しますが、一株に健全な人差し指くらいの太さの茎が七～八本立つようにします。これより本数が多くてもむしろ混み合って病気となったり日陰となったりでプラスになりません。本数が確保できたら後は収穫しても大丈夫です。

施肥・土寄せ

畝間に一〇㎡当たり堆肥三kg、化成肥料二kgを施し、十分に耕耘してから、培土機や鍬等で株に土寄せを行います。

茎葉支持・倒伏防止

茎は条件がよければ二m以上に伸びることもあります。風雨によって倒れないように支柱とひもで倒伏防止をしてやります。

サツマイモの栽培

子供さんのいる家庭では人気の野菜です。蔓性なので面積を必要としますが、たいした病虫害もなく、手間もかかりません。

品種

県内で多く作られているのは、早掘りに適し肌が鮮やかな紅色の「ベニアズマ」や普通栽培用で作りやすい「高系一四号」などです。

畑つくり

乾燥には強い方ですが、湿害には弱く、このため畑は堆肥を施し深く起こして通気性をよくしてやります。肥料は一〇㎡に化成肥料五〇〇g程度とします。窒素肥料が多いとつるぼけしやすいので、肥えている畑では無肥料でも十分です。畝は幅八〇cm、高さ四〇cmの盛り畝とします。

植え付け

苗は端をいったん切り、切り口を水につけてピンとさせてから、畝の上に三〇cmおきに平行に寝かせ、茎を土中に二～三cm押し込みます。長さが三〇cm以上ある場合は水平に、短めの場合は斜め植えにします。早掘りしたい場合は透明マルチをしますが、この場合は斜め植えにします。

管理

ほとんど管理は必要としませんが、蔓が伸びすぎる場合は、蔓の先端を持って裏返しにしたり、引き上げて茎から根が出るのを防ぎます。

収穫

普通の収穫時期は一〇～一一月ですが、植え付け後七〇～八〇日頃から急激に肥大するので、試し掘りをしながら楽しめます。

アスパラガスの茎葉管理

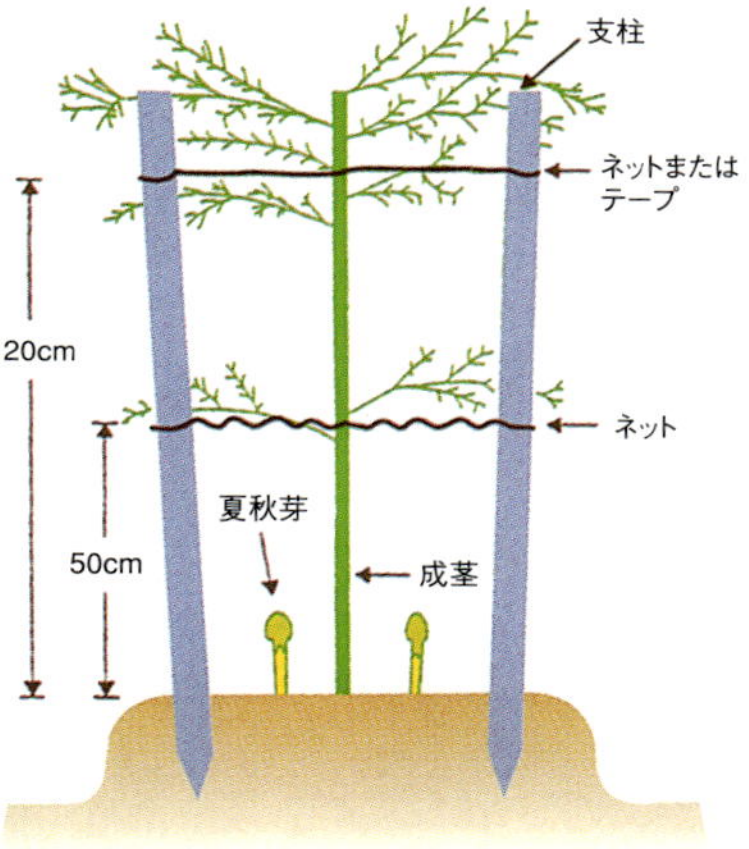

畝上50cmと120cmの2段にネットを張る。
上段は、ハウスバンドで結んでもよい。
支柱の太さ25〜30mm

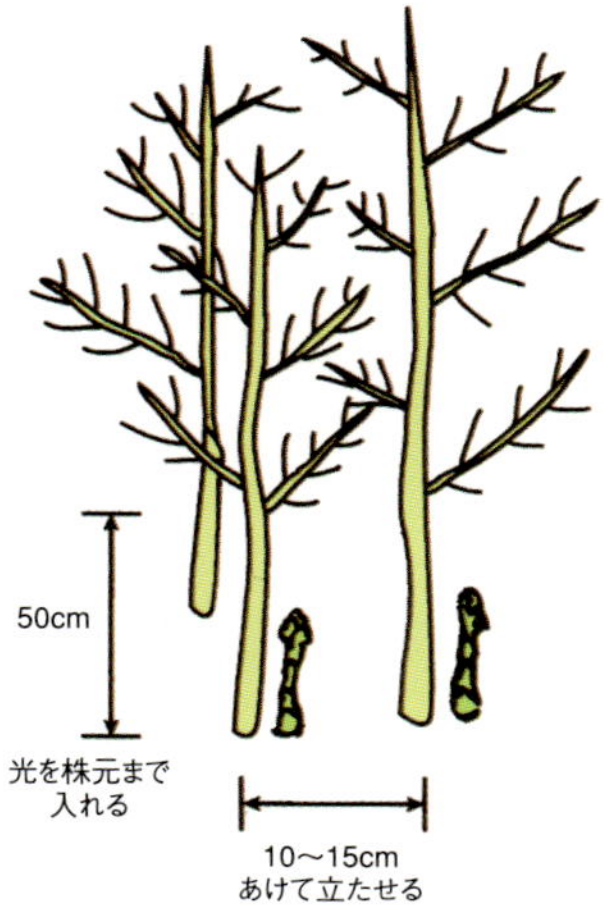

株当り5〜6本→18〜20本／㎡

サツマイモの植え方

植え付け

水はけが大切なので、苗は高い畝の頂上に植える。苗を畝と平行において、茎を指でぐっと押し込むようにして植える

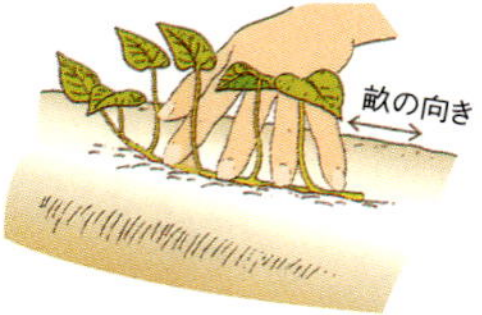

苗の植え方とイモのつき方

苗の植え方にはいろいろなやり方があるが、一般的には水平植えにする。イモは土に埋めた茎の、葉のつけねにつくようになる

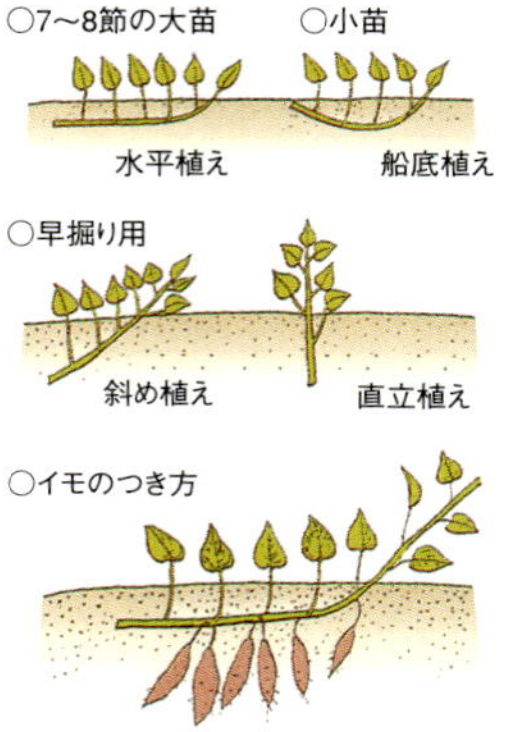

旬の技

野菜の種類とその選び方

食用部分による分け方

葉や茎あるいは花蕾を食用とするもの

葉茎花菜類	菜　類	つけもの・煮ものとして利用の多いもの
		ハクサイ・キャベツ・ノザワナ・コマツナなど
	柔菜類	柔かい葉をもち比較的短期間で収穫できるもの
		ホウレンソウ・シュンギク・ミツバ・モロヘイヤなど
	生菜類	生食を主体としたもの
		レタス・セルリー・パセリなど
	香辛菜類	香りや辛味を楽しむもの
		ミョウガ・シソ・ハーブ類など
	茎菜類	茎をおもに利用するもの
		アスパラガス・ウドなど
	花菜類	花や蕾を利用するもの
		カリフラワー・ブロッコリー・ナバナなど
	ネギ類	ネギ・ワケギ・ニラ・アサツキ・ラッキョウなど

果実を食用とするもの

果菜類等	ウリ類	キュウリ・スイカ・カボチャ・シロウリ・メロンなど
	ナス類	トマト・ピーマン・パプリカ・シシトウなど
	マメ類	エンドウ・インゲン・エダマメ・ラッカセイなど
	その他	オクラ・イチゴ・スイートコーンなど

根・地下茎あるいは地下部の肥大した部分を食用とするもの

根菜類	直根類	ダイコン・ニンジン・コカブ・ゴボウなど
	イモ類	ジャガイモ・ナガイモ・サトイモ・サツマイモなど
	塊茎類	タマネギ・ニンニク・レンコン・ショウガ・クワイなど

旬の技

小暑（しょうしょ）　7月7日頃　大暑来れる前なればせ

梅雨明けが近く、本格的な暑さが始まります。梅雨末期の集中豪雨のシーズン、蓮の花が咲き、蝉の合唱も始まります。

大暑（たいしょ）　7月23日頃　暑気いたりつまりたるゆえんなればせ

最も暑い頃という意味ですが実際はもう少し後、夏の土用で学校は夏休みに入り、空には雲の峰が高々とそびえるようになります。ウナギとビールの季節です。

ヤマゴボウの種まき

「ヤマゴボウ」モリアザミの根を食用としますが、「みそ漬け」などの漬け物は信州のふるさとの味です。

乾燥で発芽が悪くなるので、できるだけ梅雨の期間に播種します。播種一週間以上前に㎡当たり苦土石灰二〇〇g、堆肥三kg、化成肥料を八〇g程度施し、深く耕耘しておきます。肥沃な畑では無肥でもよいでしょう。乾燥を嫌うので畦はあまり高くしません。覆土は五～六㎜で、敷きわらを行い潅水します。本葉三枚くらいまでは乾燥に注意します。間引きは原則として行わず、混み合っている場所だけにします。抽だいしやすいので九月に一～二回抽だいした株は抜きます。降霜後茎葉が枯れたら鍬で掘り上げ収穫します。

ヤマゴボウ（キク科）

ズッキーニの交配と収穫

カボチャと同様、同じ株に雌花と雄花が着生します。天候不順などで受粉がうまくできないと、結実しなかったり曲がり果や先細り果の原因になります。受粉は開花当日の早朝に、雄花を採取して花弁を除き雌花へなすりつけてやります。

収穫は開花から三～五日後で長さ二〇㎝くらいが適期です。ただし自家用であればこれより大きくしても柔らかく、食べられます。

モロヘイヤの収穫

じかまきした株は、草丈が一五㎝くらいまでに、間引き収穫をして株間六〇㎝にし、残した株を摘心します。その後は若枝を長さ一三㎝くらいで摘み取り収穫します。一週間おきに収穫し樹形をドーム型に整えます。

スイートコーンの無除げつ栽培

スイートコーンは間引き後放任しておくと、二本くらいは主茎と同じくらい分げつ茎が生長します。分げつ茎の雌穂は肥大が悪く収穫できませんが、主茎の雌穂を大きくしたり稔実をよくすることが知られています。また

スイートコーン

ヤマゴボウの播種

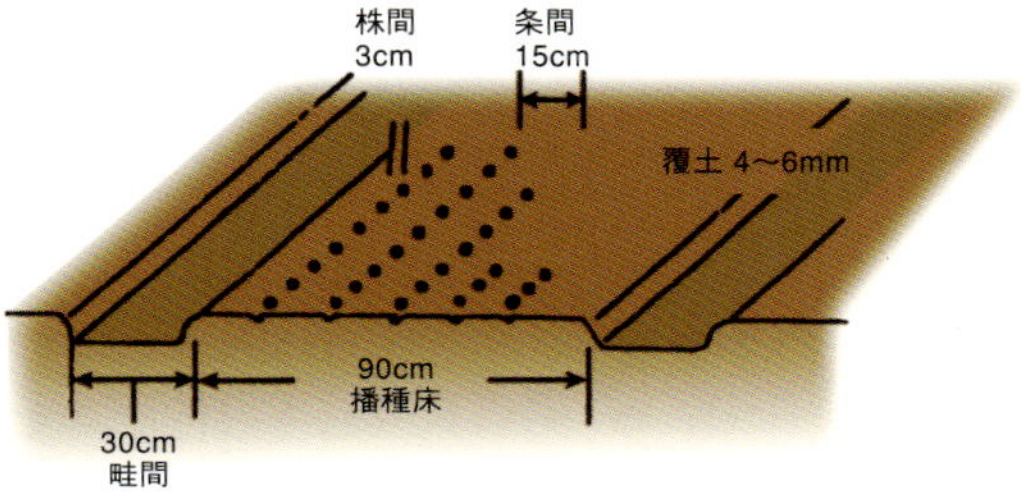

ここがポイント!!

・土壌を湿らせて播種（降雨後がよい）
・発芽～本葉3枚までは乾燥させない
・潅水は土壌表面を固くしないように

カボチャのいろいろ

モロヘイヤ（しなのき科）

無理に除げつすると主茎を傷めるといわれます。そこで、家庭菜園ではあえて除げつはせず、伸びてきてから鎌で先を刈るくらいがよいでしょう。

なお、雌穂は主茎に二～三穂発育しますが、ものになるのは一穂です。しかし除房をしてもあまり効果がないのでやりません。また、雄穂は害虫に食害されやすいので、受精が終わったら刈り取ります。

雑草防除

この時期は、雨が多く温度が高くなってきますので、草取りを先送りにしていると、雑草が繁って後でとんでもなく労力がかかることになります。早めに雑草防除をすることが基本です。

雑草の種類は、たくさんありますが、ひとつの畑にかぎれば、一〇種類以下と意外に少ないものです。

雑草には、その年のうちに花が咲いて実が成るものと、秋に芽が出て越冬後に開花結実するものがあります。土中の茎や根で冬越し毎年発生するものもあります。

多くが種で増えるので、畑を雑草で荒らして結実させると一面に増えてしまいます。しかも、土の中に埋まった種は寿命が長いので、何年も雑草に悩まされることになります。

一般に光が無いと種が発芽しないことを利用して、黒マルチや敷きわらをして植えつけます。

通路を耕すときはあまり深起こしをせずに、表面を掻くようにします。また、土寄せを組み合わせて雑草を埋める方法や、ハクサイのように作物の葉で覆って日陰にし、雑草の発芽や生長を抑える方法もあります。広過ぎない適正な株間に植えることが肝要です。

秋野菜の種まき

秋野菜の早いものはこの時期に種まきをします。キャベツ、カリフラワー、ブロッコリー、セルリー、モロッコインゲン、ヤマゴボウ、赤ビートを急いでまきます。抑制のトマトやキュウリはハウス栽培でないと間に合いません。

温度が高く、病害虫の多い時期になるので、直まきの場合は天候を見てまき時を決めます。

育苗する場合は、雨よけハウスや軒下で行います。箱まきにして発芽が揃ったらポリポットへ鉢あげします。

アブラムシなどの害虫が入らないように寒冷紗でトンネルがけするか囲います。水やりに注意してしおれさせないように管理します。

この時期は生育が早いので、遅れないように定植します。本葉四～五枚の若苗で植えた方が活着や生育がよいものです。

ニンジンの播種

今からまくと秋から冬にかけて長い間収穫できます。根が石や肥料に直接当たると岐根（又根）になりやすいので、播種一週間以上前に㎡当たり苦土石灰二〇〇g、堆肥三kg、化成肥料を一〇〇g施し、深く耕耘しておきます。

耕種的雑草防除法

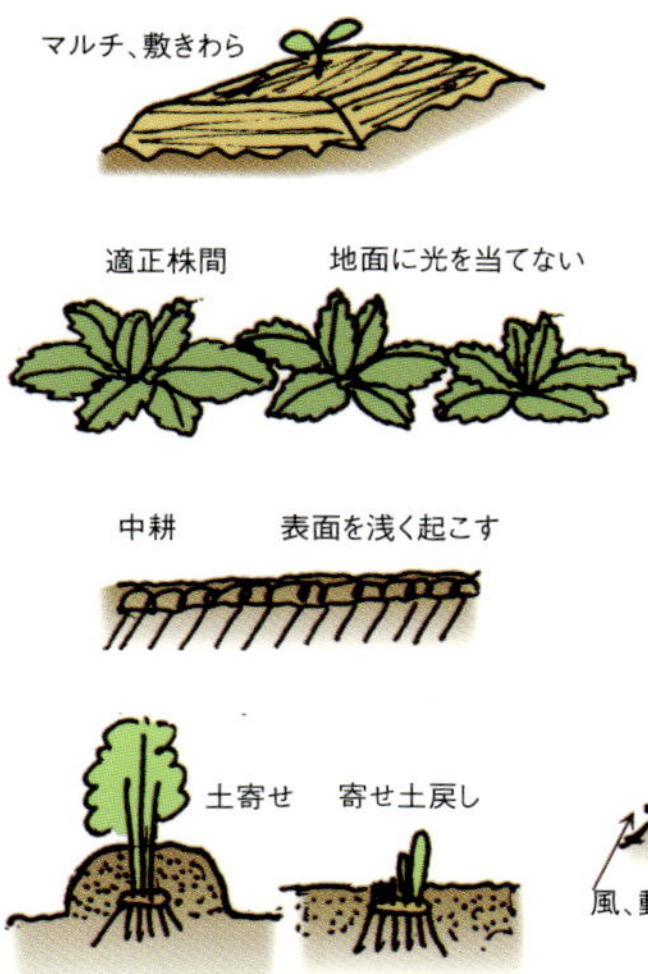

雑草の生態

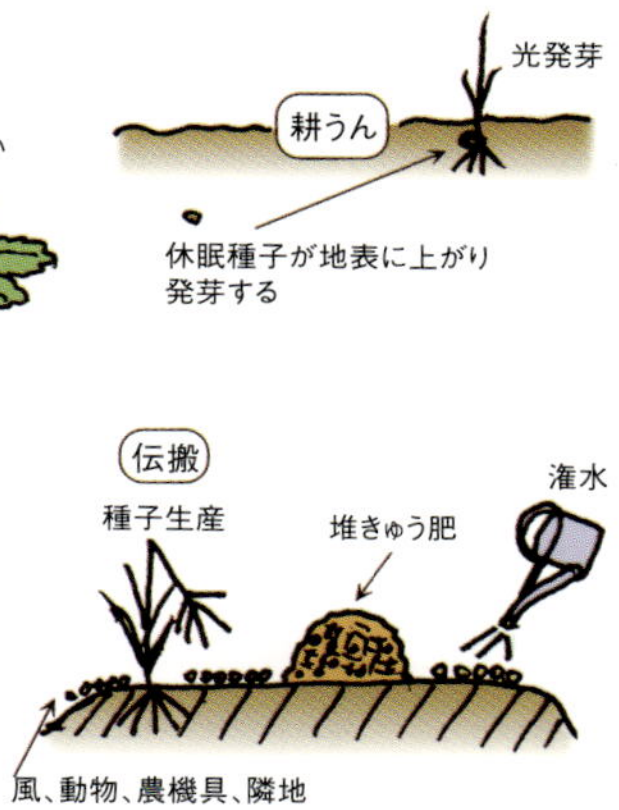

雑草の種類

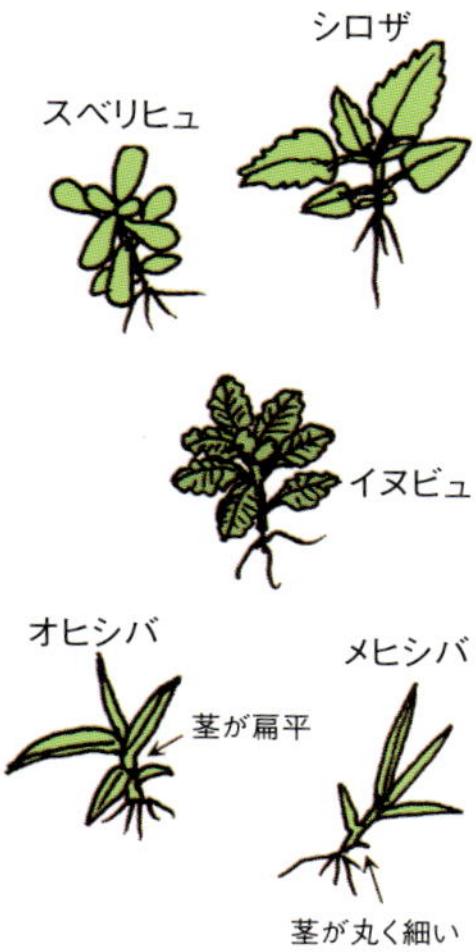

夏期の育苗

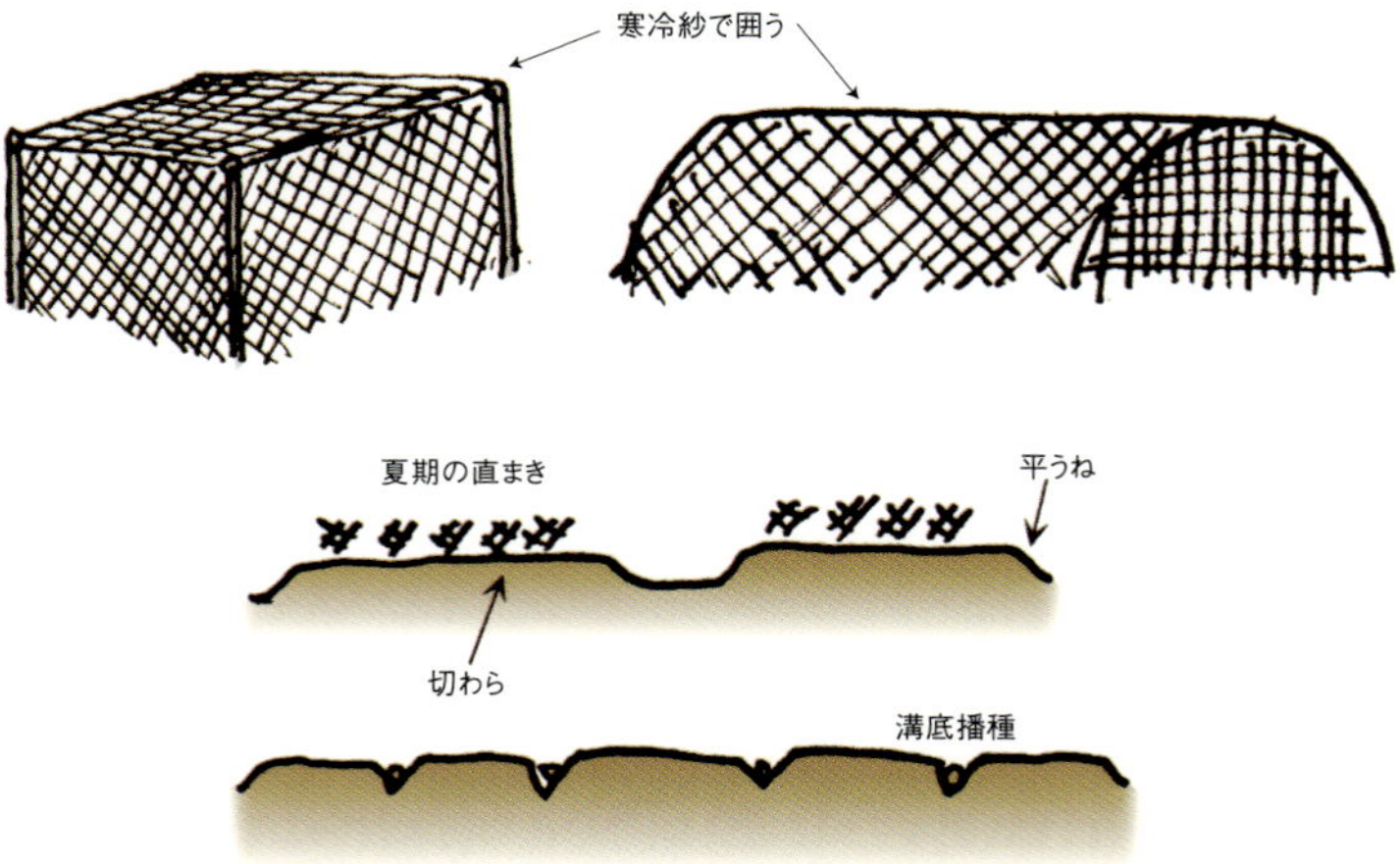

まき床は事前に十分に湿らせておき、覆土は浅く、種まき後は乾燥に注意し発芽するまでは敷きわらをしておくとよいでしょう。

スイカの交配

親づるを摘んで子づるを発生させると初め子づるの七～八節に雌花が着き、その後は六～七節おきぐらいに雌花が着きます。

親づるに近い位置で着果させると皮が厚くて空洞果になりやすいので、摘み取り、家庭菜園では、一五～二〇節に着果させるとよいでしょう。

交配は、花粉の出ている雄花を摘み、花弁を除去して、雌花の雌しべの先端に均一に付けます。花粉の能力は日が高くなるにつれ低下するので、一〇時までに済ませます。

交配後は、ビニール袋等で、雨よけにすると着果率が高まります。荷札があれば、交配日を記録しておくとよいでしょう。

交配後一〇～一五日で、果実が鶏卵大～ソフトボール大になったら、変形果等を摘果し、子づる一本に一個とします。

果菜類の栄養診断

キュウリ

根が浅いため、畝間に滞水しないようにしたり、敷きわらを厚くして乾燥するときは潅水を行います。

開花当日の雌花の咲き具合で、斜め上に向かって咲くと良好、水平や下向きだと追肥が必要です。また、収穫果が曲がったり、先が細くなったりすると潅水や追肥が必要です。追肥は、五～一〇日おきに化成肥料で一握り程度（六〇～七〇g／㎡）、株間や畝肩部に、潅水に併せて定期的に行います。

トマト

この時期に開花した花は、お盆頃に真っ赤に色付きます。乾燥・湿潤の急激な変化によりカルシウム欠乏症の尻腐れ果が発生しやすくなります。

定期的な潅水と、できれば塩化カルシウム〇・五％水溶液を、開花果房およびその上下の葉に散布するとよいでしょう。樹勢が弱っていたら、果房一段当たり三～四果に制限し、草勢を回復させます。

ピーマン

枝は必ず二股に分枝し、気温の上昇とともに枝数も多くなり、混みます。内側の枝は思い切って整枝剪定すると、日光の透過がよくなり、着果促進、奇形果の発生防止となります。追肥や潅水は、他の果菜と同様に行います。

漬けウリの整枝法

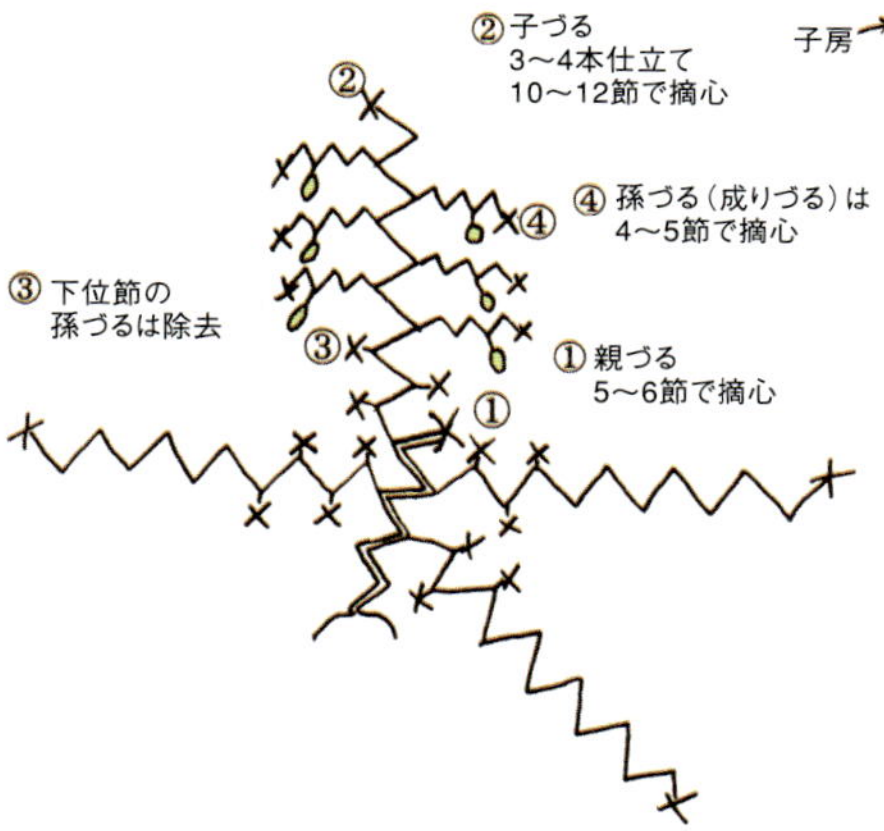

スイカの交配方法

①開花したその日に行うとよい
②花粉のよく出る雄花を利用
③均等にていねいに行う

①ビニール袋やアイスクリームの透明なカップと割りばしを利用した雨よけ
②交配したらすぐに行う

ナス

健全な株は、花の咲いている先に葉が三枚くらい展開し、長花柱花（雌しべが長い）が多いが、草勢が衰えると短花柱花（雌しべが短い）が多くなるので、追肥は早めに行います。

ナスの栄養診断

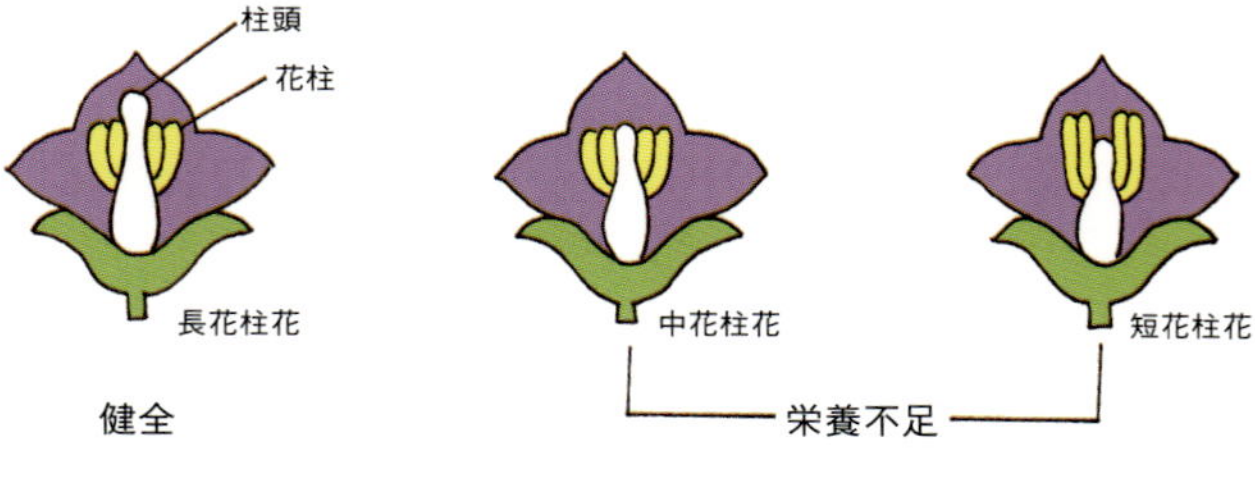

キュウリの栄養

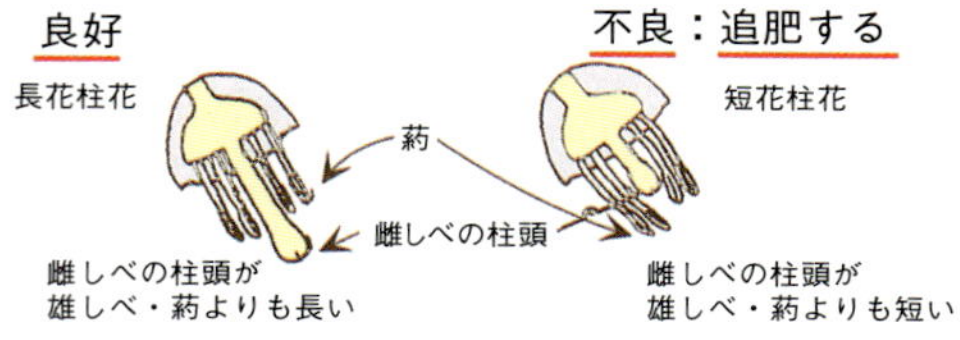

夏場を乗り切る管理

果菜類は、夏の食卓の主役です。暑さや梅雨を上手に乗り切り、長期間収穫したいものです。

キュウリ

摘心は、予め側枝を三～四本伸ばして、草勢を維持しながら支柱の先まで主枝が届いたら行います。摘葉は、主枝の展開葉が二〇枚以上確保したら、下葉から一回に一～二枚ずつ切り取ります。過繁茂を防ぎ健全な葉に十分に日光を当ててやると病気や変形果も少なくなります。また、根が浅いため、乾湿の大きな変化を嫌います。畝間の排水をよくし、暑さ対策には、通路に敷きわらを、黒マルチではマルチの上にも敷くと地温を下げることができます。追肥は、一〇日おきに、化成肥料で一握り程度(六〇～七〇g／㎡)、株間や畝肩部に施します。

トマト

腋芽や収穫が終わった果房までの葉は順次整理します。頭が支柱の先端まで届いたら、下の誘引ひもをゆるめ、主枝を斜めに誘引していくともう一～二段収穫可能です。高温になると裂果や尻腐れ果がでます。裂果対策には、雨よけや直射日光を果実に当てないように誘引したり、寒冷紗をかけたりするとよいでしょう。

尻腐れには土壌が極端に乾湿にならないようにし、敷きわらで地温を低下させます。また、一花房には三～四果とし、キュウリと同様追肥を行います。

ナス

この時期になると茂り、内側の日当たりや風通しが悪くなるので、ふところ枝や下部の腋芽、台木の芽のつみ取りを行います。また、三本仕立ての場合、主枝から発生する側枝は花の上一葉残して摘心します。収穫時には収穫した枝の元二枚残して切り戻すと長期によいものが収穫できます。栄養状態は、花のめしべの長さで判断できます。樹勢が弱っている場合は、化成肥料を半握り程施します。

ピーマン

ナスと同様に内側の枝は思い切って剪定します。生育は、枝の先端から見て一～二節が蕾、三節が開花、四～五節が着果・肥大となっていれば生育良好な状態です。着果数が少なく節間が一〇㎝もある状態は徒長気味ですので、潅水や追肥を控え、果実は大きめで収穫し、枝を斜めに誘引してやります。反対に開花位置が枝の先端で着果数が多く節間が短い場合は、樹勢が弱っているので尿素等を追肥し、枝を垂直にして早めに収穫してやります。

キュウリの整枝

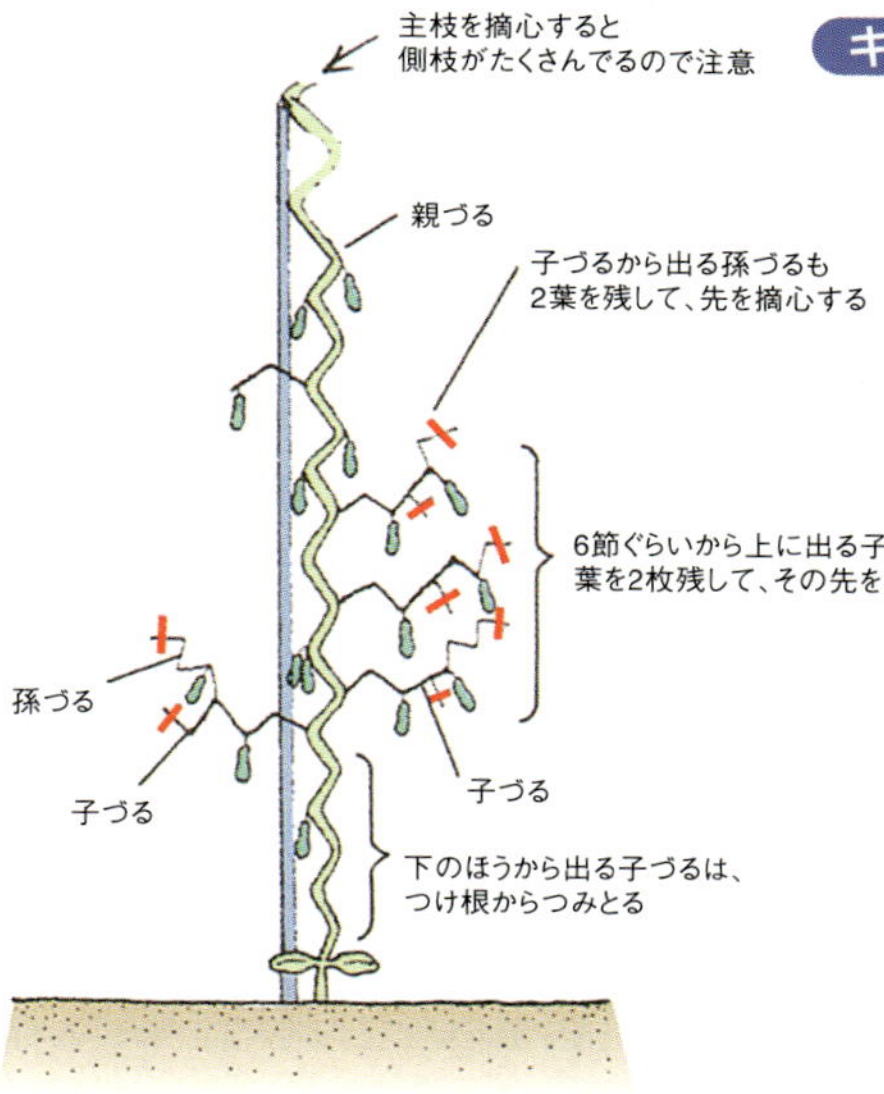
6節ぐらいから上に出る子づるは、
葉を2枚残して、その先を摘心する

ナスの摘心・切り戻し

2枚残して切り戻す

果菜類の管理Q&A

問一　トマトが青いのに尻が腐ってしまいます。病気ですか。

答一　果実の先端がへこんで黒ずんだようになり腐敗する症状は病気ではなく「尻腐れ」と呼ばれる生理障害と思われます。果実の肥大にカルシウムの供給が十分でないと発生します。

この時期複数の果房があり、茎葉も大きく発達しますが、根が大雨により弱っていたり、反対に乾燥で土壌から吸収できないと発生しやすくなります。

このような症状が出てしまったら残念ながら対策はありません。また、一度発生すると上段果房にも発生しやすくなるので、開花からビー玉くらいの果房およびその上下の葉に塩化カルシウムの〇・五％液を葉面散布してください。梅雨明けは定期的に潅水を行ってください。

問二　曲がったものや先の細いキュウリが多くできてしまいます。

答二　原因として栄養状態が関与している場合が多く、草勢と着果のバランスが崩れた場合に多く発生します。

まず、このような果実は摘果します。株当たり一握りの化成肥料を株と株との間に追肥し、同時に潅水します。しばらくすると草勢が回復し、立派なキュウリがなります。追肥は一〇日に一回、潅水は二～三日に一回行います。地温が高いと根の働きが鈍るので、株元に敷きわらをするとよいでしょう。ピーマンも同様です。

問三　樹の栄養状態を判断する方法はありませんか。

答三　注目するのは、先端付近の茎葉と花の形です。図を参考にしてください。

トマトでは、上段花房の第一、二花が開花する時、完全に開いた葉が四枚程度あり、茎の太さが直径一cm程度が理想です。

ナスでも開花した花の先に次の未開花の花がないと樹勢が弱っていると考えられます。

ピーマンでは節間が三cm前後と短くなってくると弱ってきています。

いずれの場合も、摘果を行い負担を少なくするとともに追肥と潅水を行って樹勢を回復させます。

花の形は、ピーマンやナスでは樹勢が弱い場合は、花が小型で雌しべが雄しべより短くなります。早めに診断して長く収穫したいものです。

樹の栄養状態の判断

開花位置で判断：ナス

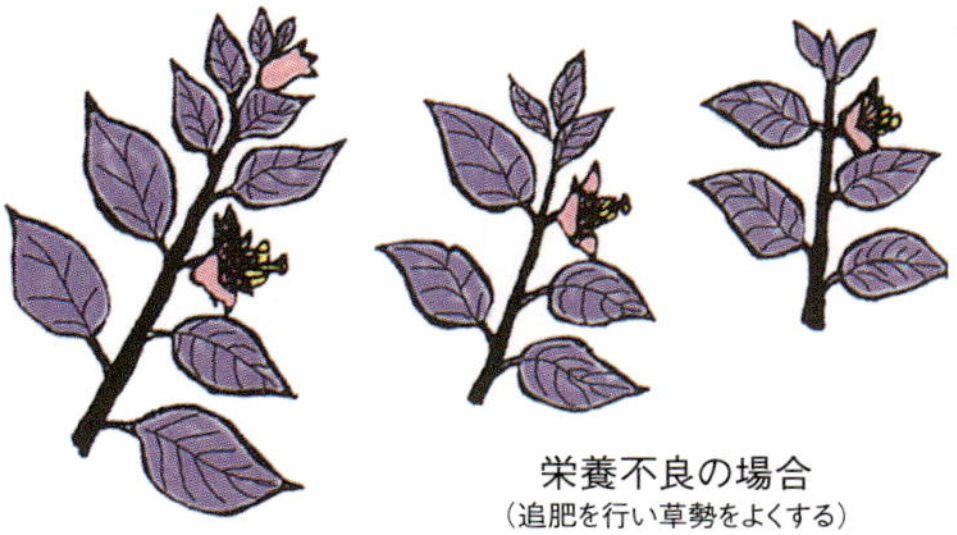

やや強い～
健全な場合

栄養不良の場合
（追肥を行い草勢をよくする）

茎葉の形で判断：トマト

←栄養適正
茎の太さが1～1.2cm。葉はお皿を伏せた程度の曲がり具合。葉色が濃く、毛もよく伸び、みずみずしく感じる

栄養過剰→
葉が水牛の角のように内側に向かって、ぐるりと巻いていれば樹勢が強い証拠。葉面は凹凸ができ、葉はカールする

←栄養不足
葉柄が細くて節間が間延びし、葉がバンザイするように上に向かってY字形についている。葉色はあせ、葉が硬化し上巻き気味

花の形で判断：ピーマン

長花柱花
草勢が適正か強め

短花柱花
草勢が弱い

キュウリの異常果

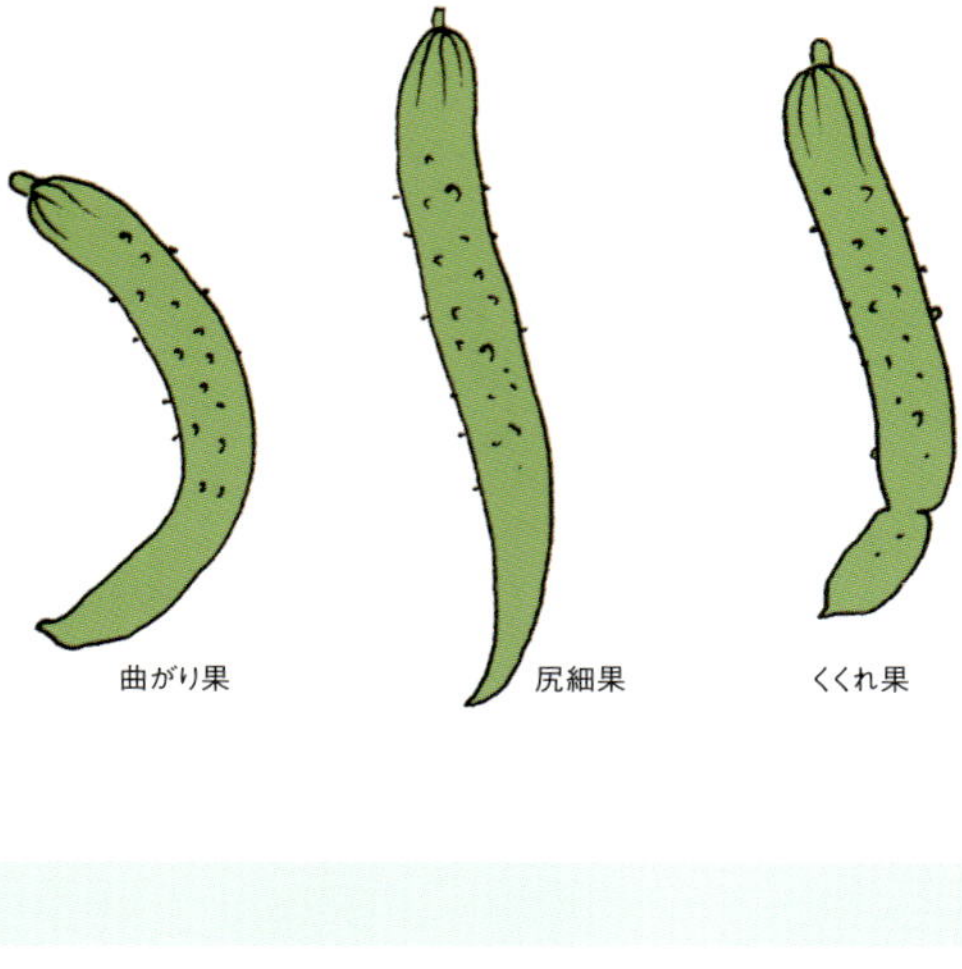

曲がり果　尻細果　くくれ果

カボチャの仕立て方

親づると子づる仕立て

親づると勢いのよい子づる2本を残して伸ばし、その他の側枝はすべて摘除する

着果のさせ方

親づるは7〜10節に、子づるは5〜7節に雌花が着生し、その後3〜5節ごとに雌花が咲く。草勢が特に弱い場合を除き、この雌花はすべて人工交配して着果させる。

側枝の整理は、親づると着果させる2本の子づるとともに、2番果が着果するまでの間の側枝はすべて除去する。その後の側枝は放任してよい。

親づるの第1果は小果なうえ果形も乱れるので、第2果の着果確認後摘果する。

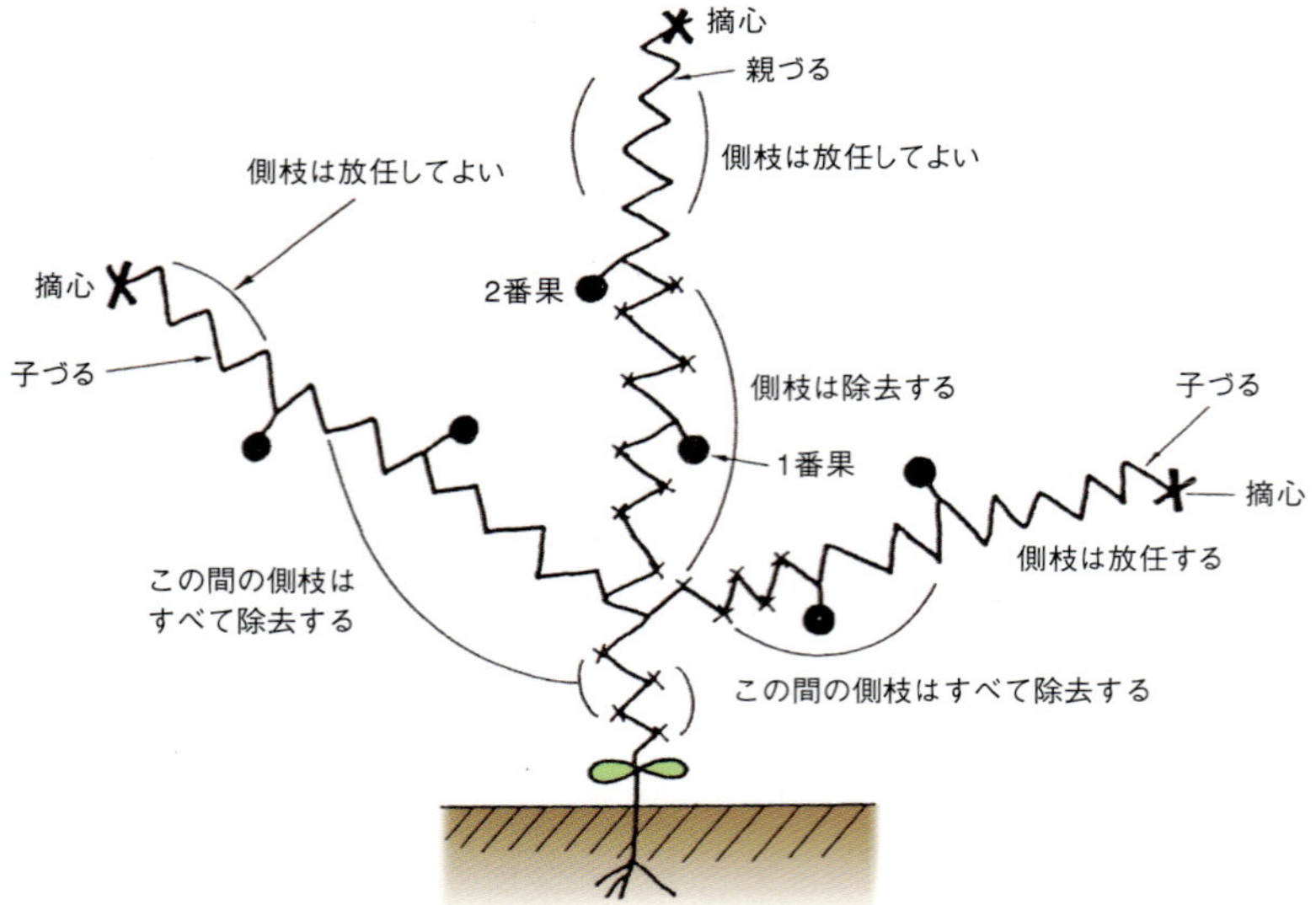

8月 ✤旬の技

旬の技

✤秋野菜の播種
✤ハクサイの播種
✤ジャガイモの収穫
✤ジャガイモの秋植栽培
✤スイカ・カボチャ・メロンの収穫
✤暑さに強い野菜
✤夏の暑さ対策
✤野菜を長く楽しむために
✤ネギ・タマネギの播種
✤ワケギ・ラッキョウの植え付け

◆芽出しまきの方法
◆直まきのコツ
◆主な秋まき野菜の標高と播種期
◆ハクサイ・ダイコンの間引き
◆サトイモ夏の管理
◆夏の果菜の収穫
◆モロヘイヤの整枝法
◆遮光資材の張り方
◆寒冷紗の利用
◆地表の覆いと地温の変化
◆暑さ対策のいろいろ
◆ネギ類の播種と発芽
◆ワケギ・ラッキョウの植え方
◆シロウリの仕立て方

立秋（りっしゅう）　8月8日頃　**初めて秋の気立つがゆへなれば也**

この日から立冬の前日までが秋、一年で一番暑い頃ですが、これからあとは涼しくなるばかりです。暑中見舞いはこの前日まで、この日以降は残暑見舞いに変わります。

処暑（しょしょ）　8月23日頃　**陽気とどまりて、初めて退きやまんとすれば也**

暑さが止むと言う意味です。萩の花が咲き、朝夕は心地よい涼風が吹く頃ですが、台風のシーズンを迎えます。

秋野菜の播種

直射日光が当たると暑いのですが、少し日陰に入ると涼しいものです。野菜類も暑さに弱いものがありますが、工夫をして播種します。

高温期の種まきの注意点

種は熟して完全に発芽能力を持っていても、普通の状態では発芽しにくい性質を持つこともあります。これは「種子の休眠」といいますが、レタスやホウレンソウなどが挙げられます。これらは、高温下におかれると休眠に入る性質があり、レタスを夏播きにすると発芽が妨げられることがあります。

これを回避する手段として、湿らせた種を五～一〇℃の冷蔵庫に入れて一㎜程度発根したものをまくと順調に発芽が進みます。夏播きのホウレンソウも「芽出しまき」をするといわれるのは、高温がホウレンソウの休眠を誘導するため、レタスと同様な処理をして発根させた種をまくからです。

芽出しまきのこつは、種を半日位水に浸けるとき一～二回水を取り替えるか、流水を掛け流しにして酸素不足にならないようにし、冷蔵庫に入れる前にいったん水切りした後、湿った布で包んでビニール袋へ入れて湿度を保つことです。七〇％ほど発根したらまき時です。この時種と一緒に湿った砂を混ぜてまくと根を傷めることもなくまきやすくなります。

直まき

高温と乾燥により発芽が悪くなります。乾燥に対しては、播種の前と後に土壌にたっぷりと潅水することが重要です。播種は夕方涼しくなってから行い、発芽が揃うまでは定期的に潅水を行います。暑さには、小面積では寒冷紗等で遮光をしてやるとよいでしょう。発芽が揃って、はずす場合はやはり夕方か曇天の日に行います。

発芽を揃えるために

直まき栽培では発芽の揃いが後の生育に大きく影響します。播種する深さを一定にし、覆土も同じ厚さにするとよく揃います。間引きも通常は生育のよい株を残しますが、全体を見て同じ位の生育の株を残すと後の管理が楽になります。

移植

セルトレイやポットに種をまくと発芽が確保しやすくなります。同じく夕方種まきを行い、日陰で風通しのよい所に置きます。新聞等を濡らして上から掛けておくとよいでしょう。

芽出しまきの仕方

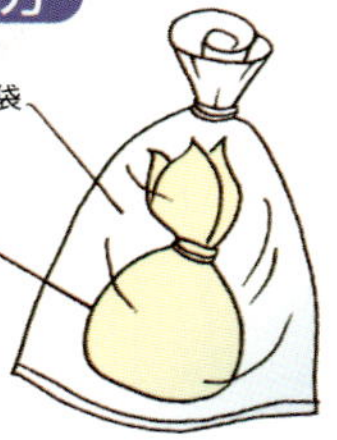
ビニール袋
タネを包んだ布

③タネを包み、ビニール袋などに入れる

①半日から1日水に浸ける
水は1〜2回取り替える
浮いたタネは捨てる

②タネを布の上にあける

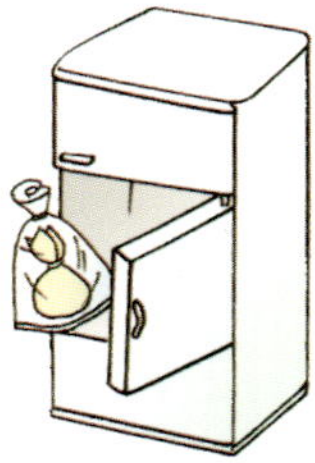

④2〜5日、5〜10℃の冷蔵庫へ入れる

⑤70%程度、1〜2mm発根したころがまき時

簡単芽出し

①流水で種子を洗う

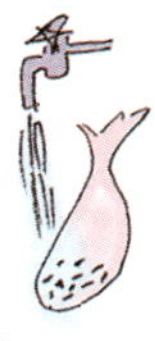
少しもみ洗いする

②紙の皿にキッチンペーパーを敷き水を加える（吸水しきれないくらいやや多め）

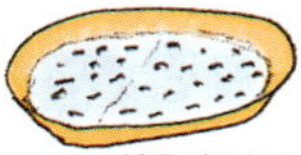

種子がひたひた程度

③種子をまき風通しのよい暗い所におく

新聞紙かペーパータオルで覆う

④芽が出たらすぐに播種

7〜8割程度出たらすぐにまく

直まきのコツ

①まき床を平らにする
②覆土は厚すぎない

○
まき溝が平らだと覆土の深さも発芽も揃う

×
覆土に凹凸があると水が低い所にたまって立ち枯れを起こしやすく、発芽が不揃いになりやすい

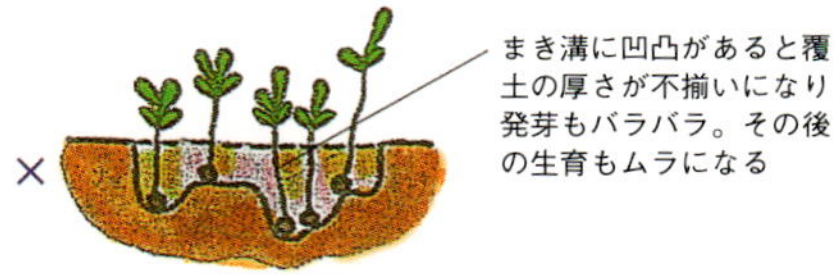
×
まき溝に凹凸があると覆土の厚さが不揃いになり発芽もバラバラ。その後の生育もムラになる

ハクサイの播種

施肥

一〇㎡当たり、堆肥二〇kg、石灰及び化成肥料各一kgを施します。根が深く張るので、土壌とよく混和します。

播種

畝幅五〇～六〇cm、株間を三五～四〇cmにとり、一カ所五～六粒点播します。本葉五枚くらいになるまでに二回程間引きを行います。

その他

播種後すぐに寒冷紗でトンネルすると、発芽促進と虫除けになります。また、黒マルチは乾燥や雑草防止に効果的です。白黒、銀黒色のマルチは光の反射でアブラムシ類の忌避効果が高いです。

ジャガイモの収穫

ジャガイモは、二五℃以上になると地上部の、三〇℃でイモの形成が停止します。このため、茎葉が青くても標高五〇〇m以下で七月下旬～八月上旬、八〇〇m以下で八月下旬～九月上旬が収穫期といえます。

茎葉が青いうちに収穫すると、表皮のコルク化（硬化）が進んでいないので、剥げやすく、貯蔵性の低下や腐敗が発生しやすいので、黄化が進んでから収穫します。青いうちに収穫するようであれば、茎葉を専用の除草剤で枯らし、表皮のコルク化を進めてから収穫します。

収穫後のイモは、風通しのよい涼しい場所で一週間程陰干しし、貯蔵は傷みイモと健全イモと別にしてしまうとよいでしょう。

ジャガイモの秋植栽培

最近人気なのが秋植ジャガイモです。高標高地では無理ですが四～五〇〇mの地帯では年内に収穫できます。品種は休眠の浅いデジマやニシユタカを利用します。八月下旬～九月上旬にイモを植えます。管理は春植と一緒ですが、後半気温が低下するので、保温資材を利用します。

ハクサイ・ダイコンの間引き

子葉や本葉の形が
左右そろっている

・子葉や本葉が左右不均等なもの
・葉がちぢんだもの
・葉が異常に大きいもの、小さいもの

主な秋まき野菜の播種期

種　類	標高 400〜500m	標高 600〜800m
ハクサイ	7下〜8中旬	7上〜8上旬
レタス	7下〜8上旬	7中〜8上旬
ホウレンソウ	8中〜9中旬	7上〜8中旬
チンゲンサイ	8下〜9中旬	8上〜9上旬
ダイコン	7下〜8中旬	8中〜8下旬
タマネギ	8下〜9上旬	8中〜8下旬

サトイモ夏の管理

スイカ・カボチャ・メロンの収穫

スイカ

小玉スイカは開花から三五~四〇日、大玉スイカは四五~五〇日を目安に収穫します。果実を軽くたたいて音が低くなり、縞がはっきりして、着果部のつるの巻きひげが枯れてきた時が目安にもなりますが、交配時に印し棒を立てて日数で判断するのが確実です。

収穫期の判断が難しいのは最初の果実で、収穫が進めば気温も上がるためどんどん赤くなります。

カボチャ

開花後三五~四〇日して果梗にひび割れが入り、褐色にコルク化した時から収穫ができます。収穫期の幅は比較的長いものですが、あまり畑におくと果皮が硬くなったり、腐敗しやすくなります。

メロン

プリンスメロンは、開花後三五~四〇日で果皮が灰白色になり、花落ち部が弾力を帯び、芳香がするようになれば収穫できます。また、へた部に離層ができれば過熟です。

ネットメロンは、外見や香りでは分かりにくいので、開花後五〇~五五日を目安に収穫します。着果部の子づるの葉が黄化し、へた部までネットが入ってくれば、かなり熟しています。

暑さに強い野菜

ニガウリ

沖縄の野菜として有名なくらいですから高温を好みます。五、六月に苗を株間一五〇㎝くらいで定植し、アーチとネットへ誘引すると、八月には食べ切れない程収穫できます。

果実は青長種と白長種があり、白長種の方が苦みが少ないとされます。最近は濃緑色の太短い品種が流行のようです。

苦みの苦手な人は、三〇〇ｇくらいになって果実の先が白く退色し始める頃に収穫するとよいようです。採り遅れると果実が裂開して赤い果肉が飛び出します。

モロヘイヤ

夏の暑さの中でも病害虫が少なくよく育ちます。五、六月に苗を株間三〇㎝くらいで定植すると、どんどん生長するので、高さ三〇㎝くらいで摘心します。

その後は、側枝が二〇㎝程伸びたら、一〇㎝くらいの長さで摘み取ると叢生して収穫量が増えます。

短日性で、七月以降花が咲くようになりますので、摘み取り日の間隔を短くします。街路灯や居間の窓際に植えておくと花が咲かずに収穫できます。

鉢植えにして室内に置くのもよいでしょう。なお、さやは食べないようにします。

夏の果菜の収穫

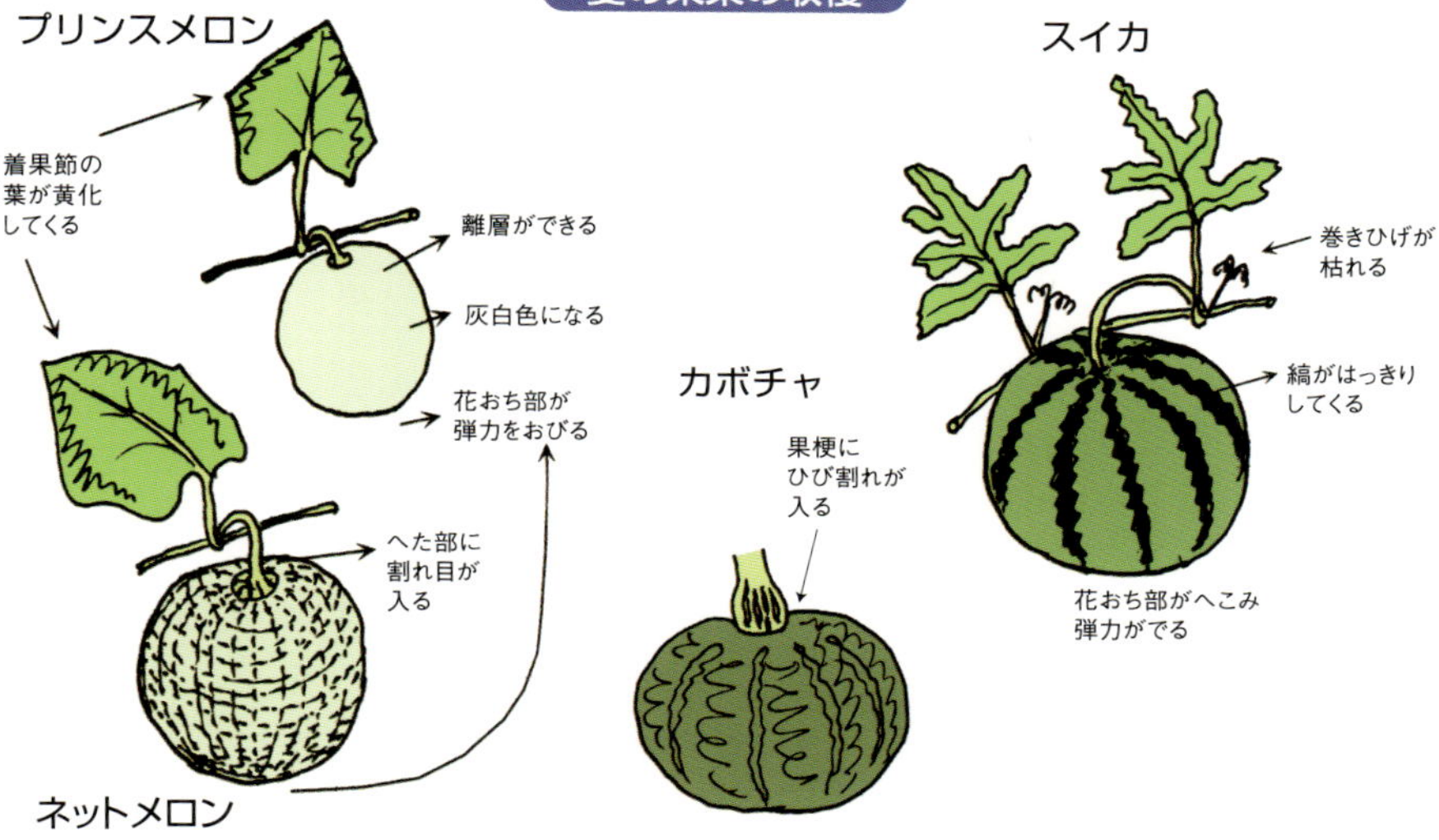

モロヘイヤの整枝法

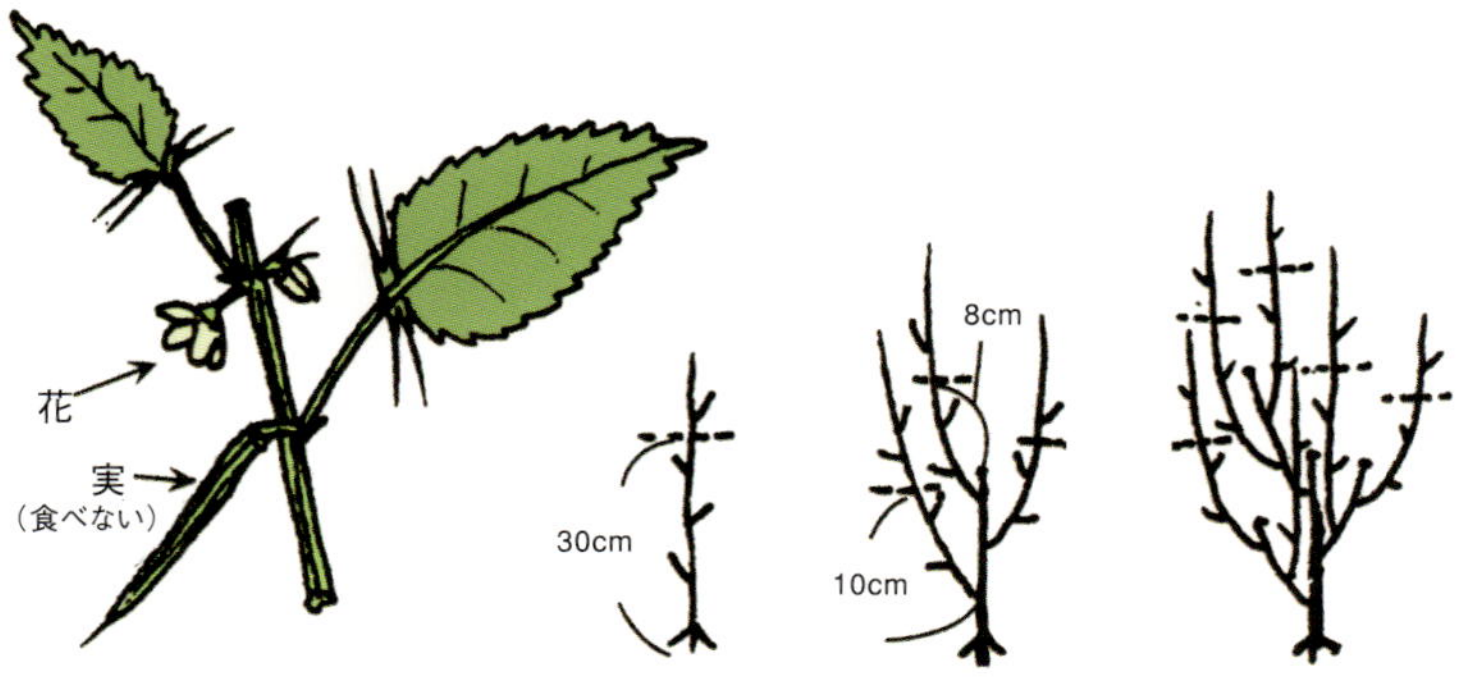

※おひたし・スープ・てんぷらなど簡単な料理で食べられます。

夏の暑さ対策

日焼け対策

日射が強くなるとトマトやピーマン、パプリカなどでは、果実が日焼けをすることがあります。

草勢を強くして、果実が葉の日陰になるように管理すればよいのですが、果実がむき出しになって、直射日光が当たる場合には遮光をしてやります。

しかし、基本的に日照を好む野菜ですから、遮光率二〇%程度の白寒冷紗などで日射を遮ります。遮光資材を張る位置は、野菜からなるべく離した高い位置がよく、遮光した下は風通しをよく管理します。

また、雨よけハウスでは、ハウスの天井フィルムの上に被せたほうが効果的です。

なお、地這いをさせたスイカやトマトの栽培では、果実の上にわらや刈り取った雑草をかけてやります。

地表の覆い

畦の表面に敷きわらやモミガラをまいたり、寒冷紗やよしずで覆ったりすると外気温よりは温度が下がりませんが、裸地に比べれば温度を下げることができ、発芽やその後の生育が驚くほどよくなります。

今まで涼しくなるまで待っていた野菜も少しの工夫で早くまけ、長期間収穫が楽しめます。挑戦してみましょう。

果菜を長く楽しむために

高温と乾燥は果菜類の体力を衰えさせます。

地温を下げる

マルチは乾燥を防止するには効果的ですが、地温は上昇します。この時期はマルチを剥ぐか、マルチの上に敷きわらをするとよいでしょう。

気温を下げる

ハウス栽培では、サイドや妻面を開放して風通しをよくします。できれば遮光資材を上部に張り日よけをします。

潅水、追肥

一回にたくさんやるのではなく、こまめに潅水しましょう。一〇日に一度は追肥をしますが、この時期通路にまで根が広がっています。植穴ではなく少し離れた位置に施します。

摘果

成りすぎは樹を弱らせます。食べるのに必要量だけ確保し、少し摘果して、樹勢を回復させます。

寒冷紗の利用

寒冷紗のトンネルをかけて栽培すると、ウイルス病を媒介するアブラムシや、そのほかの害虫を防ぐことができる

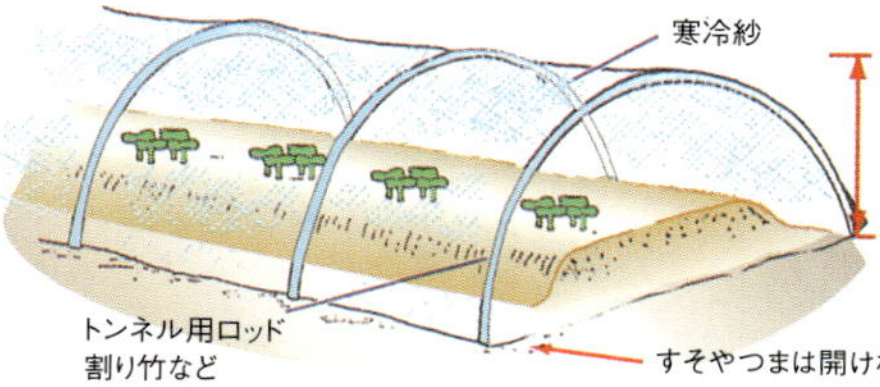
空間は大きく
すそやつまは開けない

遮光資材の張り方

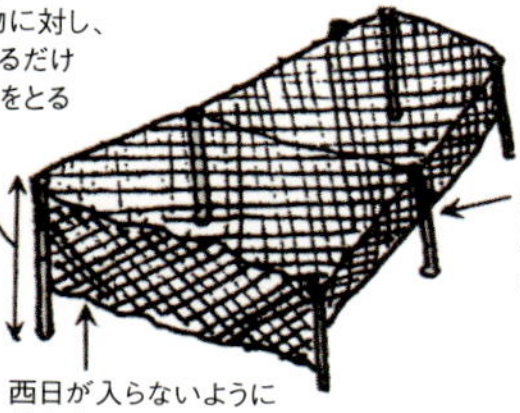
作物に対し、
できるだけ
高さをとる
裾を上げて
風通しを
よくする
長く垂らす

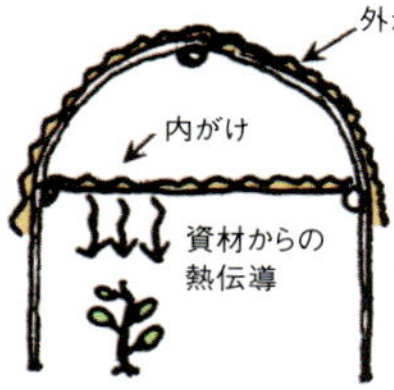
外がけ
雨よけ
ハウスでは、
外がけの方が
効果的

地表の覆いと地温の変化（8月中旬～下旬）

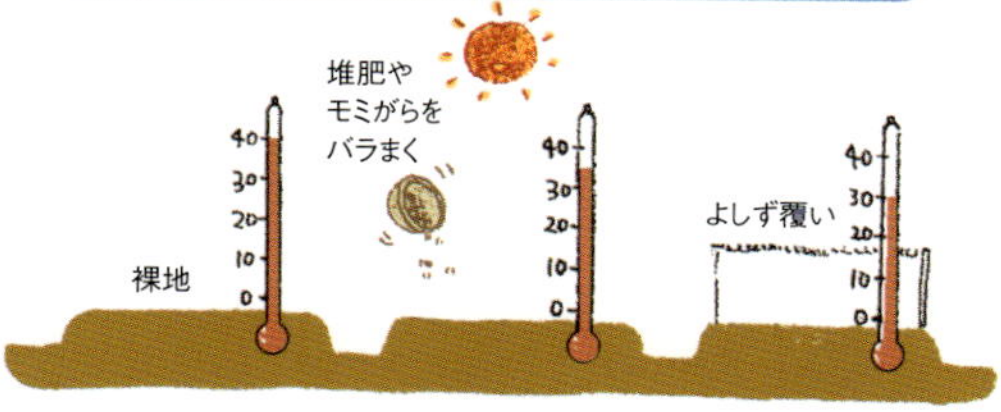

暑さ対策のいろいろ

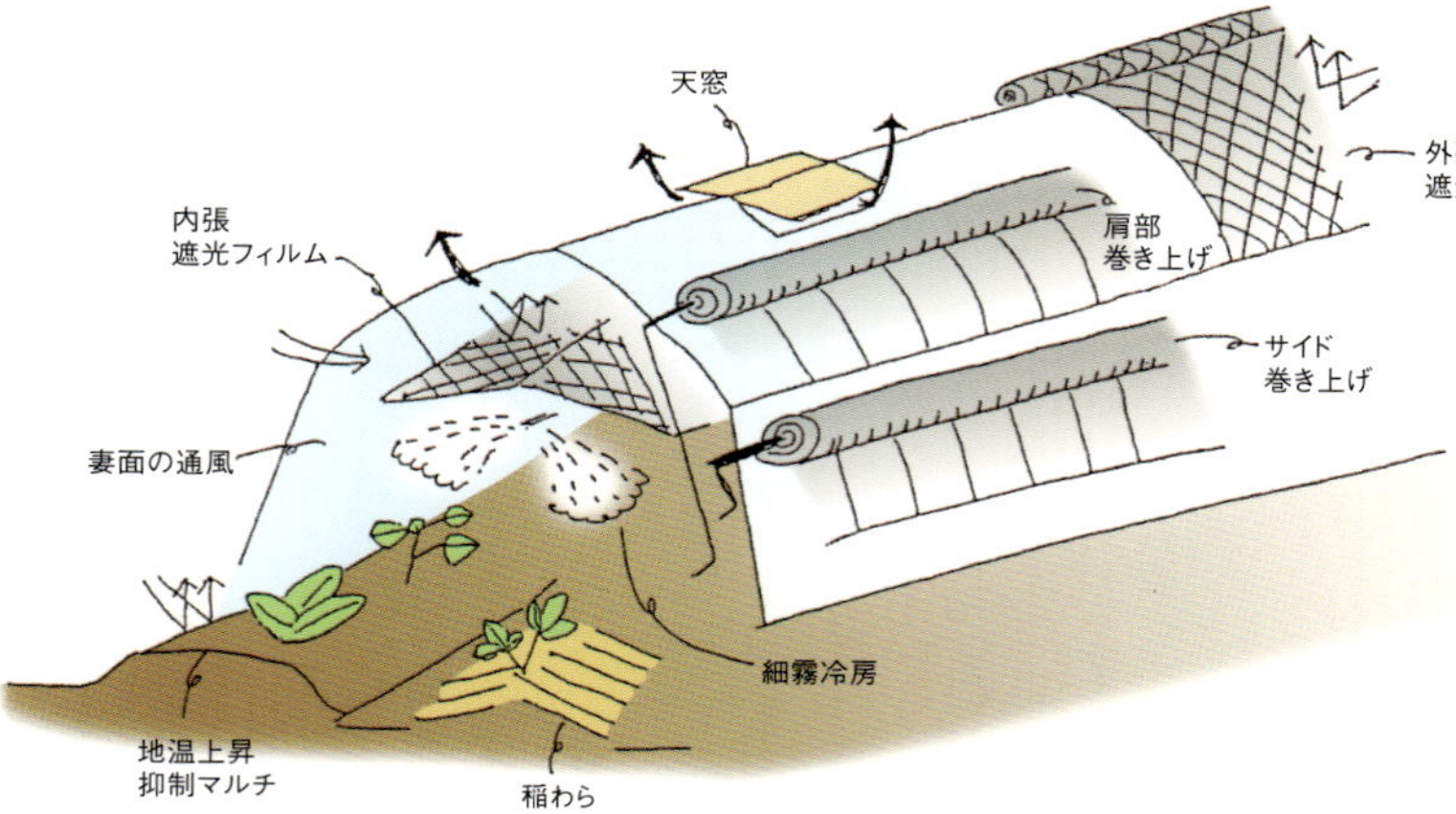
外張
遮光

ネギ・タマネギの播種

播種期

ネギは、高冷地が八月中下旬、低暖地は九月上旬です。タマネギはこれより一旬早めにまきます。

苗床

一㎡当たり、炭酸苦土石灰一五〇g、堆肥二kg、化成肥料一〇〇gを施用します。土とよく混和して床幅一mくらいで低い畦を作り表面を平らにします。

播種

ネギは一㎡に二〇mlの種を散播します。タマネギは床幅一mで一〇cm間隔の浅い溝を掘り、一cm間隔に種をまきます。いずれも種が見えなくなる程度の軽い覆土をし、切りわらや籾殻を薄く広げ、たっぷり潅水します。発芽が揃うまで乾燥させないことがこつです。発芽が始まったら、切りわらは芽を傷めないよう早めにはずします。

ワケギ・ラッキョウの植え付け

植え付け時期

ワケギは八月中旬～九月中旬、ラッキョウは八月下旬～九月上旬です。

土作り

一〇㎡当たり堆肥三〇kg、化成肥料をワケギは一・三kg、ラッキョウは一kgを施して耕します。

植えかた

九〇cm幅の畦に、ワケギは株間二〇cm、条間二五cmの三条植えとし、一カ所に二～三球植えとします。深植えは禁物で、種球の上部がわずかに見える浅植えとします。

ラッキョウは、株間一〇cm、条間二〇cmの四条植えとします。ラッキョウは一球植えにすると球は少ないが大玉となり、三球植えにすると数は少ないが数がたくさん採れます。利用目的に応じて一カ所の植え付け玉数を変えると良いでしょう。

その他

ワケギ・ラッキョウとも自家取りの球が利用できます。その場合は、古根をはさみで切り、球の茶色の表皮を一～二枚剥いで種球とします。

作業の都合で植え付けが遅れる場合は黒マルチ栽培と

ネギ類の播種と発芽

タマネギの播種

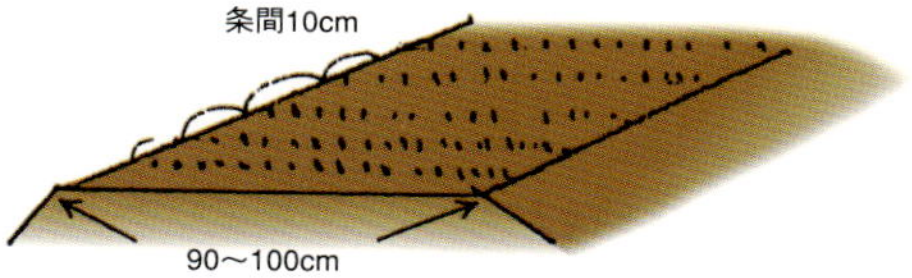

・厚まきに注意（1cm間隔）
・覆土は浅く（隠れる程度）
・敷わら、モミガラ被覆
・たっぷり潅水

ネギ類の発芽

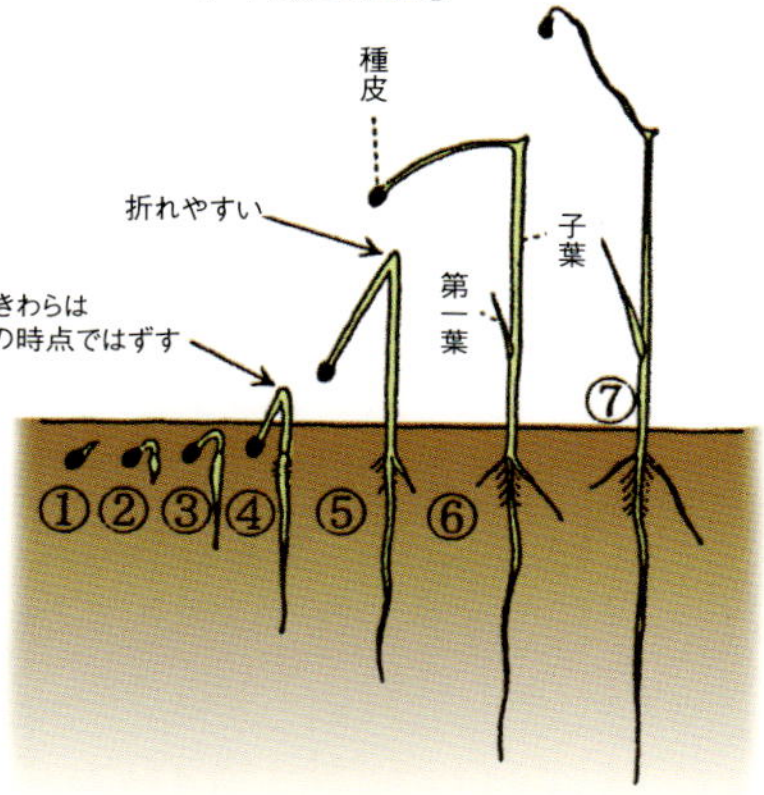

ワケギ・ラッキョウの植え方

ワケギ

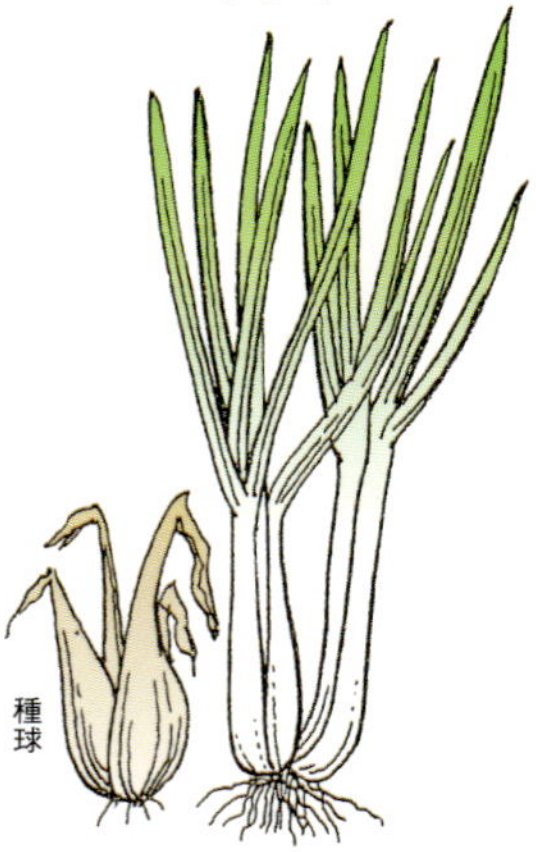

ラッキョウ

します。マルチを指で穴を開け種球を差し込みますが、この場合生育を促進させて冬季の凍み抜けを防止するために一球植えとします。

旬の技

シロウリの仕立て方

親づる5〜6節で
摘心する
子づるは勢いのよいもの
3〜4本を残して伸ばし
3〜4本仕立てとする

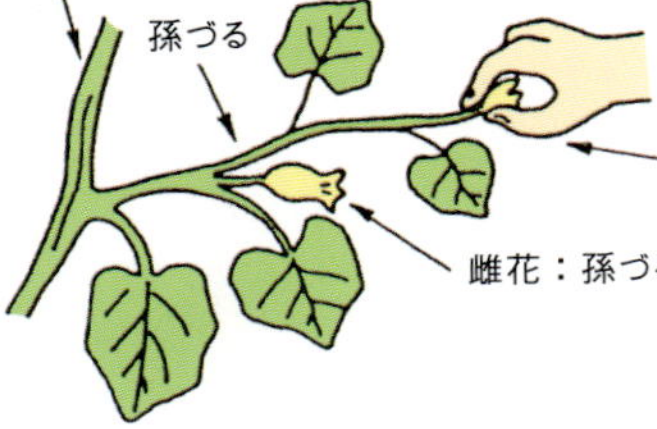
子づる
3節で摘心する
雌花：孫づるの1節目に着く

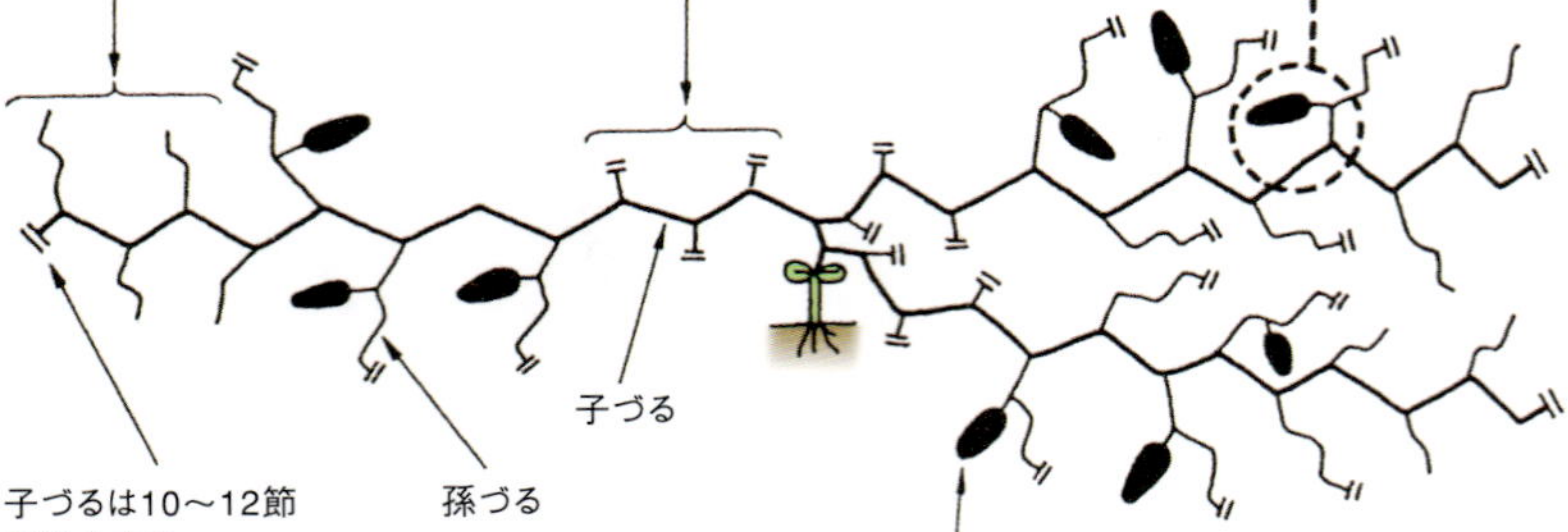
着果節から先の孫づるは、
混んできたら先をつむ
株元の3節までの孫づるは
早めに除去する
孫づるの整枝
で摘心する
果実は、1つる3コを目標に
して、形のよいものを残し、
他は早めに摘果する
（6〜10節に着けるのがよい）

旬の技

✤ダイコンの播種
✤播種期を逃してしまったら
✤病害虫を防ぐコツ
✤漬け菜・カブの播種
✤冬菜・ホウレンソウの播種
✤越冬野菜の種まき
✤カリフラワーの縛葉
✤イチゴの定植
✤ニンニクの植え付け

◆ダイコンの種類
◆鍬幅まき
◆寒冷紗の利用
◆漬け菜の種類
◆漬け菜類のいろいろ
◆青菜の種まき方法
◆越冬野菜の種まき
◆カリフラワーの縛葉
◆冬越し苗の大きさ
◆果菜などの摘心
◆イチゴの採苗と定植
◆ニンニクの芽かき、摘らい、種球
◆摘心

白露（はくろ） 9月8日頃　陰気ようやく重なりて露にごりて白色となればなり

野にはススキの穂が顔を出し、秋の趣がひとしお感じられます。朝夕の心地よい涼風に、幾分の肌寒さを感じさせる冷風が混じり始めます。

秋分（しゅうぶん） 9月23日頃　陰陽の中分となればなり

冷気を感ずる日が増えてきます。昼と夜の長さがほぼ同じになり、この日は秋彼岸の中日です。秋の七草が咲き揃う頃です。

ダイコンの播種

品種
形が丸いものから長いもの、色が白いものから赤や青いもの、小売店ではさまざまな品種が売られています。畑に余裕があればいろいろ作ってみましょう。

播種期
生育適温は二〇℃前後で、発芽から間引きまでの期間がこの温度帯になるように播種期を決めます。これより遅い播種では十分な肥大が望めません。県内では八月下旬から九月中旬までが適期です。
地大根では、早まきするとウイルス病が発生しやすく、また大きくなりすぎることから、無理な早まきはやめます。作業の都合で播種が遅れるときはマルチをするとよいでしょう。

施肥
堆肥は完熟したもの a当たり三〇〇kg施用します。肥料は、同じくチッソおよびカリ一・五kg、リンサン一・二kg全面に施し十分に耕耘します。

播種と間引き
栽植距離は、一条まきでは畝幅六〇cm、株間二〇〜二五cm、二条まきでは畝幅一一〇〜一二〇cm、条間五〇〜六〇cmが標準です。ウイルス病対策で寒冷紗を被覆する場合は二条まきがよいでしょう。
一穴二〜三粒まきで、地大根や中国大根はやや多めに播種します。覆土はやや厚めに丁寧に行い、乾燥している場合は平鍬等で軽く叩いて鎮圧します。
間引きは、本葉二〜三枚時に二本とし、本葉五〜六枚時に一本とします。

播種期を逃してしまったら

播種期を逸したり、適期にまいても芽が出なかったり、台風等でまき直しが必要な場合はマルチ栽培をします。
地温を確保するため黒マルチを敷き、間引きは早めに、生育後半はべたがけ資材やポリトンネルで気温度を確保します。
適期にまいても秋冷が早く生育が思わしくない場合も同様に被覆を行うとよいでしょう。

病害虫を防ぐコツ

アブラムシ、コナガ、キスジノミハムシ等は、播種あるいは発芽時から加害します。農薬を使わないに越したことはありませんが、播種時に粒剤を散布すると被害は大きく軽減できます。また、寒冷紗は播種または定植したらすぐに被覆することが大事です。

ダイコンの種類

品種・系統	特徴等
宮重系	通称「青首…」、「…総太り」と呼ばれ、多汁質で甘く、鍋物・煮物に適する。
練馬系	「…大蔵」、「…理想」等と呼ばれ、白首である。干してたくあん漬けにする。
聖護院系	丸い形の大根で、肉質が緻密で甘みがあり、すぐに煮えて鍋物・煮物に最適。
寒冷地地大根	肉質は緻密で硬く、生では非常に辛く、おろしやそばの薬味に人気がある。 たくあんとして漬けると甘みが出て美味しい。
中国系	中まで青いものはたくあんやおろしに、赤いものは酢漬け等に向く。

寒冷紗の利用

・畝に直角の条まき、あるいは平行の2条畝幅まきが利用しやすい
・播種または定植直後から被覆する
・生育を見越して大きめのトンネルに

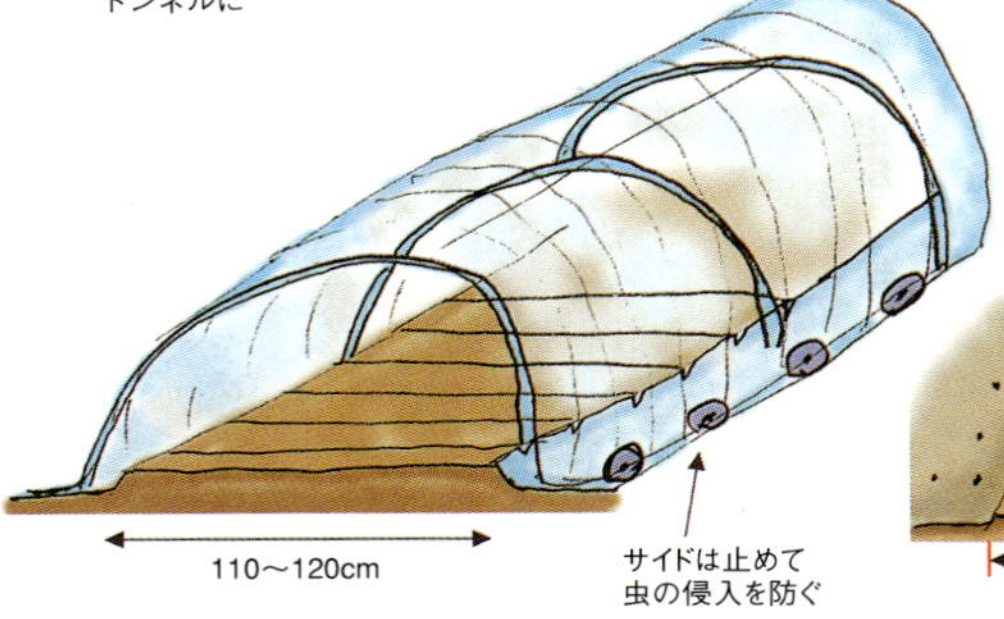

鍬幅まき

①平鍬（板鍬）の幅15cmくらいで浅く溝を切る
②溝を軽くたたいて鎮圧
③幅いっぱいに広げて種まき
④浅く覆土して、鎮圧（1〜2cm）

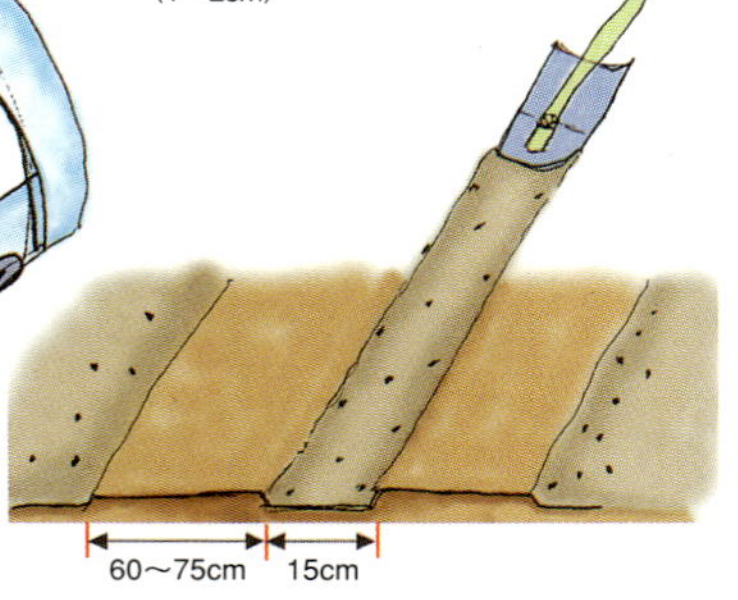

漬け菜・カブの播種

品種　「野沢菜」が代表的ですが、表のように在来種も数多くあり、利用部位も葉茎から地下部のカブまであります。

播種期　「お葉漬け」用は、八月下旬～九月中旬です。早まきでは、ウイルス病の被害が大きく、できればやや遅まきとします。

昔から「四菜、九菜はまくな」とか高冷地では「四菜はまいても九菜はまくな」という諺があります。四菜は九月四日、九菜は九月九日のことで、人が忌み嫌う「四(死)、九(苦)」ははずしますが、九月上中旬が漬け菜の播種の適期です。

施肥　a当たり堆肥二〇〇kg、化成肥料はチッソ換算で二・五～三・〇kgとします。このうち、チッソの半量を間引き時に二回に分けて施用し、後半短期間に生育させると、柔らかなお菜となります。

播種　畝幅六〇～七五cmで鍬幅まきが基本ですが、広幅まきも行われます。播種量は一〇m²で五～六mℓ程度です。

間引き　本葉二枚くらいが一回目で、株間三～五cmに、本葉三～四枚で一〇～一二cmに間引、最終的にはカブの切り口が一〇円玉くらいで、草丈六〇cm内外、葉数六枚程度を目標に作ります。

追肥　最後の間引きをしたときと、その一五日後に生育をみながら行います。基肥をやや控えめにして、追肥で後半一気に生育させると柔らかくおいしい漬け菜となります。

収穫　いつでも収穫利用ができますが、二～三回霜が降りて軟らかくなってからが漬け時です。また、余ったら、そのまま冬を越し、翌春に新葉が展開したものを摘んでお浸し、汁の具に利用します。

漬け菜の種類

品　種	特　　徴　　等
野沢菜	「お茶漬け」の代表。知名度・生産も全国区。 茎が柔らかく収量も多い。
稲核菜	中信地域で栽培されている。やや繊維質であるが、美味。
羽広菜 源助菜	南信地域で栽培されている。源助菜は葉の欠刻が少ない。
木曽菜・開田（王滝等）蕪	木曽菜は葉漬け専用。開田蕪はすんき漬け、 酢漬け等に利用される。
雪菜	東北信地域で栽培されている。

漬け菜類のいろいろ

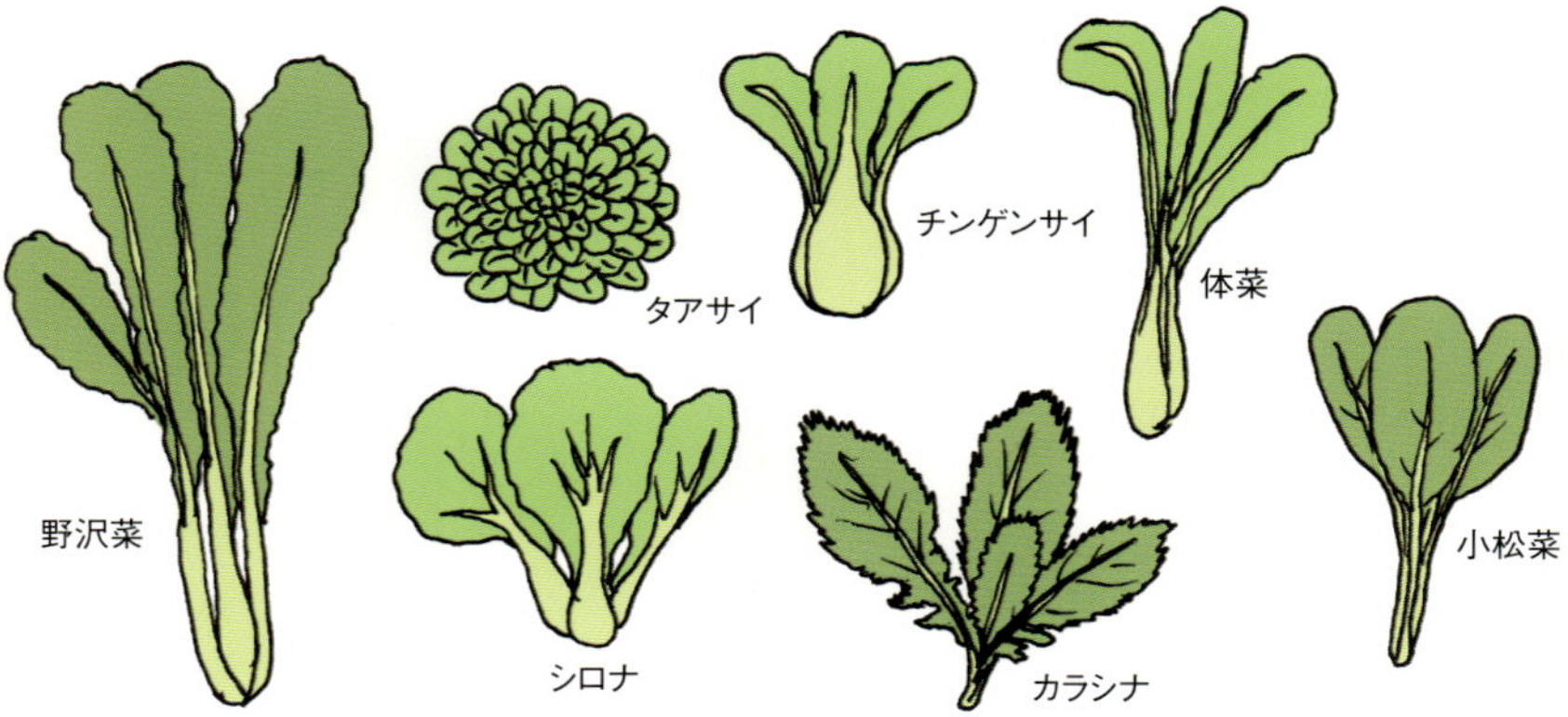

✤冬菜・ホウレンソウの播種

信州では冬から春の野菜が不足しがちです。こんなとき、越冬作型の冬菜やホウレンソウなどをまいておくと便利で重宝です。

標高の低い場所でも冬菜は一〇月中旬、ホウレンソウは下旬までに播種します。施肥は前作の生育状況をみて施します。

ハウスの空いた所や、露地でもトンネル、べたがけ等を組み合わせれば、長期間の収穫が楽しめます。

このほかに、シュンギク、コマツナ、チンゲンサイ等の葉物やハツカダイコンも楽しめます。

青菜の種まき方法

種　　類	うね幅 cm	条　間 cm	株　間 cm
野　沢　菜	65	1条	10〜12
小　松　菜	140	25×5条	3〜5
チンゲンサイ	100	15×6条	10
タ　ア　サ　イ	120	25×5条	25
ホウレンソウ	65	くわ幅	ばらまき
シュンギク	120	15×6条	15
雪　　菜	60	くわ幅	ばらまき

✤越冬野菜の種まき

標高五〇〇m以下の温暖地では、秋に種まきして、小苗で冬を越させ春に収穫できる野菜があります。

キャベツ

品種「SE」を用いて一〇月上旬までに種まきし、年内に定植します。あまり早まきして大株で越冬させると早期抽だいをしてしまいます。化成肥料は多めに施し、畝幅六〇㎝、株間四〇㎝で定植します。

エンドウ

品種「絹さや」を一〇月下旬頃から種まきし、本葉二〜四枚くらいで越冬させると耐寒性が強く欠株を少なくできます。連作と酸性土壌を嫌うので五年くらい作付けをしていない畑を選び、堆肥や石灰資材を入れて土壌改良します。化成肥料は少な目とし、畝幅九〇㎝、株間三〇㎝で、一カ所三粒くらいまきます。

ソラマメ

長野県内ではあまり栽培されませんが、最近未成熟サヤマメの人気が高まっていて、何とか作ってみたい野菜です。品種「陵西一寸」を一〇月下旬頃に種まきし、本葉四〜五枚で越冬させます・化成肥料は少な目とし、畝幅九〇㎝、株間三〇㎝で、一カ所二粒まきします。

なお、寒冷地ではこれらを春まき育苗して栽培します。

カリフラワーの縛葉

ブロッコリーとカリフラワーはどちらもキャベツの仲間です。

ブロッコリーは成熟した花らいを利用し、カリフラワーは未発達の花らいを利用します。またブロッコリーは緑色ですが、カリフラワーは普通白い花らいになります。

このため、カリフラワーは花らいが野球ボール大にみえてきたら、周りの外葉五、六枚を縛って、直射日光に当たらないようにしてやります。縛り方は、葉の間から拳骨が入るくらいで、あまり強く縛ると花らいの発達が遅れます。

収穫期は、葉の間から手を入れて判断します。きっと真っ白い花らいに感激します。

カリフラワーの縛葉《ばくよう》

花蕾ができて、直径5～6cmくらいになったら外葉を数枚まとめて花蕾を包み、ひもで結束する。これにより花蕾は純白になる

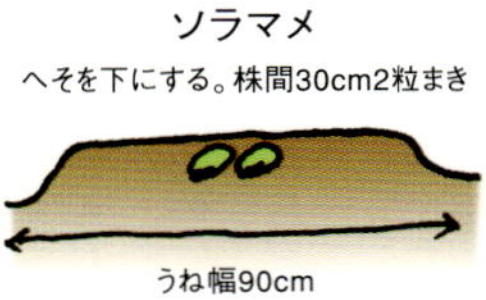

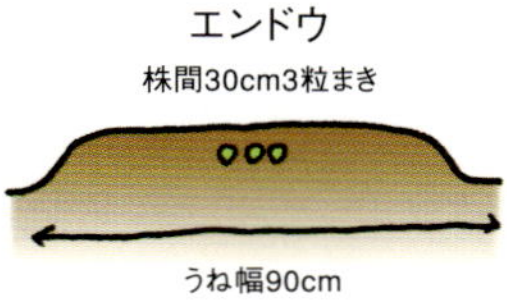

直まきをすると種が腐ったり発芽が不ぞろいになるので芽出しをするか、育苗して植えると安全

冬越し苗の大きさ

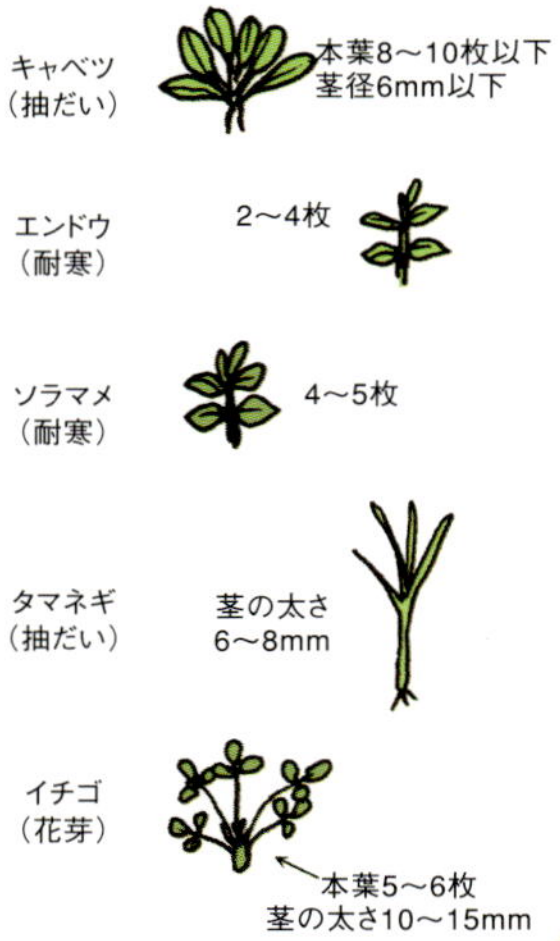

イチゴの定植

イチゴは株が老化すると実の付きが悪くなったり小粒になるので、できれば毎年株の更新を行うと大粒な実ができます。

畑の準備

ランナー（走り蔓）から苗で株を更新するには、九月の上中旬が適期です。イチゴは肥料焼けを起こしやすいので定植の一〇日以上前に肥料を施し十分混和しておきます。一〇㎡当たりの施肥量は、堆肥三〇kg、化成肥料二kgが目安となります。床幅九〇cm、高さ一五cmのやや高めの床を作ります。黒のポリマルチをすると、雑草の発生を抑え、実が汚れにくくなります。

定植

条間四〇cm、株間二五cmの二条植えとします。苗は本葉三～四枚の小苗を選びますが、親株に近い苗はウイルス病などに罹病している可能性が高いので二番目以降の苗を用いるとよいでしょう。

イチゴは親株から出たランナーの反対側に花芽が着くので、親株からのランナーが条間に向くように定植すると畝間方向に花房が出るので収穫が楽です。

植え付けは、葉の付け根まで土をかぶせると生長を妨げるので深植えにならないようにし、倒れそうなときは針金を曲げたようなもので固定してやります。また、植

ニンニクの植え付け

品種

暖地系と寒地系がありますが、長野県では寒地系の「福地ホワイト」等が向いています。

植え付け時期

九月中旬～一〇月上旬が適期です。これより遅くなると越冬前に十分な生育ができずに枯死株が多くなります。

畑の準備

一㎡当たり一〇〇gの苦土石灰、元肥として堆肥三kg、化成肥料一〇〇gを施しよく耕します。

植付け

畝幅六〇cmは二条、一二〇cmでは三～四条植えとします。株間は一〇から一五cmで、芽の伸びる方を上向きに差し込むように植え付け、三～五cm覆土します。

管理

追肥は、越冬前と春先に化成肥料で五〇g（半握り）ほど施します。腋芽やとう立ちは早めに掻きます。

えたら直ちに潅水を行い、日よけをしてやると活着がよくなります。
追肥は一一月後半、株からやや離れた位置に一つかみの化成肥料を施してやります。

イチゴの定植

苗を植える方向

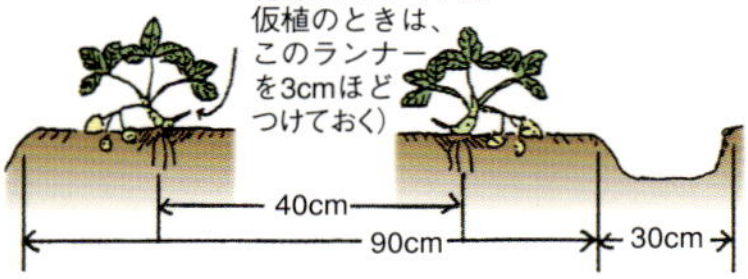
ふつうはこのランナーと反対方向に花房が出る（子苗仮植のときは、このランナーを3cmほどつけておく）

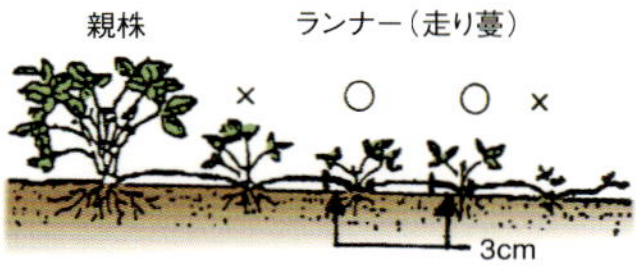

○ランナーから出た2番、3番苗をとる
○親株側のランナーを3cm位つけてとる

植える深さ

苗のとり方

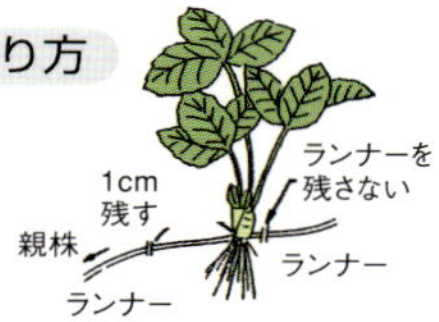

ニンニクの芽かきと摘蕾

芽が伸びはじめて2芽以上出たら勢いのよい1芽を残す。わき芽が出たらすぐに摘み取る。4〜5月になってとうが立ってきたら、それも早めに摘み取る（ニンニクの芽として食べられる）

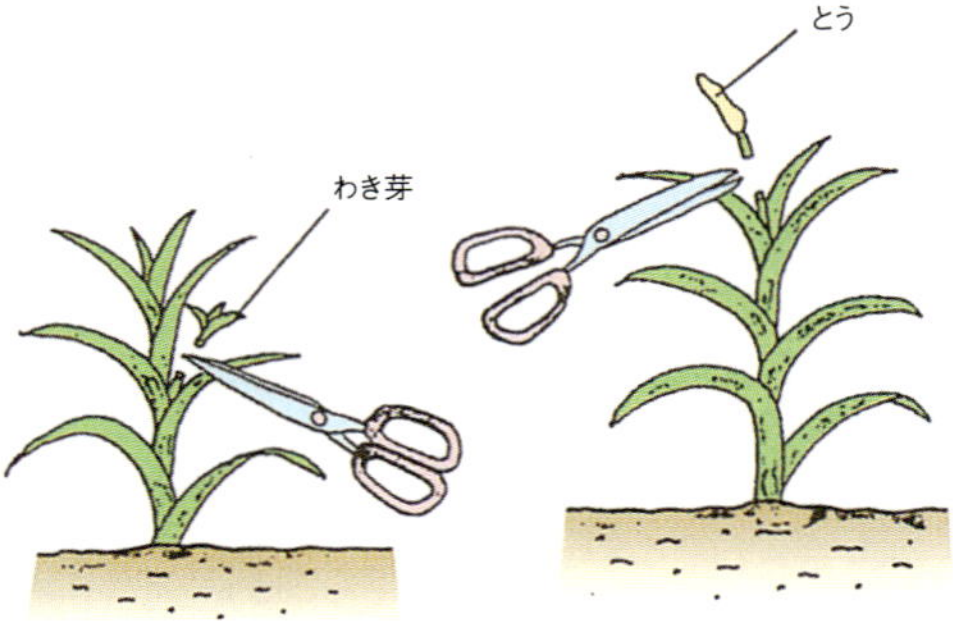

良い種球

・1片が7g以上の大きいもの
・首のしまりのよいもの
・傷をつけないようにていねいに分ける

旬の技

摘　心

立性やつる性の野菜は、 先端を摘心して栽培します。

スイカや露地メロン

子づるを2～4本の這い作りにするので、4～5節で摘心して定植します。

キュウリやハウスメロン

立ち作りで25節くらいに摘心します。摘心をすることによって、側枝の発生が促され、雌花の着生や着果がよくなります。摘心は、芽の先端から10㎝くらいで早めに行います。

トマト

夏秋栽培では支柱など誘引資材の都合によって8～10番目の花房で摘心します。抑制栽培では霜の降りる収穫限界日から50日ぐらいを遡って摘心します。摘心は、開花している花房の上3葉を残して行います。

アスパラガス

茎葉先端の垂れ下がりと倒伏防止のため、高さ120～150㎝で摘心（先刈り）します。摘心は、茎葉が伸びきってから行い、支柱を立ててひもで支持します。

ウ　ド

開花結実させると根株の充実に影響するので開花前に花穂を切除します。

スイートコーン

受精が終了したら害虫予防のため雄穂を切除します。

アスパラガスの先刈り　トマトの摘心法　キュウリの摘心法　ハウスメロンの摘心法

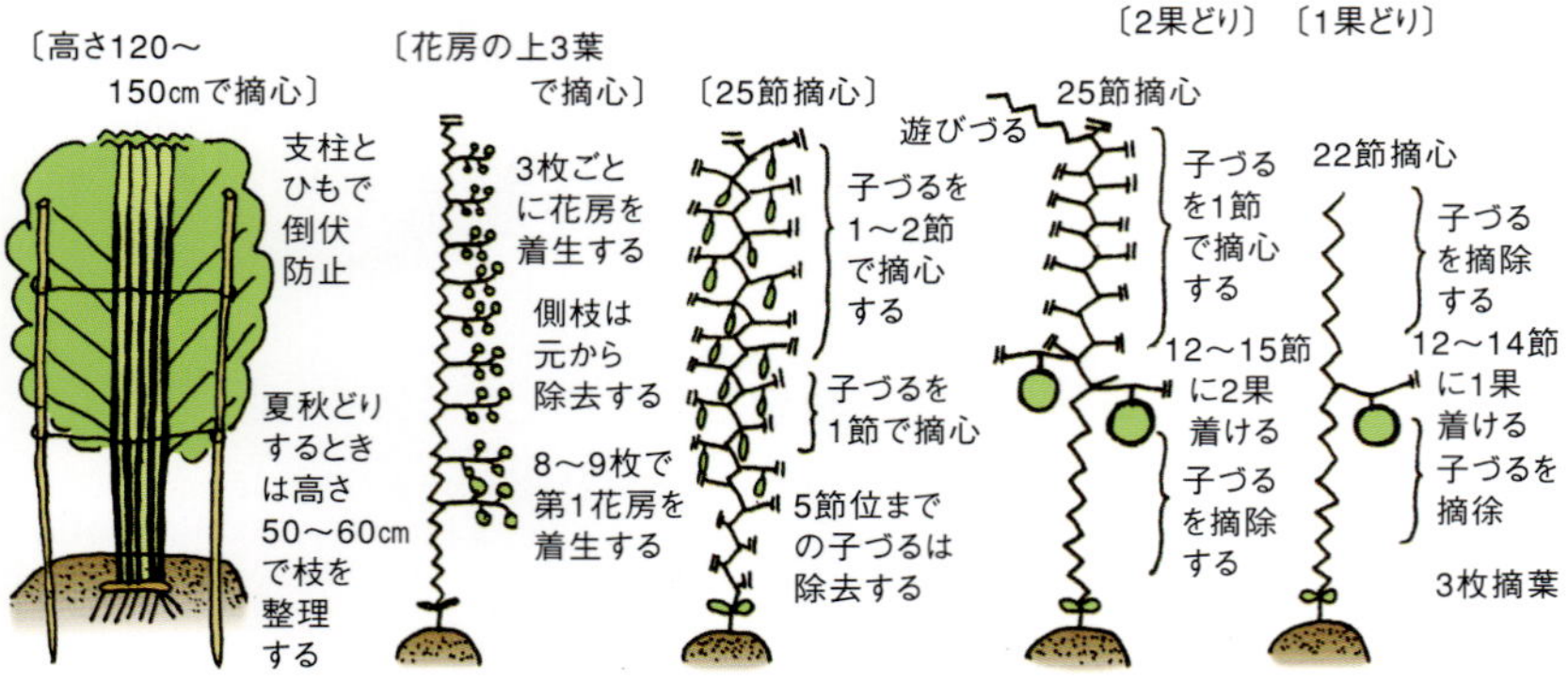

旬の技

- ✤タマネギの定植
- ✤イモ類の収穫
- ✤イモ類の副産物
- ✤エンドウ、ソラマメの秋まき越冬栽培
- ✤土づくりのためのライ麦の播種
- ✤野菜の防寒対策
- ✤無加温ハウスを利用した栽培

- ◆定植のポイント
- ◆苗の大きさと生育
- ◆タマネギ苗の選び方
- ◆機能性が高いサツマイモ
- ◆サトイモ
- ◆サツマイモの葉柄
- ◆ナガイモのむかご
- ◆エンドウの秋まき越冬栽培
- ◆ライ麦の効用
- ◆べたかけ資材のかけ方いろいろ
- ◆ビニールトンネルの換気法
- ◆無加温ハウスの被覆法と保温効果
- ◆越冬キャベツの播種
- ◆越冬パセリの播種

寒露（かんろ） 10月8日頃　陰寒の気に合って、露むすび凝らんとすればなり

冷たい露が結び、秋もいよいよ本番です。菊の花が咲き始め、山の木々の葉は紅葉の準備に入ります。稲刈りもそろそろ終わる時期です。

霜降（そうこう） 10月23日頃　つゆが陰気に結ばれて、霜となりて降るゆへなり

北国や山間部では、霜が降りて朝には草木が白く化粧をする頃です。野の花の数は減り、代わって山を紅葉が飾る頃です。

タマネギの定植

定植時期

平均気温が一二℃くらいが目安で、寒冷地では一〇月中～下旬、温暖地は一〇月下旬～一一月初旬が適期です。

畑の準備

a当たり堆肥二〇〇～三〇〇kg、化成肥料でチッソ二～三kg、リンサン二・五～三kg、カリ二～二・五kgが標準で、十分に耕耘しておきます。

定植前の苗の管理

定植時の苗の大きさ、特に茎の太さと収量・翌春のとう立ちは関係が深く、細いものは収量が低く、太いものはとう立ちとなりやすくなります。収量は、ややとう立ちがある程度（一〇〇株に数株）が最も多くなります。品種により異なるので、自家育苗の苗は左図を参考に苗を選びます。

苗の生育がやや小さいようであれば、一〇月上旬頃までに追肥用の化成肥料を一〇㎡当たりチッソ成分で四〇～五〇g施用します。苗取りは、葉や根をなるべく切らないように丁寧に行います。

定植

苗取りは葉や根をなるべく切らないように丁寧に行います。根を乾燥させると活着が悪くなるので少しずつ取るか、濡れた新聞紙等で乾かないようにしておきます。

栽植本数はa当たり三〇〇〇本前後が標準です。短冊形の広幅の畝に、四～六条植えが一般的で、四条植えの場合、畝幅一〇〇cm、条間二五cm、株間一〇～一二cmとします。

定植は、小面積であれば平鍬で、面積が大きければリターンカルチの利用が有効です。冬季の凍み上がりが強い地域では畝の方向を東西にし、北向きに苗を並べるとよいでしょう。植え付けの深さは三～四cmとし、覆土した土は足で鎮圧します。覆土が厚すぎると球が縦長になる傾向があるので注意します。

なお、定植が遅れる場合は、黒マルチをして、株間をやや広めに大きめの穴（直径五cm程度）を開けたマルチ栽培とするとよいでしょう。

苗の大きさと生育

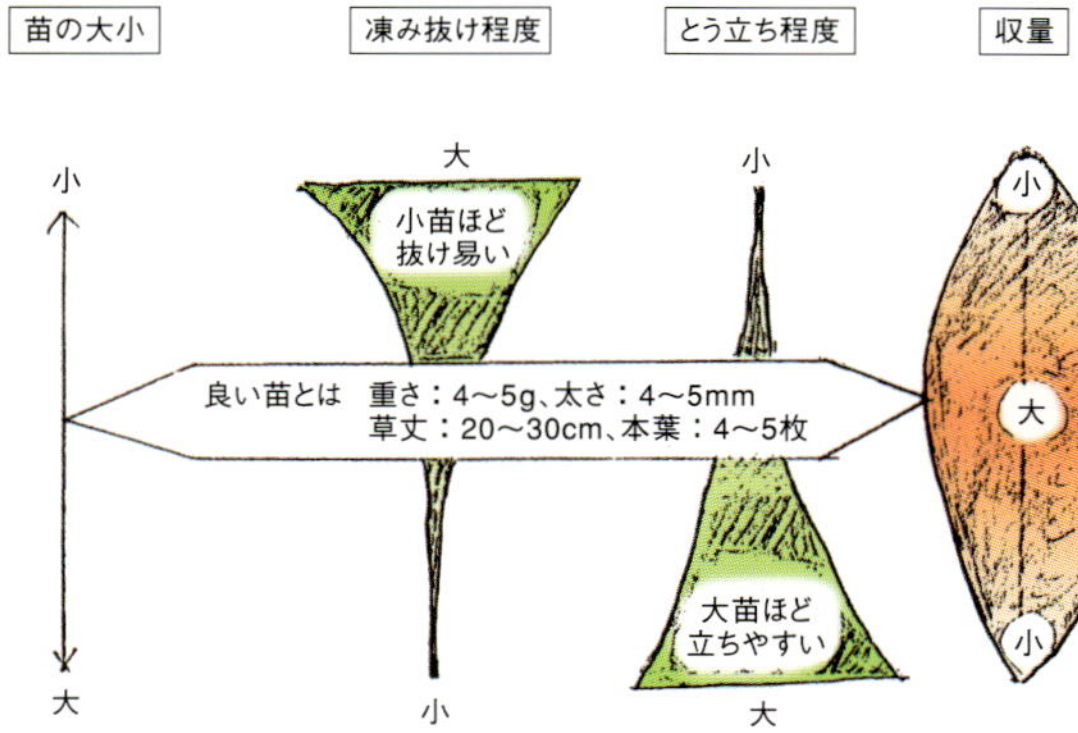

定植のポイント

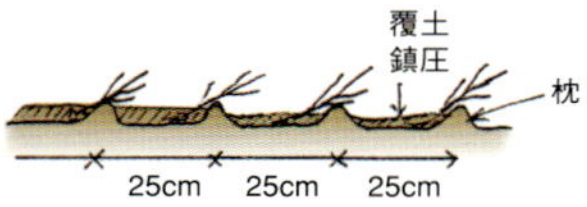

①苗とり後すぐに植える（根を乾かさない）。早めに取った苗は、水に掛けて萎れがなくなったら植える

②北側を枕にして植える

③覆土は厚くしない（3～4cm）

④覆土部分を足で鎮圧（凍み抜け防止）

タマネギ苗の選び方

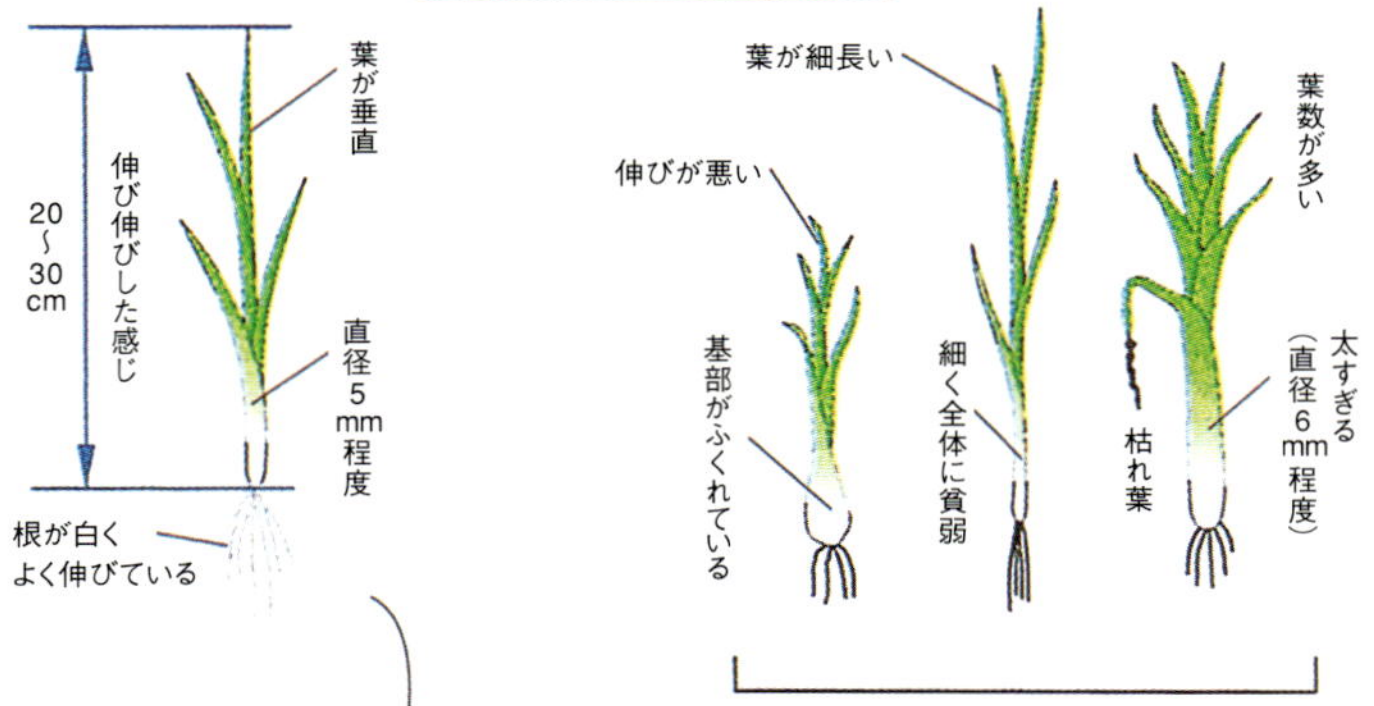

○ 好ましい苗　　× 好ましくない苗

定植時の苗の大きさ

千曲中高	1本重 5～6g	茎径 5～6mm
七宝甘70	〃 4～5g	〃 4～5mm

イモ類の収穫

サツマイモ

霜に当てると腐敗しやすく貯蔵性も劣るので、霜の降りる前に掘りあげます。まず、蔓を鎌で刈り取り片づけてから、鍬でイモの皮がはげないように丁寧に掘りあげます。保存は、数日間日陰干しを行い、スチロールボックス等で、ある程度湿度を保ちながら、一二℃以上の温度で貯蔵します。なお、蔓先端の若茎の葉柄も珍味で機能性の高い食べ物として楽しみです。

サトイモ

サツマイモより寒さに強いものですが、やはり強い霜がくる前に収穫します。茎葉を刈り取り、株の周囲にスコップで深く差し込んで掘りあげます。畑でイモの間の土をよく落とし、短期の場合は親イモ、小イモ、孫イモに分けますが、長期に保存する場合は親付きのままでむろ等で貯蔵すると長持ちします。なお、茎はイモがらと呼ばれ、刈り取った葉柄を五日程おいてから、皮をむいて天日で乾燥させます。汁の具などにするとおいしいものです。

イモ類の副産物

サツマイモは、葉柄を刻んで湯通し後、一晩水にさらしてから料理に用います。戦争中の思い出のある人は嫌がりますが、今では珍味で機能性の高い食べ物として喜ばれます。

サトイモの茎は、芋がらと呼ばれてやはり健康食品です。刈り取った葉柄を五日ほど置いてから、皮を剥いで天日で乾燥させます。灰汁であく抜きをして汁の実などにして食します。

ナガイモの副産物は、ムカゴです。霜の降りる前に畝間に落ちたムカゴを集めておきます。油で揚げてから、砂糖・醤油で味付けして食します。

サトイモ

機能性が高いサツマイモ

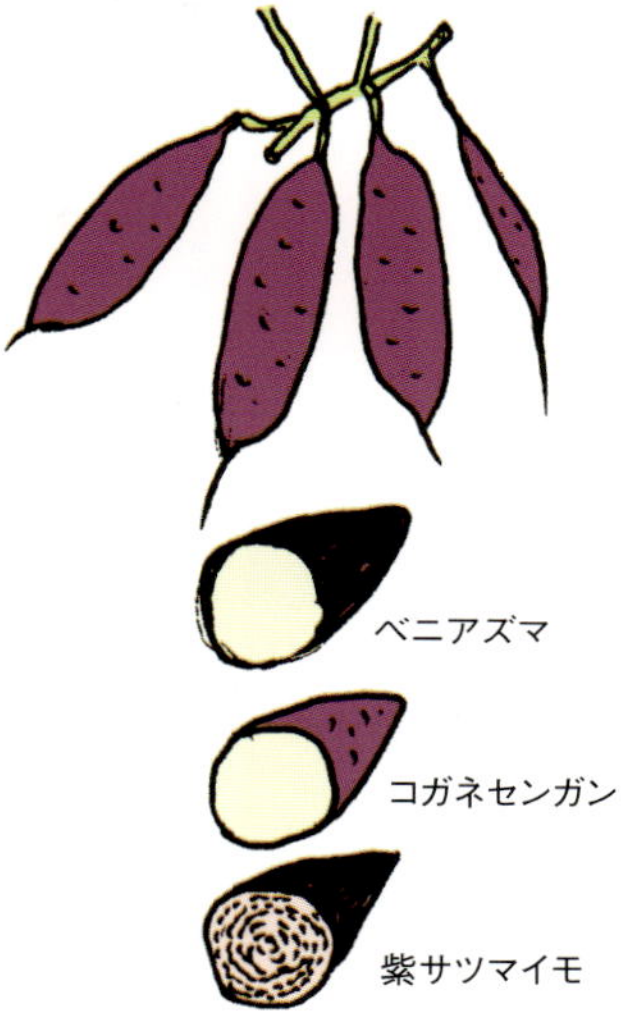

芋がら作り

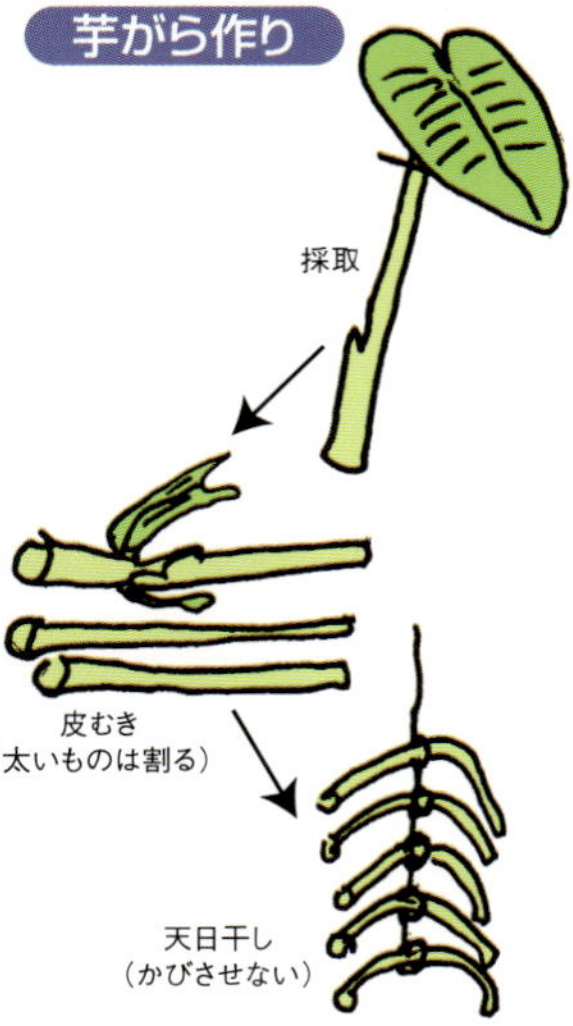

ナガイモのむかご

「ムカゴ」は翌年発芽するが
「種イモ」として利用するには
数年かかる。

サツマイモの葉柄

エンドウ・ソラマメの秋まき越冬栽培

播種期

標高六〇〇ｍくらいまでの冬に土の凍み上がりがひどくない地帯では秋まき越冬栽培が可能です。エンドウは一〇月下旬～一一月上旬、ソラマメは一〇月下旬に播種し、エンドウは本葉二～四枚、ソラマメは四～五葉で越冬させます。

畑の準備

連作を嫌うので、できれば四～五年エンドウを栽培していない場所を選びます。施肥量は、一〇㎡当たり堆肥二〇kg、酸性を嫌うので苦土石灰を二kg、化成肥料一kgを施します。また深根性なのでなるべく深く耕します。

播種

床幅八〇～一〇〇cm、通路四〇cm程度の畝を作ります。湿害に弱いので、かまぼこ形のやや高めの畝とします。

株間は一〇～一二cm、一カ所に三～四粒程度播種します。

冬越しと間引き

寒さが厳しくなってきたら、防寒にもみ殻を株が隠れる程度に掛けてやります。わら束がある場合は、畝

土づくりのためのライ麦の播種

ライ麦は緑肥や風食防止対策として利用できます。また、根が深く伸びるため根の跡が水の通り道となり、水はけをよくして湿害を防ぐこともできます。

播種期

ライ麦は耐寒性が高く、越冬できるため一〇月から一一月上旬を目安に播種し、年内に適度に生育して土壌を被覆した状態で越冬させます。

畑の準備

前作の残さを片付け、一旦深く耕し平らに均《なら》します。穀実を収穫するのが目的でないので、特に肥料はいりません。

播種

播種量は一〇㎡で一〇〇g程度です。全面まきは、均一に播種した後軽く耕耘するかレーキ等で表面を混和します。条まきは、畝幅三〇cm程度で鍬幅まきとします。畝の方向は主な風向きと直角にします。この場合播種量は二割程度減らします。

刈り取り

三月の気温上昇とともに徐々に生育し五月上旬頃に穂が出ます。この時期までに刈り取ると分解も早く、

方向に沿って両側から束のまま株に添えてやるとよいでしょう。間引きは春先になって生長を始めたら行います。

収穫

五月上~中旬から収穫が可能です。春まき栽培と組み合わせると長期間楽しめます。

エンドウの秋まき越冬栽培

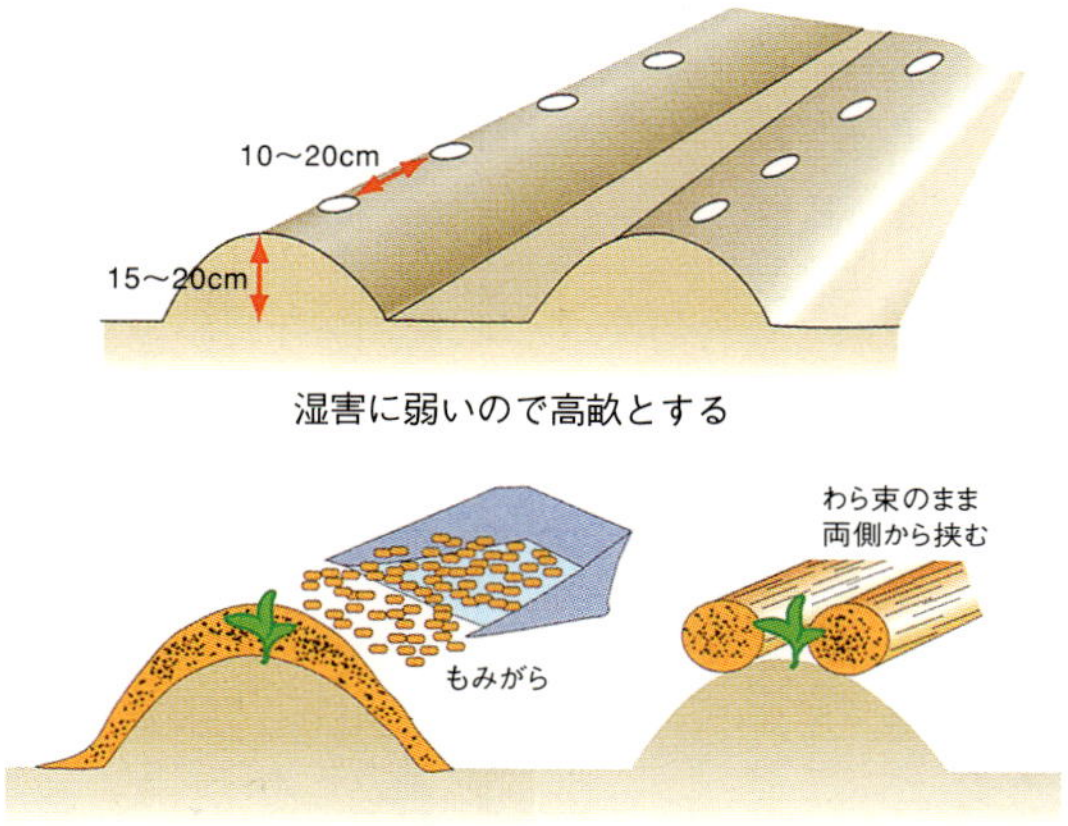

防寒にはもみがらやわら束で

そのまますき込めます。これ以降になると分解は遅いので、乾燥させて敷きわらとして利用するとよいでしょう。

ライ麦の効用

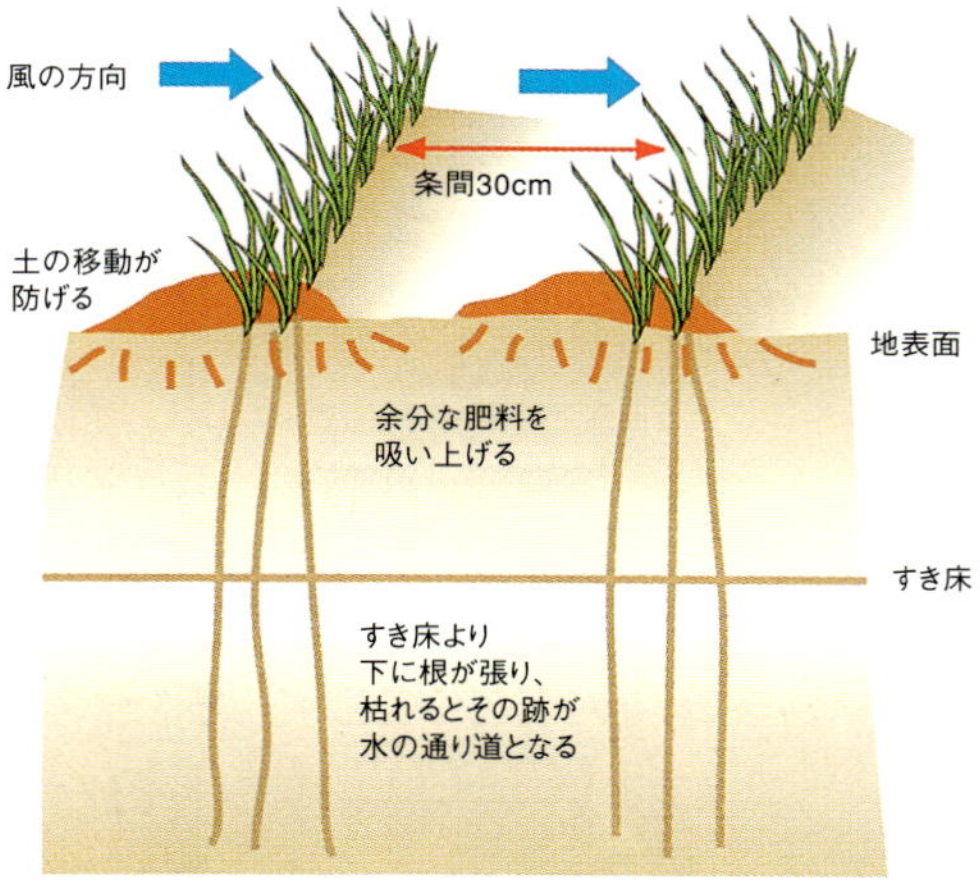

野菜の防寒対策

だいぶ寒くなってきました。まだ畑に置いておきたいものは、少し工夫して防寒をしてやるとよいでしょう。

近年、ごく薄い化学繊維の不織布やワリフを材料とする防寒資材が売られています。軽量のため作物体の上に直接被覆することができるので、「べたがけ栽培」と呼ばれています。太陽光の透過は若干妨げられますが、寒風を和らげ、夜の保温性が高まります。通気性があるため、極端な高温になることがなく、開け閉めの必要がないので便利です。

資材のかけ方はいろいろありますが、直がけと呼ばれる方法では、被覆資材に触れているところでは、外気温と同じで効果が劣ります。

これより寒さがきつい場合は、ビニールトンネル栽培がよいでしょう。密閉度が高いのでべたがけ資材より夜間の保温効果が高いのですが、半面、晴天の日中はかなりの高温になるため換気が必要です。

換気の手間を省略するには、保温性は低くなりますが、頂部に換気用の小穴を開けて自然換気するのが便利です。特に寒い夜は、上にもう一枚フィルムを覆うようにすると申し分ありません。

無加温ハウスを利用した栽培

積雪の少ない地帯では、パイプハウスを利用すると冬期間にもホウレンソウやコマツナ、タアサイ、シュンギクなどの収穫ができます。

無加温ハウスは、一重では温度を保てないので、ハウス内で二重トンネルをしたり、不織布のべたがけをします。被覆フィルムを一枚増やすと夜間の最低気温が外の気温より二度くらい高くなります。

ホウレンソウ、コマツナ、タアサイは、一一月上旬から一二月下旬まで順次直まきします。シュンギクは、育苗して一一月下旬までに定植します。畝は広幅にし多条栽培にします。

ビニールトンネルの換気法

頂部に15cm間隔ぐらいに
径5cmぐらいの小穴を開ける
（作物の種類によって間隔を変える）

べたがけ資材のかけ方いろいろ

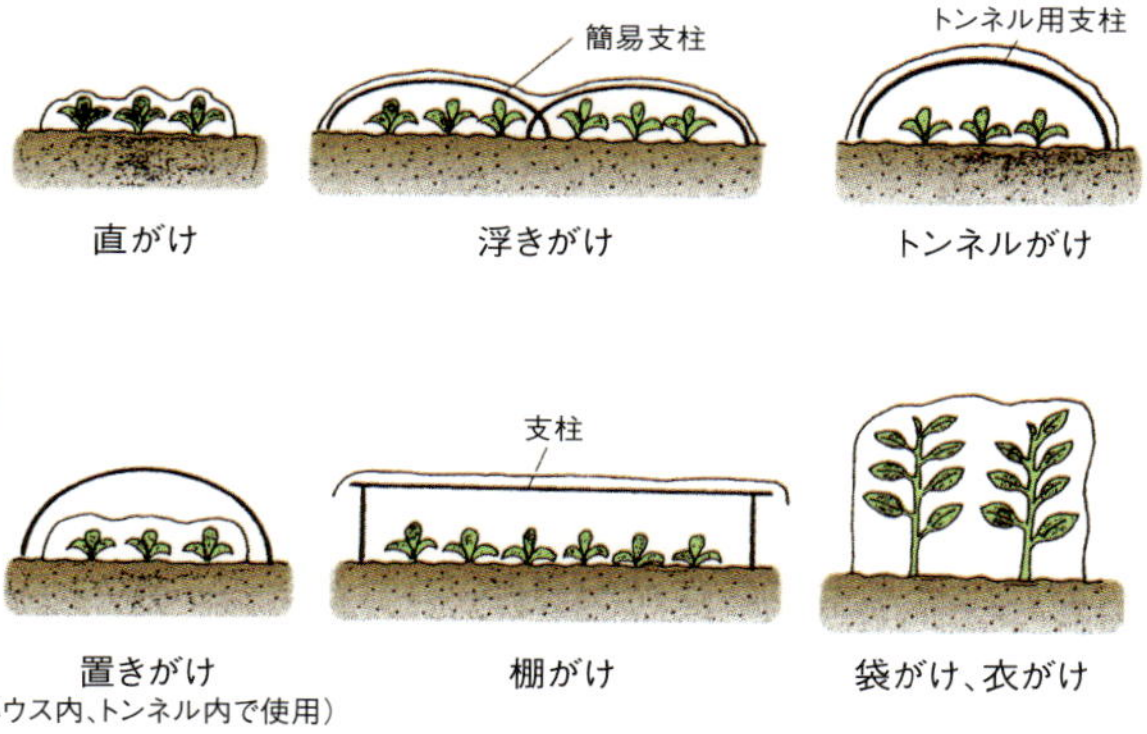

無加温ハウスの被覆方法と保温効果

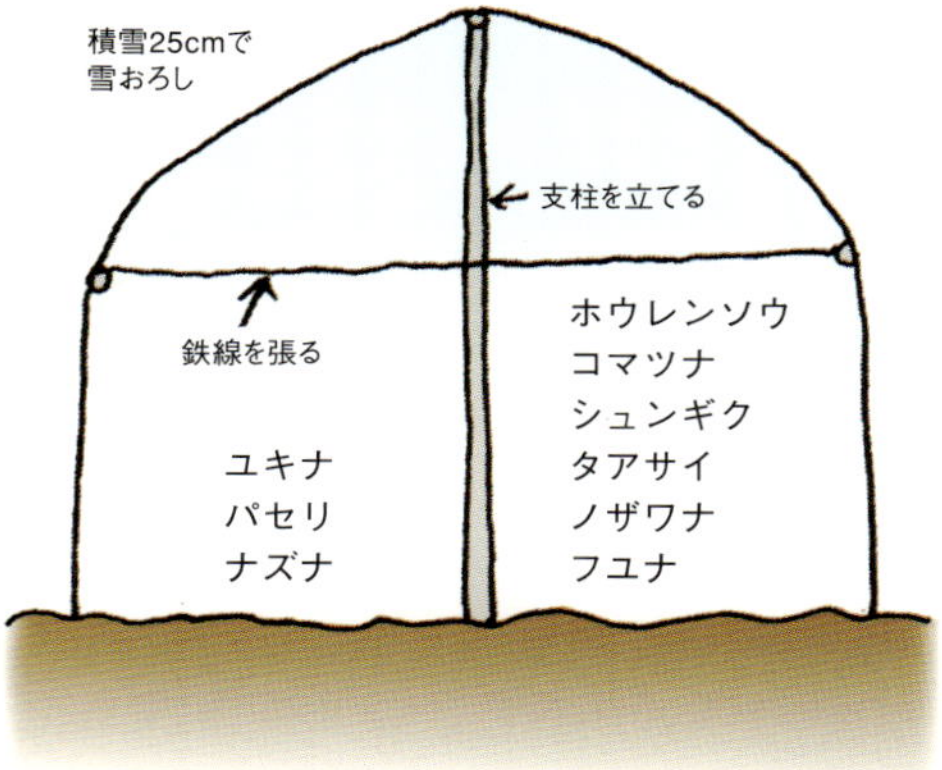

雪対策

旬の技

越冬キャベツの播種

寒玉系（SEなど）の品種を10月上旬までに播種し、11月中旬に定植します。早まきして大株で越冬させると抽だいしてしまいます。化成肥料はa当たり窒素で2kg程度とやや多めに施し、畦幅60cm、株間40cmと広く取り、雪を考慮して高畝とします。

越冬パセリーの播種

播 種 期

パセリーは、本葉3～4枚以上の苗が最低気温0℃以下に2カ月以上遭遇すると花芽分化し、その後の高温長日で抽だいが進みます。また、あまり小苗では越冬時に凍み抜けしやすいので、寒冷地のトンネル直播では10月上～中旬、温暖地では中～下旬が目安となります。

畑の準備

施肥量は、a当たり堆肥300kg、チッソ3.5kg、リンサン2.5kg、カリ2.5kgが標準です。パセリーは直根が太く、深く入るので、深く耕し排水性・通気性を高めておきます。

播　　種

畝は、床幅80～100cm、通路40cm程度のやや高めの畝を作り、黒ポリマルチをするとよいでしょう。このマルチに条間25～30cmの2条あるいは3条で、2条では株間20cm、3条では25cm間隔で穴を開け、1穴に10～20粒ずつできるだけかたまらないように播種します。

間引きとトンネル掛け

播種後15日程度で発芽が揃うので、1回目の間引きを行い、本葉5枚くらいで1本とします。トンネルは、11月末～12月上旬に被覆し、越冬を助けます。

旬の技

❇野菜の収穫と貯蔵
❇パイプハウスの有効利用
❇ナガイモの掘取り
❇伏せ込み促成栽培
❇翌春に備えて
❇今のうちに土づくり
❇冬越しの準備
❇冬越し施設
❇堆肥を作ろう
❇辛味ダイコンの収穫と辛味

◆ハクサイの結束
◆むろ・畑での貯蔵法
◆パイプハウスの有効利用
◆ポットを用いた促成栽培
◆電熱線の張り方
◆アスパラガスの刈り取り培土戻し
◆スコップ2段深耕
◆イチゴ・アスパラガス・山ウドの冬越し
◆究極の省エネ保温施設
◆辛味ダイコンの辛味成分
◆堆肥のつくり方
◆主な有機物

立冬（りっとう） 11月7日頃 冬の気立ち初めていよいよ冷ゆればなり

この日から立春の前日までが冬、日は短くなり時雨が降る季節です。北国や高山からは初雪の知らせも届き、関東では空っ風が吹く頃です。

小雪（しょうせつ） 11月22日頃 冷ゆるが故に雨も雪となりてくだるがゆへなり

陽射しは弱まり、冷え込みが厳しくなる季節です。木々の葉は落ち、平地にも初雪が舞い始める頃です。

野菜の収穫と貯蔵

ハクサイ

結球の上部包合部分を手で押さえてみて、弾力がある時が収穫期です。畑で貯蔵する場合は、霜の来る前に外葉を強く縛ってやります。

収穫後長期間貯蔵する場合は、外葉と根を除いて結球を新聞紙に包み、冷室内に間隔をとって並べておきます。寒冷地ではこれで二月頃まで貯蔵できます。

キャベツ

球が硬くしまったら収穫期です。畑で貯蔵する場合は、結球後凍結する温度に下がってから、不織布を被覆します。積雪地帯では、そのまま畑で越冬させます。

収穫物をまとめたい場合や雪が無く凍みる地帯では、株を抜き取り根付きのまま溝に逆さに並べて、軽く埋めておきます。

冷室内ではハクサイに準じます。

根菜類

ダイコンは、凍結する前に抜き取り、葉を短く切って深い溝に縦に並べ、根部が露出しないように埋め戻しておきます。畑で野鼠の心配がある場合は、地上部を切り取って、長屋の地下室などに貯蔵します。ナガイモはダイコンと同様地下室に貯蔵します。サトイモとサツマイモは、温度一〇℃以上、湿度八〇～九〇％で貯蔵する必要があります。

パイプハウスの有効利用

無加温ハウスでも、ビニール等で一定の保温ができれば十分に作物が生育できます。特に小物野菜は春先まで長い間収穫が可能です。

保温効果は資材の種類により異なりますが、外気温が〇℃付近でも、ビニール一枚で二℃程度、カーテンの内側では四℃、小トンネル内では六℃程度が確保できます。小トンネルを二重にしたりコモをかけると九℃程度まで保温できます。マルチをしたりすればなおいっそうの効果が期待できます。

注意点は、外側のビニールと内張カーテンの間を必ず間隔を取ること、カーテン裏面の合わせ目に隙間を作らないことです。極端に下がる夜は石油ストーブを併用してもよいでしょう。

保温に気を取られるあまり覆いすぎて徒長したり葉色が淡くなってしまわないように、日中の温暖な日にはトンネルやカーテンを開けて太陽光線を十分取り入れましょう。

むろ貯蔵法

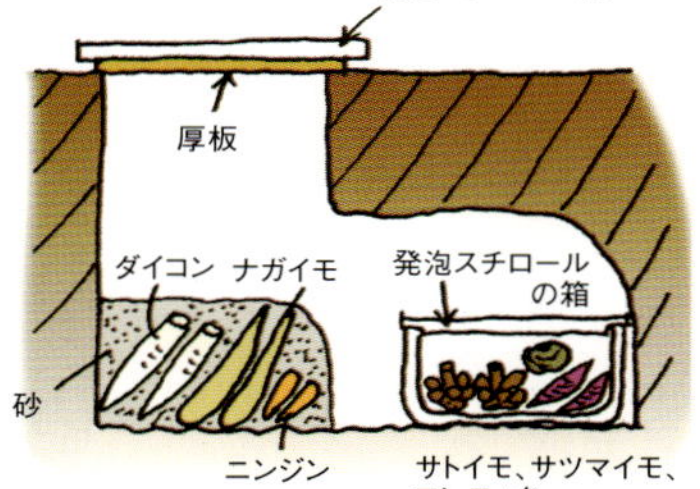

畑での貯蔵法

・キャベツ

・ダイコン

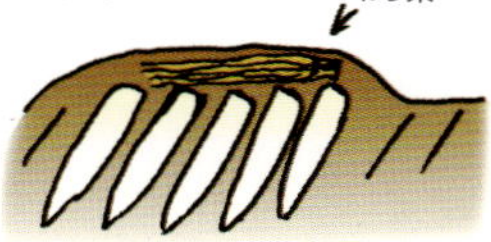

春まで貯蔵する場合は
首部で葉を切る

ハクサイの結束

霜に2〜3回当たったら
結球を外葉で縛る

パイプハウスの有効利用

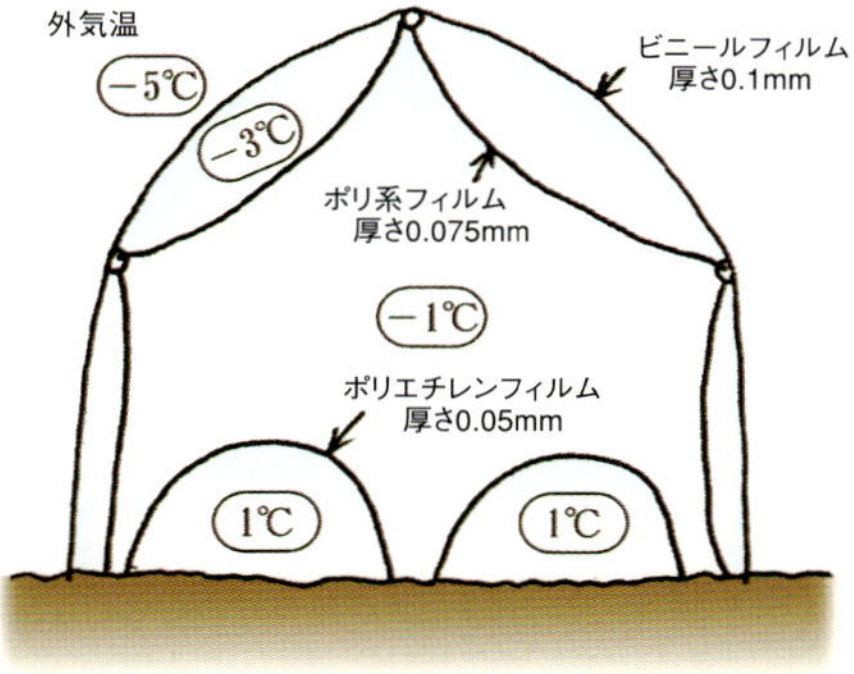

伏せ込み促成栽培

一〇〇Vの電熱線だと五〇〇W・四〇mのものが市販されています。これだと二坪位を最低気温二〇℃に加温できます。

ハウス内に幅一・二m、長さ六m深さ二〇～二五㎝で掘り下げ、周囲に木枠を入れて土が崩れないようにし、電熱線はそこを平らに均して外側は狭く、中は広く配線します。線がクロスする（重なる）と発熱し断線するので所々針金等で止めておきます。電熱線の下に籾殻を敷くと断熱効果が高まります。また、配線後は線が隠れるくらいに覆土をします。

ウドやアスパラガス、コゴミやフキなどの山菜を、休眠が醒めてくる一二月以降に温床に入れて、上にビニールでトンネルを作りコモなどで保温してやります。

温度管理は品目によっても異なりますが、二〇℃を目安に行います。あまり高温だと腐敗等が多くなります。電熱線はできれば温度制御器（サーモスタット）を用意します。乾燥するので時々潅水をしてやります。

伏せ込んで一ヵ月くらいで収穫ができます。アスパラガスは二カ月くらい収穫可能です。山菜類は伏せ込む時期を分ければ長期収穫が楽しめます。

ナガイモの掘取り

茎葉が黄褐色になってきたら掘取りを始め、量が多いときは順次翌春まで収穫できます。イモを刻んだり、トロロにしたときに褐変する症状（アク）があるときはまだ生育中のためです。アクは成熟するとなくなりますから早掘りはさけるようにしてください。

掘取り次第、黒ポリ袋に入れて乾燥と日焼けを防止します。枯れた茎葉や腐りイモはほ場外に深く埋めます。

茎葉黄変で収穫可

ポットを用いた促成栽培

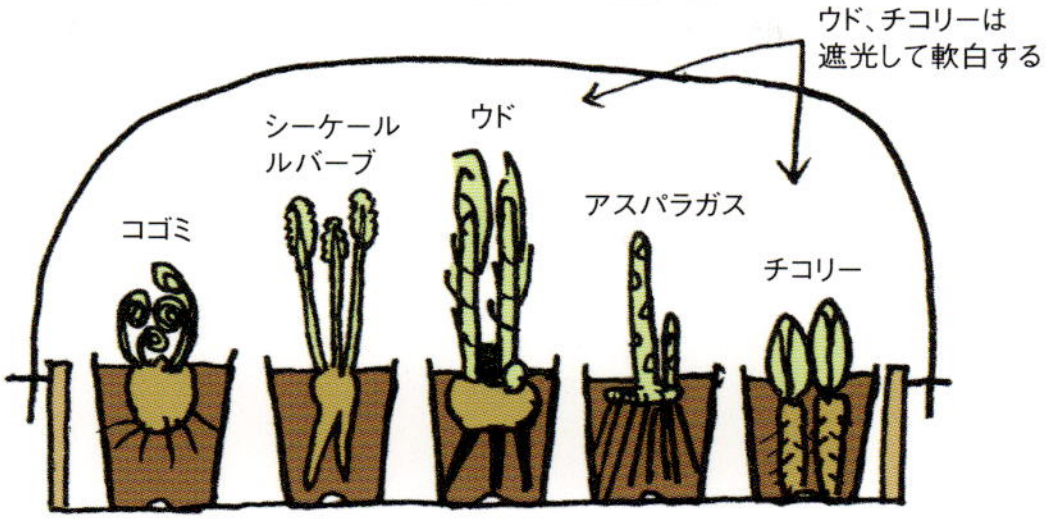

農家の伏せ込み促成

電熱線の張り方

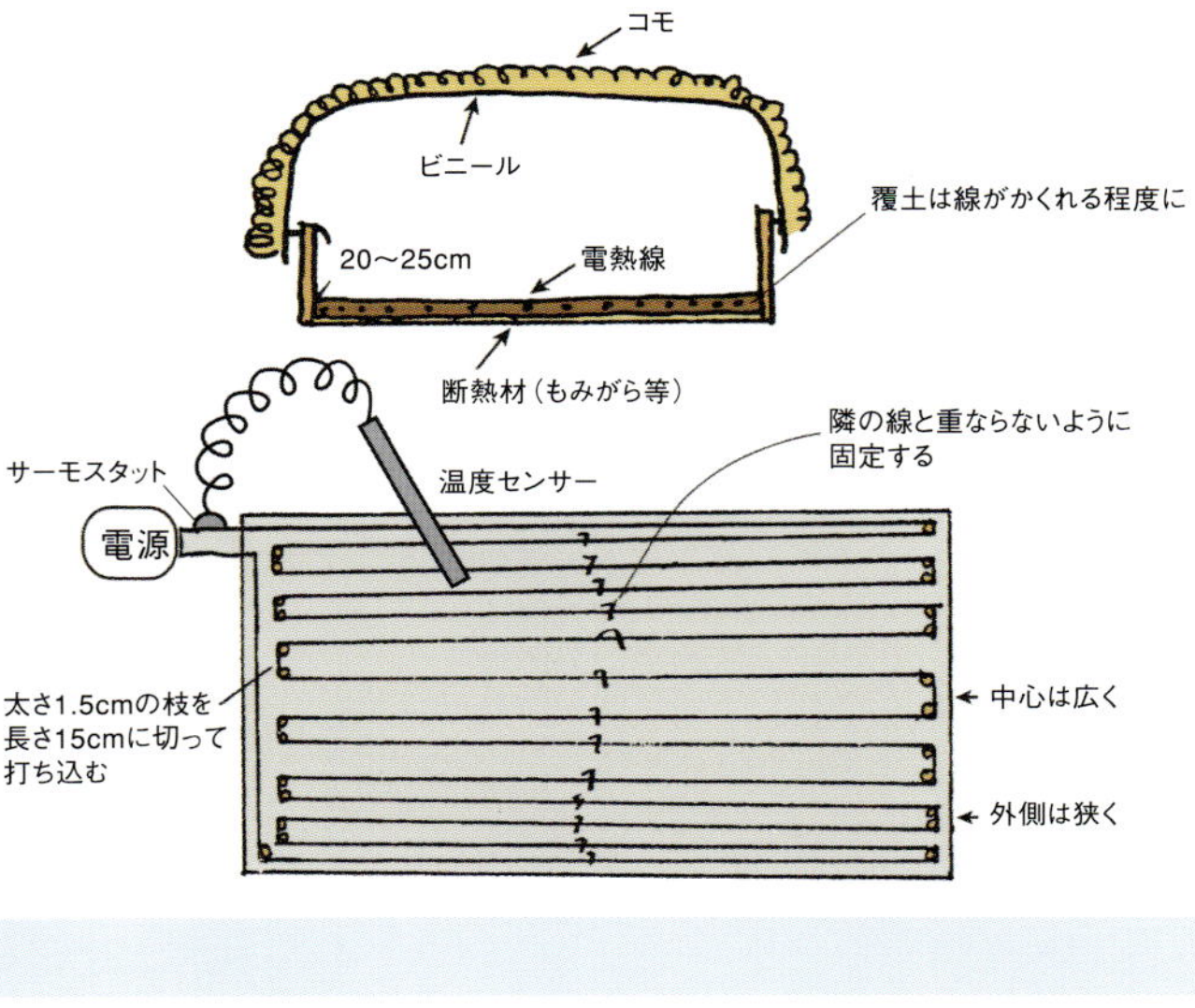

翌春に備えて

寒さも本格化してきました。家庭菜園も終わりですが、永年性の作物は来春に備えて管理が必要です。

アスパラガス

霜が二～三回降りて茎葉が完全に黄変したら、根元から刈り取ります。茎葉は畝の上で乾燥させ、敷きわら等がある場合は一緒に裁断し、畝間に敷きます。石灰窒素を軽く施し、その上に培土を戻してやります。培土を戻した後の切り株もできれば取り除きます。特に茎枯病や斑点病などが発生した茎は、翌年の発生源となるので、丁寧に行います。

根は、養分を蓄え、糖度が高くしかも水分に富んでいるので、冬期の鼠の格好の餌となります。食害を防ぐには、周りに稲わらや堆肥など住みかとなる物を置かないことが重要です。また、石灰窒素は忌避効果があり、畑周囲に散布すると被害が軽減されるといわれます。

ニラやミョウガ、ウド

これらも、茎葉が黄変したらきれいに刈り取ります。

葉菜類

秋まきのホウレンソウや冬菜は寒さで凍み抜けを起こしやすいので、葉の上にわらを薄く広げてやります。

今のうちに土づくり

土壌表面だけでなく深い所まで有機物を十分に施してフカフカの土にすることが重要です。

深く耕す

作土の深さは、葉菜類では二〇～二五cm、果菜類は三〇～五〇cm、ナガイモやゴボウでは七〇cm以上必要となります。

トラクターや耕耘機等のロータリー耕ではせいぜい深さ一〇～一五cmしか耕せません。深耕するには、少々力仕事になりますが、スコップで二段に起します。まず、踏み込んで表土を横に寄せ、もう一度踏み込んで下層土を起こし、表土と下層土を反転するようにします。

このような深起しは、三年に一回くらい行えばよいので、毎年計画的に実施すれば数年で畑全面の深起しができます。

石灰や堆肥を散布

深耕すると下層の酸性の土が表面に出てくるので、霜降り程度に必ず石灰を施します。また、堆肥は地力をつけ、土壌中の三相（土・水・空気）のバランスをよくし、微生物の種類と量が増加し、作物が健全に育ちます。

ちょっと大変ですが、来年の菜園のできを想像しながらがんばってみましょう。

少しずつトンネル栽培にすると、冬中新鮮なものが連続して食べられます。

アスパラガスの刈り取り培土戻し

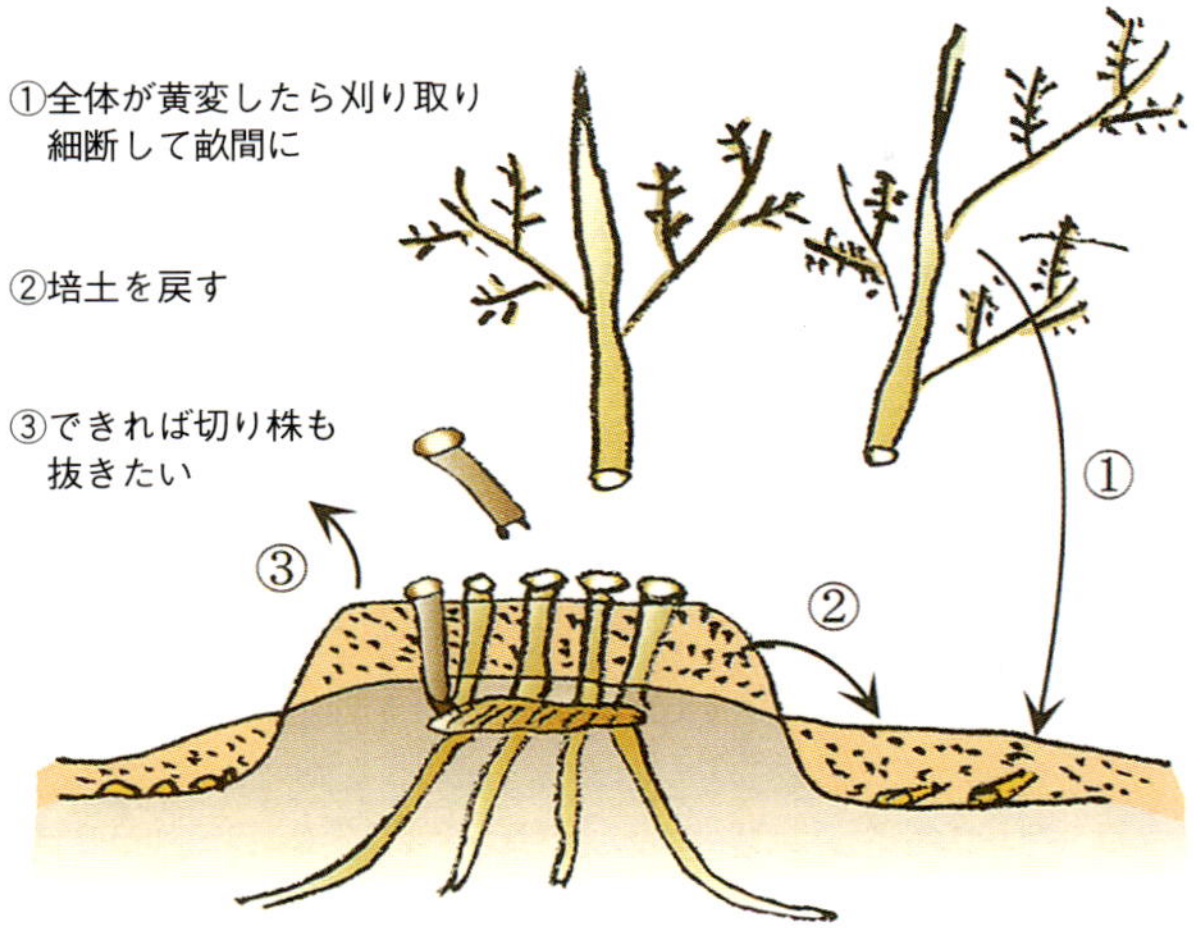

スコップ2段深耕

①まず表土を横に寄せる
②その上に下層土を寄せる
③石灰・堆肥を施し、ロータリーで耕耘する

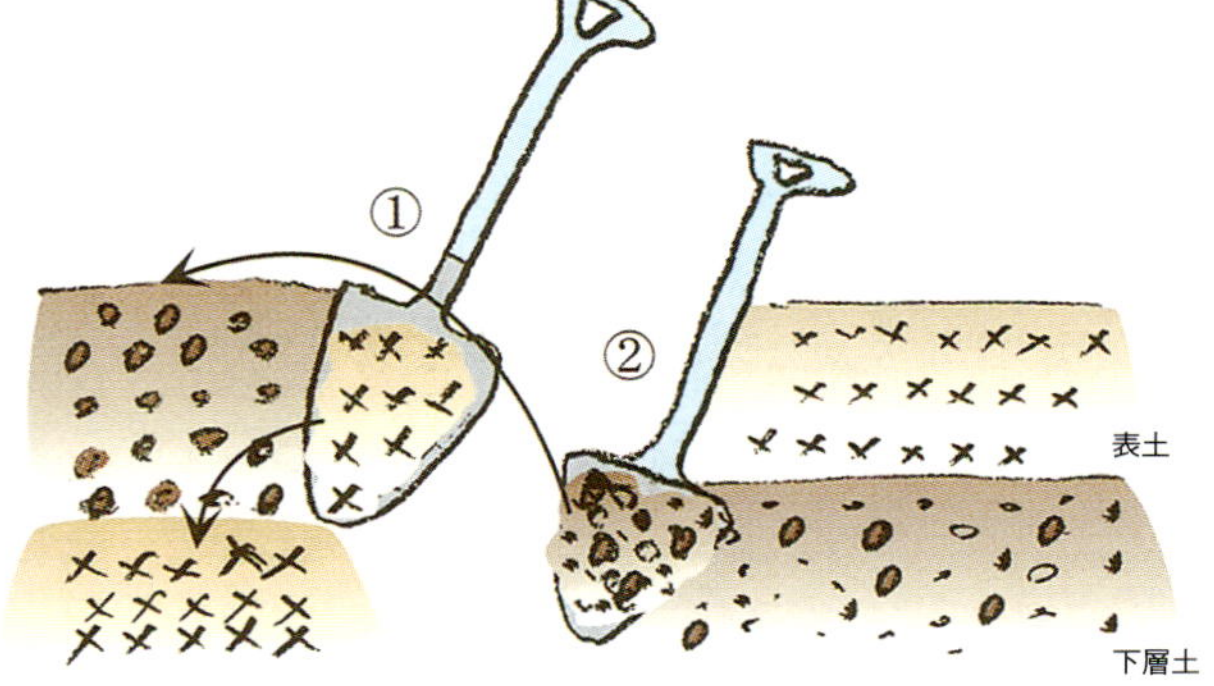

冬越しの準備

何回も霜が降りて野菜が枯れてきました。野菜は在来の種類が少なく、寒さへの強さもいろいろです。耐寒性に応じて冬越しの準備をします。例え耐寒性は強くても、寒干害には弱いので注意します。

耐寒性の強い多年生のアスパラガス（一、二年生）、ウド、ニラなどは茎葉が枯れてから地際で刈り取り、越冬芽が浅い場合は土をかけてやります。キャベツ、ネギ類、エンドウなどは根張りを確保し、あまり大きくさせないで越冬させます。イチゴやホウレンソウは、葉が地面近くに這うようになってからワラがけをします。

半耐寒性のパセリ、レタス類、ツケナ類は、ハウスやトンネルを掛けて防寒します。べたがけ資材等で二重に被覆すると保温効果が高まります。水前寺菜は、茎葉を刈り取ってから、土を深く被せておくと越冬させることができます。

耐寒性のない野菜は、鉢へ植え替えて温室へ取り込みます。なお、最近の住宅は、断熱がよくなっているので、室内に取り込んでも冬越しをさせることもできます。ナスやトマト、サツマイモでさえも越冬させることができます。これらは、春に自家用として挿し木で増やせます。

冬越しの施設

暖冬の年が多くなっても、気温はマイナス五～一〇℃に下がりますので、防寒をしないと冬越しができません。

昔からの方法は、地中の室とフレームです。しかし、いくら囲っても熱は逃げるので、それを防ぐ手だてをしないと凍みてしまいます。

典型的な例は、ビニールハウスやトンネルで、日中の温度は上がりますが、夜間には、外の気温と同じかそれ以下に下がってしまいます。

単にフィルムや小屋で囲うだけでなく、断熱効果の高いこも、マット、発泡スチロールなどで保温をしてやります。

イチゴ

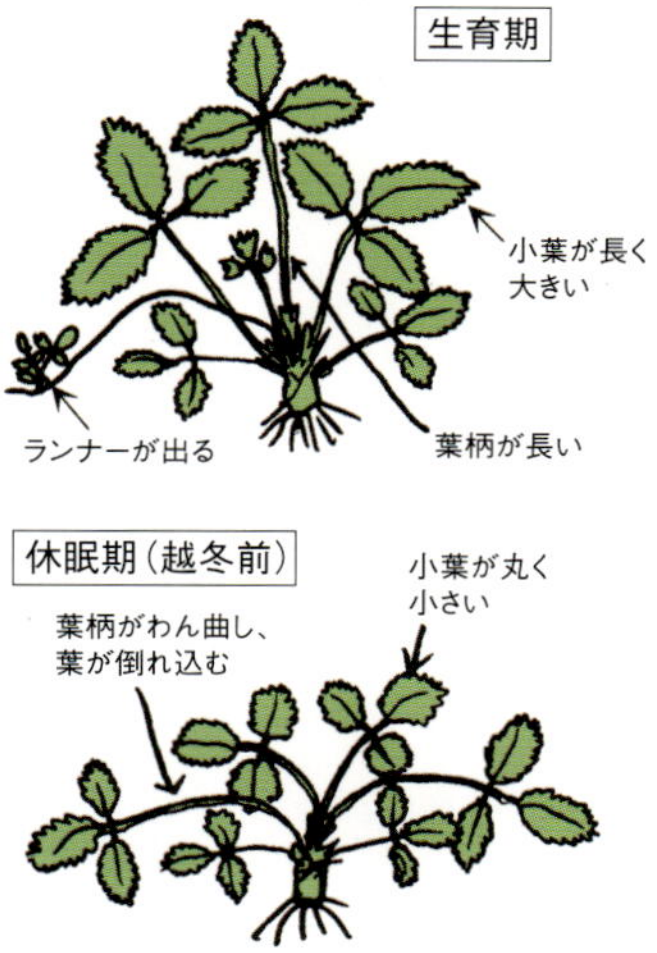

アスパラガス

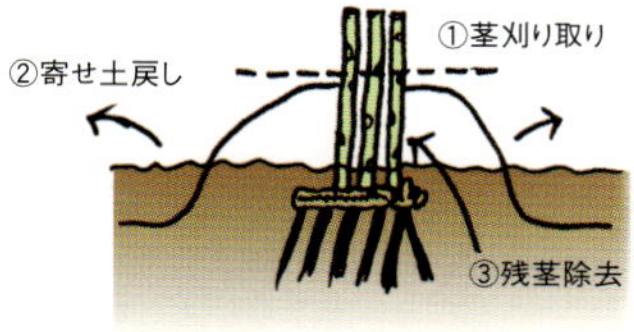

山ウド

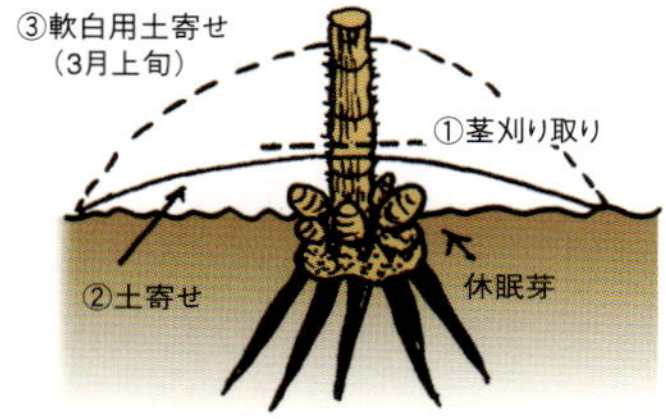

究極の省エネ保温施設

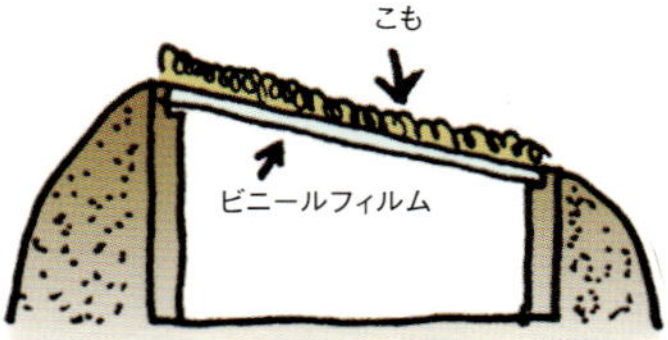

フレーム

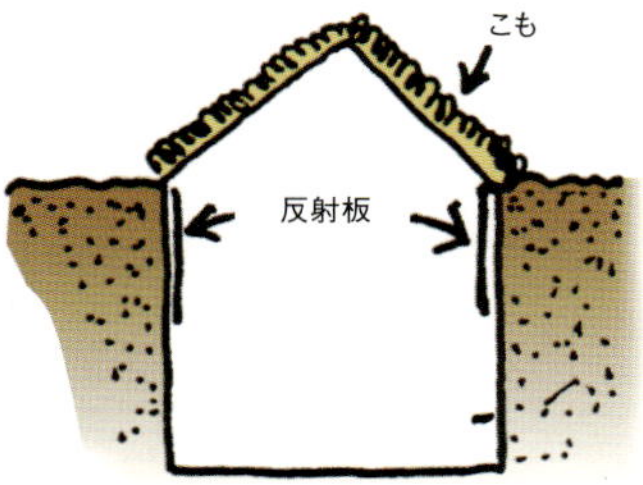

トレンチハウス

堆肥を作ろう

畑は水田と違って、土壌有機物の消耗が激しく、その量は堆肥換算で二ｔくらいといわれています。堆肥を施すとなぜよいのでしょう。

堆肥が腐熟すると、腐植酸というものになり、これが土の粒子をつなぎ合わせて団粒構造を作ります。この団粒が発達すればするほど、土の間に隙間が多くなり土が膨軟になります。この隙間には水分や空気が入り込み、肥料分も蓄えられます。すなわち、保水性・排水性また通気性がよくなり、作物の根の張りがよくなって生育もよくなるといった具合です。

また、堆肥は土壌の物理性の改善ばかりでなく、酸性土壌の改良や肥料的にみても作物の生育にとって重要な微量要素の供給、化成肥料のように即効性でなく長くじっくり効かす作用があります。

これからの時期は発酵に時間がかかりますが、稲わらやもみがら、落ち葉など堆肥にできる資材が手軽に入る時期です。購入堆肥もよいですが、これら資材や適宜米ぬか、油かす、石灰チッソなど肥料分を加え、オリジナルな堆肥を作ってみましょう。

辛味ダイコンの収穫と辛味

辛味ダイコンは播種後七〇日～八〇日で収穫します。一般的には地ダイコンと同じ一一月が収穫の時期ですが、霜に遭ったり、収穫間際に雨に遭うと辛味が少なくなります。早取りした方が辛味が高くなります。辛味成分は茎葉側より根の先端、内部よりも表皮部分のほうに多く含まれています。細かなおろし金でダイコン下部を皮も一緒にすり下ろして、一〇分以内に食べると辛さを味わえます。

辛味ダイコンの辛味成分

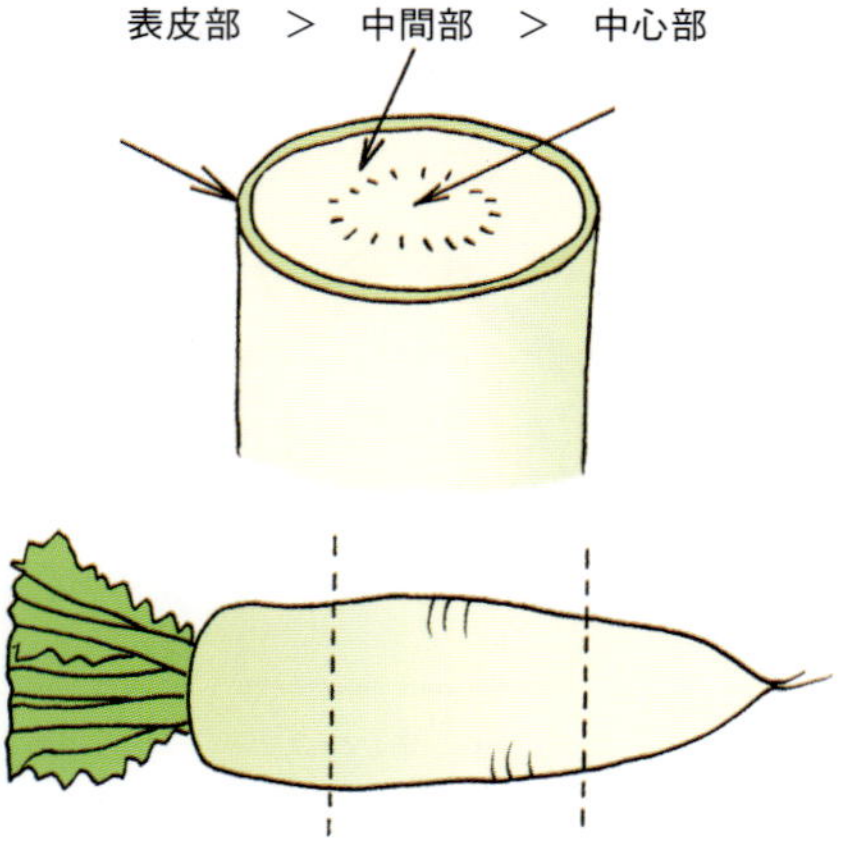

堆肥のつくり方

材料
- 切りわら
- 広葉樹の落葉

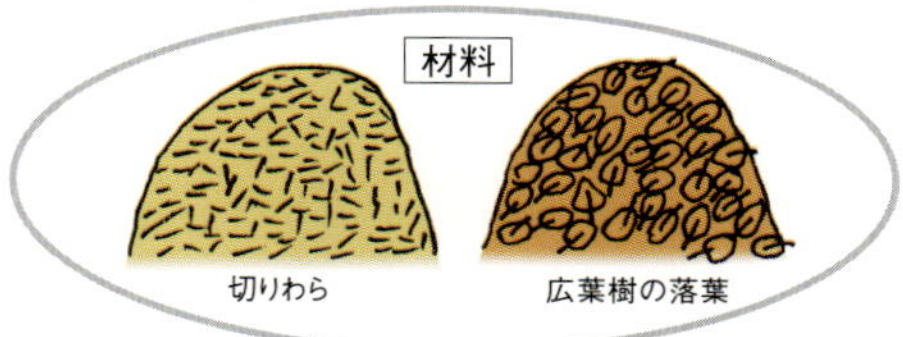

① 材料を積み、十分水をかける

予め用意しておいた材料を約30cm厚さに積み十分水をかける。

家畜ふんなどにはあまり必要ないが、稲、麦わら、落葉などは材料100kg当り石灰チッソまたは硫安2〜3kgをかけておく。

そのあとは、よく踏みつけ、その上に土を3cmぐらいのせる。（米ぬか、油かす）

② よく踏みつける

③ 同じようにして積み重ねていく

この場合堆肥わくを使うときちんと上手に積み上げることができる。

わくのすみに長さ10cmぐらいの「にぎり」をつけておくと持ち上げに便利

10cm
25〜30cm

④ 高さ1.5mぐらい積みあげたら むしろやこもなどをかけておく

風に注意を！

周囲に排水溝

⑤ 切り返し（1〜2カ月に1回、3〜4回） たてに切りくずし積みかえる

30cmぐらいの厚さごとに霜降り程度に石灰をふっておく。

主な有機物

資　材	平均的な肥料成分(%)	使い方	平均的な炭素率
けいふん	チッソ 3.0 リンサン 4.5 カリ 3.0	肥料成分は比較的早く効き、また残効もあります。リンサンは溶けにくいため効果が落ちます。チッソ分が多く利用率も70%程度あります。	13
牛ふん堆肥	チッソ 0.5 リンサン 1.0 カリ 0.4	肥料成分としては少なく、また遅く効くため、土づくりに使います。	17
豚ぷん堆肥	チッソ 1.1 リンサン 1.7 カリ 1.0	牛ふん堆肥と似ていますが、チッソ成分が多く、肥料としての利用率は70%程度あります。	13
バーク堆肥	チッソ 0.3 リンサン 0.1 カリ —	広葉樹や針葉樹の樹皮にチッソ分を加えて長期間発酵させたもので、肥料成分が少ないので土づくりに使います。添加肥料や堆積期間によって品質が違います。	36

旬の技

❊片付けと来年の準備
❊菜園づくりの反省会
❊クレソンの栽培
❊ベランダや食卓で家庭菜園
❊茎や根を使った再生栽培
❊クリスマスのイチゴ
❊空き缶で炭を焼く
❊パイプハウスを建てる

◆種子の選別
◆家の中でも立派な菜園が楽しめる
◆残り物がみごとに再生
◆イチゴの品種と鉢植えの選び方
◆空き缶による製炭作業
◆パイプハウスを建てるポイント
◆土の酸度を適正に

大雪（たいせつ） 12月7日頃 雪いよいよ降り重ねる折からなればなり

朝夕には池や川に氷を見るようになります。大地の霜柱を踏むのもこの頃から、山々は雪の衣を纏って冬の姿に変わります。

冬至（とうじ） 12月22日頃 日南の限りを行て日の短きの至りなればなり

一年中で最も夜の長い日、この日より日が伸び始めることから、古くはこの日を年の始点と考えました。冬至南瓜や柚湯の慣習が残る日です。

❄片付けと来年の準備

家庭菜園も後片付けが残るだけとなりました。一年間楽しませてもらった畑に感謝をしつつ、来年の準備をします。

畑

まず、支柱等の資材を片付けます。よく乾かして泥やほこりを払い、作物ごとに縛って荷札を付けておくと便利です。

畑に残っている葉や茎は、病害虫の越冬場所となるので丁寧に拾い集め、土中深く埋めます。

最後に、今年の作付実績をノートに記帳して、堆肥や土壌改良材を施し、細かく耕す必要はありませんが、なるべく深く耕します。畑の形にもよりますが、いつも同じ方向ではなく、異なった方向から耕すようにします。

種子

野菜の種子は、採り返しができないといわれますが、これは雑種性が強く草型や果実の形が乱れてしまうからです。

キッチンガーデンでは、種子を採り返して変化を楽しんだり、仲間と種子を交換して楽しみましょう。

貯蔵カボチャ、ネギ、リーフレタス、ホウレンソウ、シュンギク、アスパラガスなどは採り返しができます。そのほかのものでも、何年か採り返して自分の気に入っ

❄菜園づくり反省会

菜園で作った「お葉漬け」や「煮物」をつまみながら、隣近所の人と一緒に話をすれば大変参考になります。

病気・虫の発生と防除

コナガやアブラムシ等の害虫やうどんこ病などは、同じ系統の薬剤を連用すると、抵抗性が高まり効果が劣ります。

農薬の購入最小単位は一〇〇～五〇〇㎖・gで、家庭菜園だと一回に使用する量が少なく、多種類を購入できませんが、隣近所で融通し合えば防除効果は高まります。また、家庭菜園でも防除日誌（農薬名、散布日・量等）を付けるように心がけましょう。

種子の購入と苗づくり

この品種は美味しかったと情報交換するとよいでしょう。自家採種した種を交換するのも楽しみです。

苗作りは、得意・不得意な品目もあるので、「スイカは私、ハクサイは〇〇さん」とお互いに分担するのもいいでしょう。

た形のものを選ぶこともできます。

残った購入種子もネギやホウレンソウなどいくつかの種類を除き、二年くらいは使えるので大切に保管します。

種子の保管は、茶筒など密閉できる容器に、シリカゲルなどの乾燥剤とともに入れて行います。

種子の寿命に対しては、温度より湿度の影響が大きいので、冷蔵庫よりは乾燥した室内に保管した方が長持ちします。

種子の選別

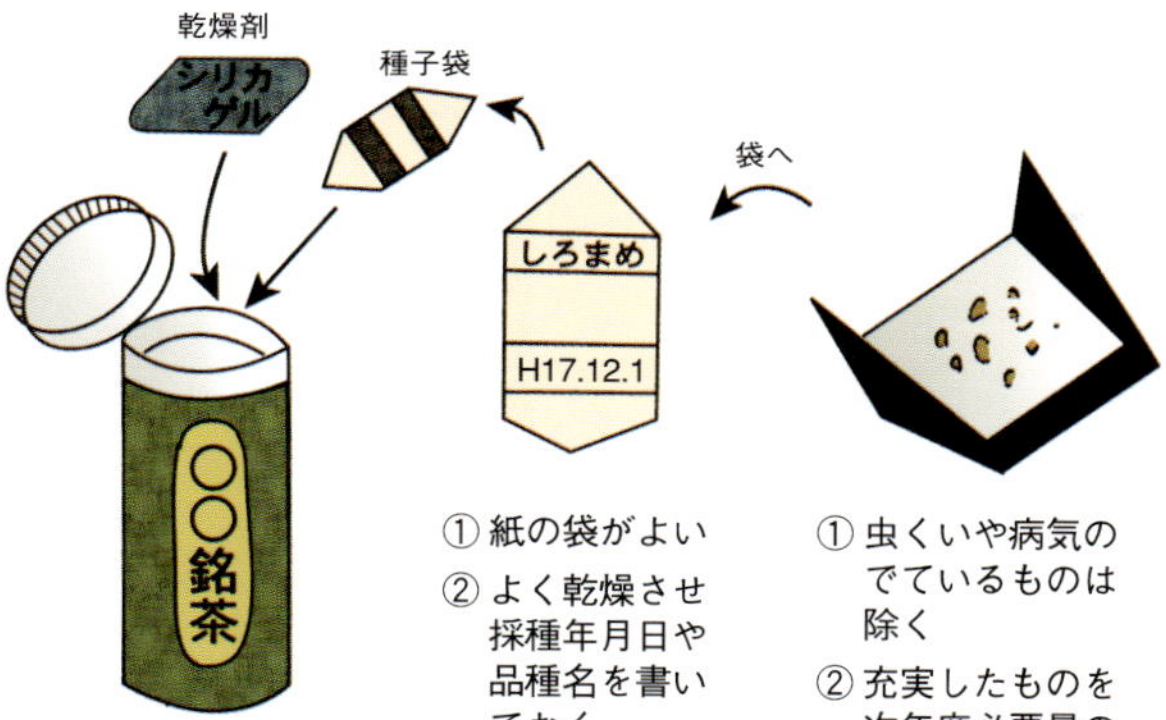

① ふたをしっかり閉めてテープで止める
② 日の当らない涼しい所で保管。冷蔵庫ならなおよい

① 紙の袋がよい
② よく乾燥させ採種年月日や品種名を書いておく

① 虫くいや病気のでているものは除く
② 充実したものを次年度必要量の倍程度用意する

クレソンの栽培

水辺に生えるアブラナ科の多年草で和名はオランダガラシといいます。冬の緑がきれいですし若芽は独特の辛味もあり食欲が増します。

挿し芽で増殖します。発根は容易で一〇～二〇㎝の芽の元を、軽く土に挿します。すでにひげ根がでていますから株分けに近い感覚です。種木は自生地から採取するか、青果として売られている新鮮なクレソンをビンに入れ、挿しておけば発根して苗になります。

冷涼な気候を好みますが長野県内ならどこでも栽培可能です。水田や流水のある水辺を好みます。一度根付くと野生の状態となり以後いつでも収穫できます。水深は五～一〇㎝程度が適当です。

ベランダや食卓で家庭菜園

こんな所で育てる

キッチンのカウンターやサイドテーブルなど小さなスペースを利用して育てます。冬場は温度が不足するので、なるべく長時間暖房している部屋で、夜間は段ボール箱に入れたり、ビニールなどを掛けて保温の工夫をしてやります。明るい日の差し込むベランダがあれば最高です。

こんなものを育てる

普通ならゴミ箱行きのダイコンやカブ、ニンジンなどの頭も、水に入れた皿に立てておくだけで、小さな葉が伸びてミニ観葉として目を楽しませてくれますし、ちょっとした青物として利用できます。

また、ミツバや葉ネギの根やクレソンの芽先などは、きれいなグリーンを観賞しながら簡単に育てられ、伸びれば再び野菜として利用できます。

種まき後一〜二週間で収穫できる芽もの野菜も手間がかからず、楽しめます。

ベランダでは、プランターを利用してコマツナやサラダナ、ラディッシュに挑戦するのもよいでしょう。パセリやシソ、タイムやバジルといった香辛野菜やハーブ類を栽培すると重宝します。

茎や根を使った再生栽培

ミツバの根の水栽培

プリン容器の底に穴を開け、根を差し込み、コップなどの容器に水を入れてプリン容器を乗せます。ウレタンに水が付く程度にしておくと新しい根が出てきます。根が伸びてきたら液肥（鉢花で使用されているアンプルのようなものでよい）を二、三滴入れてやります。水は三週間に一度くらい新しいものと取り替え、新芽が一五㎝くらい伸びれば収穫できます。ほかには、根の部分をアルミホイルで包み、箸で所々穴を開け、イチゴパックに入れて水を一㎝くらい浸しておいてもできます。

クレソンの芽の砂利栽培

使い残しのクレソンの茎の先を使います。サラダボールによく洗った砂利を入れ、クレソンの芽先を挿し、砂利にひたひたぐらいの水を入れておきます。やがて白い根が伸びてきたら、液肥を入れて日当たりのよい窓辺に置きます。透明なガラス容器を利用するとちょっとした飾りとなり一石二鳥です。

工夫してみましょう

貯蔵中のタマネギ、ワケギやラッキョウなどは、プランタで栽培すると、青い葉が出てきます。材料はいっぱいあります。なんでもやってみましょう。

家の中でも立派な菜園が楽しめる

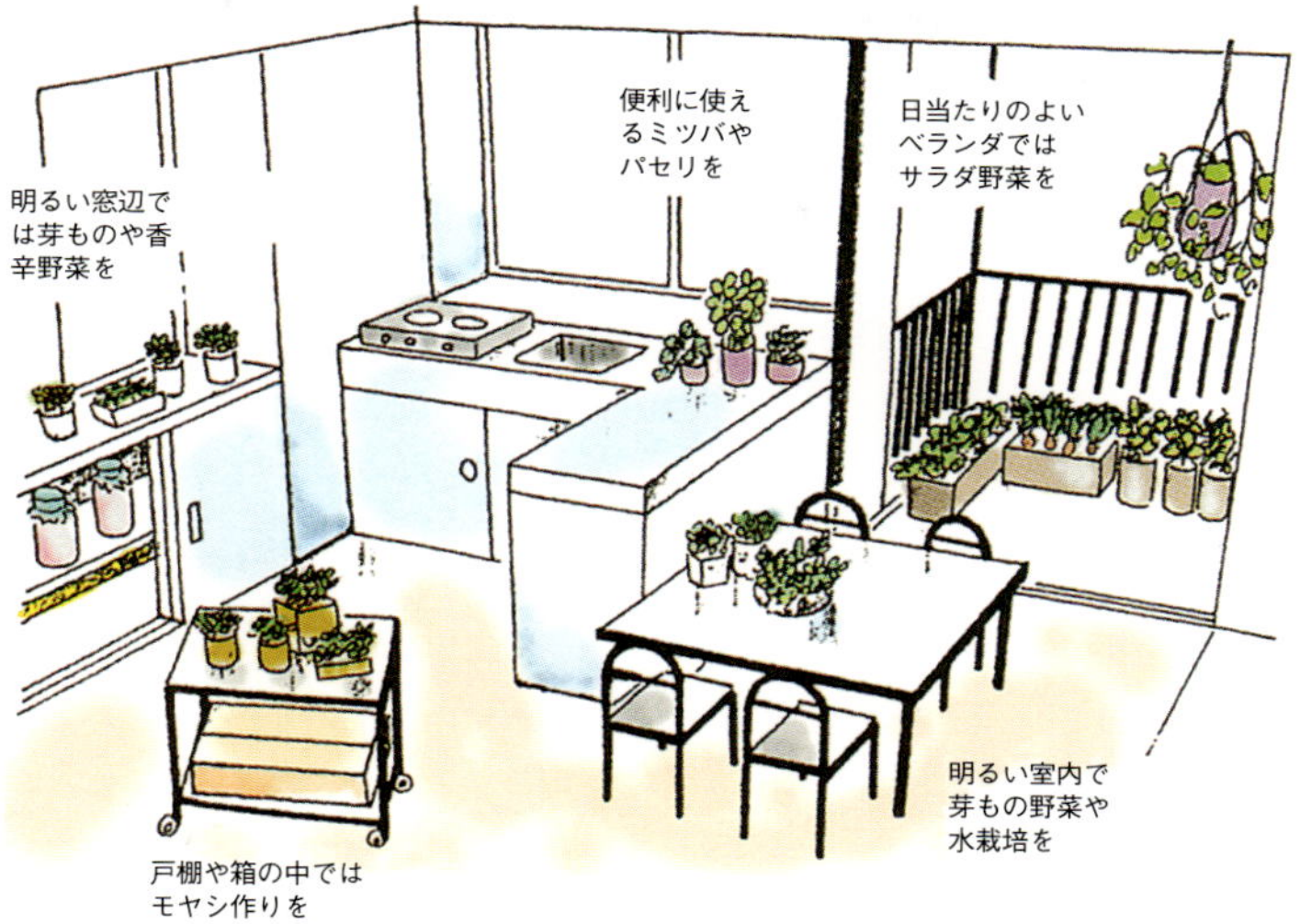

残りものがみごとに再生

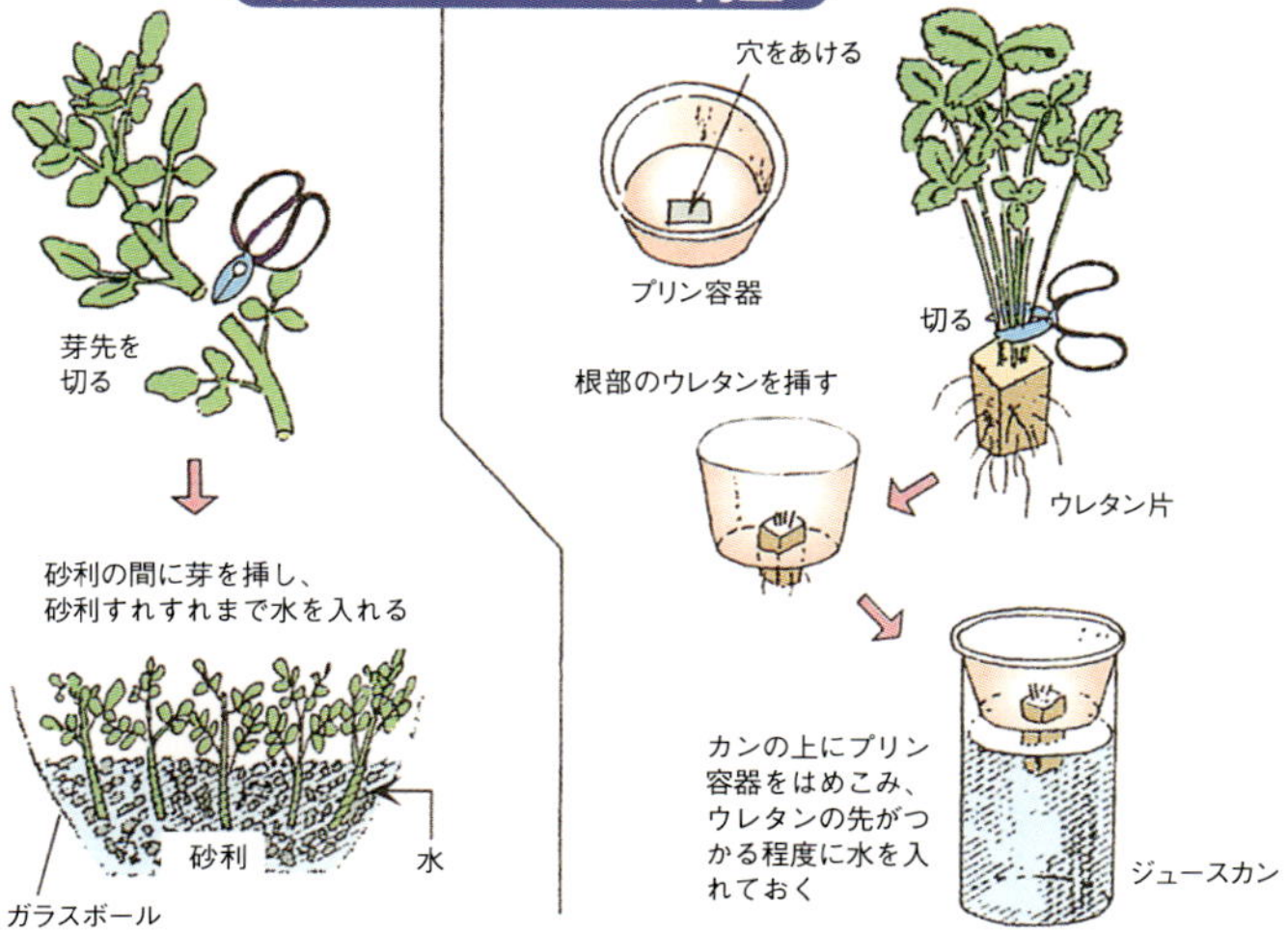

クリスマスのイチゴ

イチゴの旬はかつては春でしたが、栽培技術が改良され、クリスマスの頃には、果実とともに鉢植えが売られています。

鉢植えを選ぶ時は

葉に白い粉状の病気が着いていたり、葉色がかすれて葉裏にハダニが着いているものは、後で増えてどうしようもなくなるので避けます。

鉢植えを購入したら

大き目の鉢またはプランターに植え替えます。植え付けの用土は、ピートモスとバーミキュライト主体の市販のものを用います。

イチゴの根は細かく、根詰まりや肥料焼け、乾燥・過湿に弱いので注意します。

置き場所は

パイプハウス内か室内の窓際とします。冬期間に収穫を楽しむには最低気温六℃くらいを保ちます。

野外の無加温ハウスでは、二重トンネルにして、一二月上旬まで楽しみ、最低気温マイナス二℃くらいで越冬させ、三月頃から凍らさないように保温すると、四月頃に再び収穫を楽しむことができます。室内では、できるだけ光に当て、花が咲いたら花を軽く揺すって受粉をし

空き缶で炭を焼く

炭は鉢に利用するなど少しあると園芸用に重宝しますし、バーベキューなどに自家生産の炭を使うのも楽しいでしょう。

材料の準備

お菓子や海苔などの空き缶と空き缶の蓋を固定する針金を準備します。木炭の材料は庭木や果樹の剪定枝を用います。空き缶に入るように切りそろえ、丁寧に詰め込み、蓋をして針金で固定します。

たき火の準備

周囲をブロックで囲い中央に鉄筋などを載せ、下でたき火、上に空き缶を置けるようにします。

製炭作業

炭材の入った缶を鉄筋の上に置き、薪や粗朶に点火して勢いよくたき火をして缶全体を加熱します。加熱して三〇分ぐらいで缶の隙間から煙や水滴が出てきます。そのまま一時間ほど加熱します。途中煙に引火して炎が出ますが問題ありません。蓋の隙間から出ていた煙や炎が消えたら炭化完了です。空き缶をたき火からおろし、しばらく冷却させ、空き缶に手を触れられるくらい冷めたら木炭を取り出します。

てやります。
果実は、三〇～四〇日で紅くなります。

鉢植えの選び方

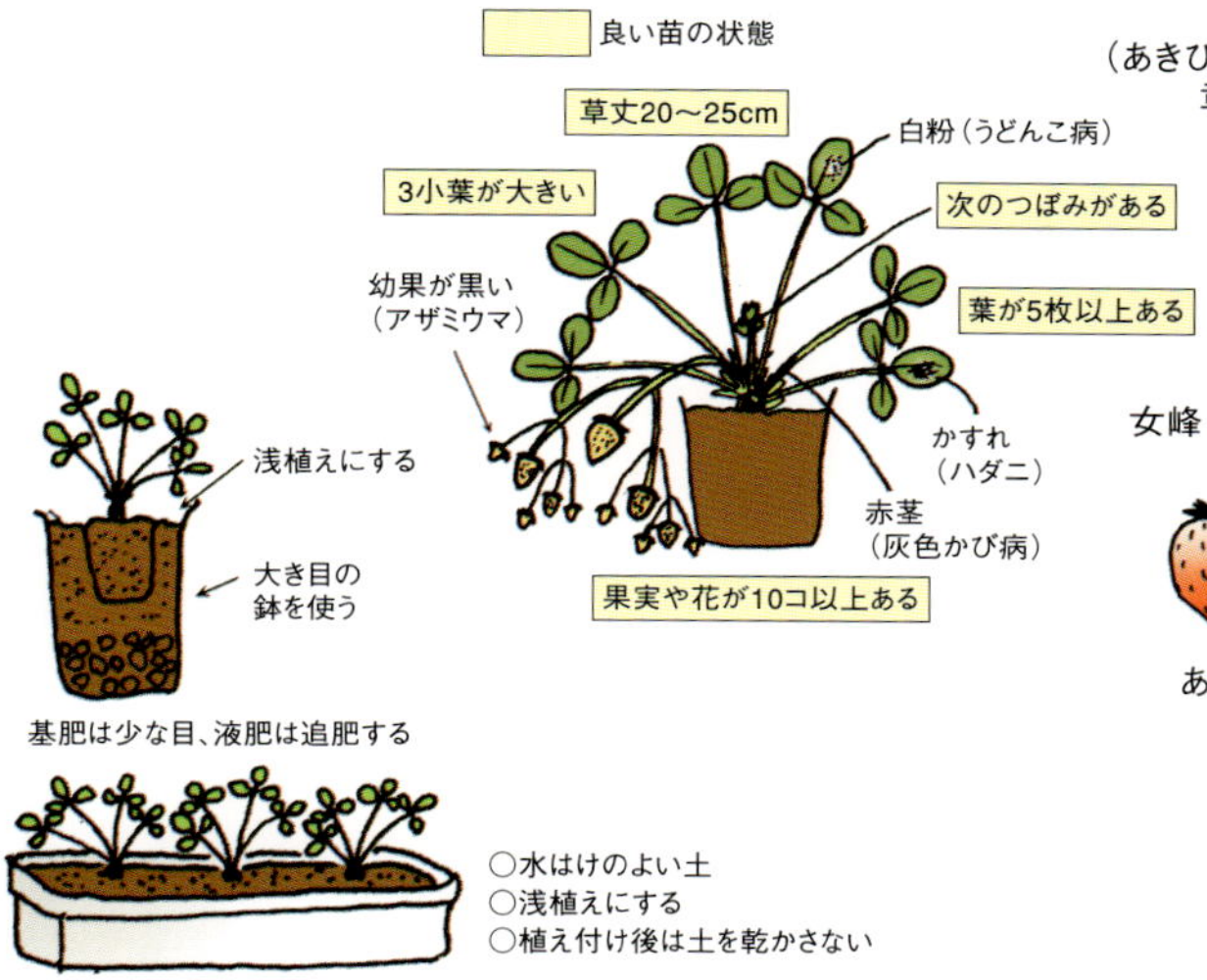

イチゴの品種

空き缶による製炭作業

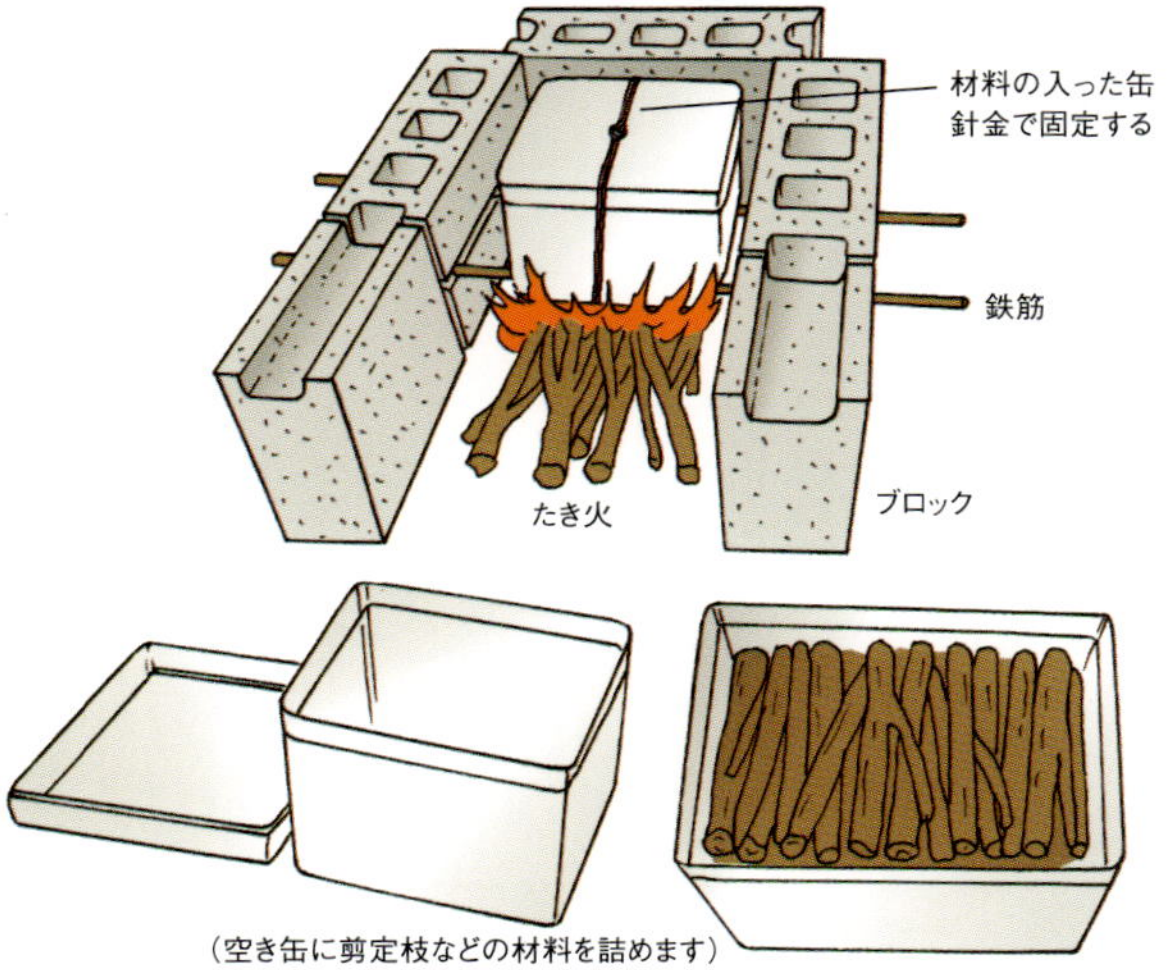

（空き缶に剪定枝などの材料を詰めます）

パイプハウスを建てる

狭くても一つあれば家庭菜園のレパートリーが広がりとても便利です。五〇㎡（間口四・五～五・四m×奥行一〇m程度）でフィルムも含め十数万円でできます。業者に頼めば一日で立派なものができますが、ちょっとずくを出して自分で作ってみませんか。

材料を揃える

左図を参考に資材を揃えます。パイプは太いほど丈夫ですが、口径一九㎜で十分です。間口は四・五～七・二mまで九〇㎝（半間）間隔です。アーチパイプは五〇㎝間隔とし、奥行き分を用意します。桁行直管は、最低棟高部と両肩部の三カ所とします。このほか、妻面のパイプ、パイプを繋ぐジョイントや結合部材が必要となります。

位置を決める

畑により異なりますが、基本は南北の向きに建てます。一度建てると長期間固定されるので、周囲の状況（建物、作物、風向き等）をよく考え場所を決めます。

建てる前に

ハウスの中には大型機械が入りにくくなります。堆肥や石灰など土壌改良材を散布・耕耘し、予め土づくりをしておきます。また、傾斜地では水準器により水平を取るようにします。

建てる

まず、アーチパイプの埋込部三〇㎝にマジックで印を付け、その位置まで地面に垂直に挿します。右と左を棟高部で合わせ、高低のないようにします。

妻面を付ける

直管パイプで縦横に渡し補強します。入り口を設ける場合はその部分を開けておきます。上部は直接アーチパイプに端を固定するのでなく、L字に曲げ二m程出しておきます。

桁行部の固定

直管パイプを棟高部および両肩部（袖のビニール幅よりやや低め）に渡して、留め具で固定します。

補強

風や雪による損壊を防ぐため、アーチパイプを用いて筋交いにします。

フィルム留め具の設置

妻面には鋼鉄製波形スプリングを利用した留め具を直管パイプに固定します。袖部は螺旋杭を約三m間隔で埋め込み、その鉤部に針金や直管パイプを通します。

パイプハウスを建てるポイント

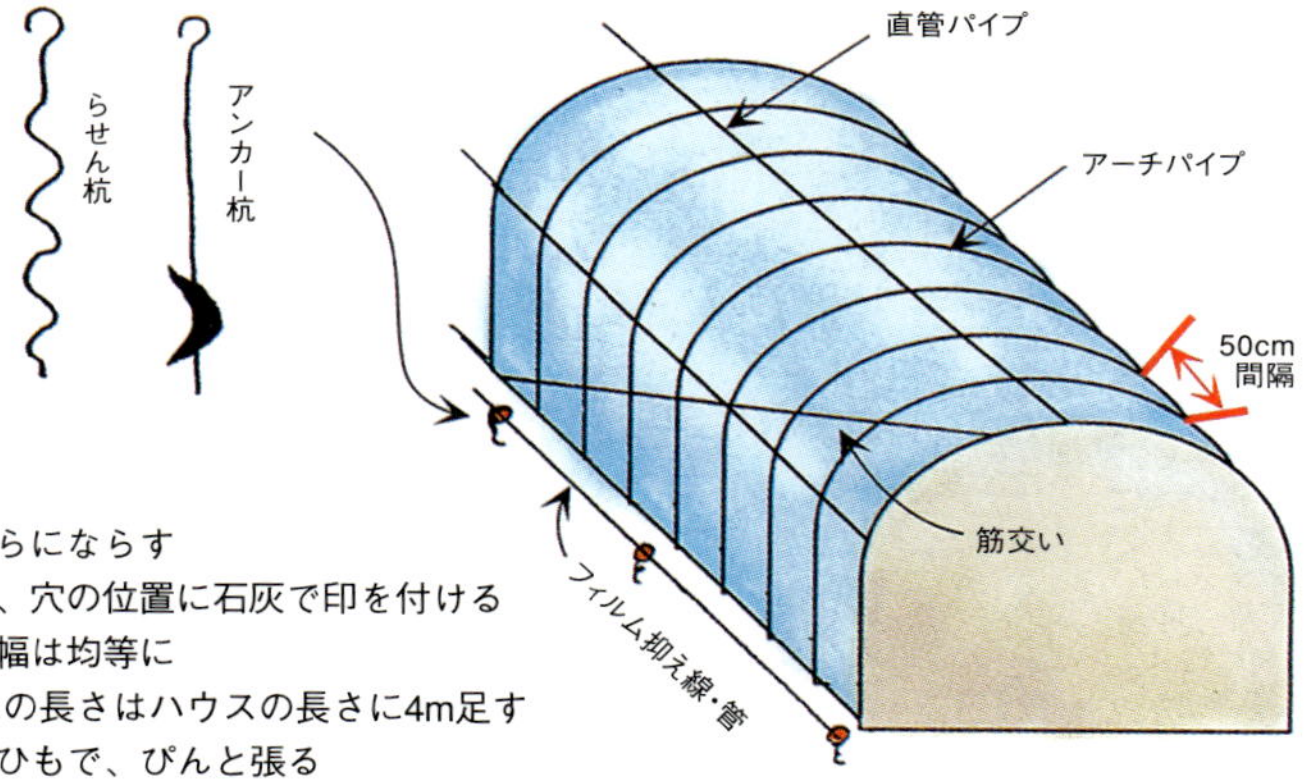

① 土の表面を平らにならす
② ひもを張って、穴の位置に石灰で印を付ける
③ 左右、高さ、幅は均等に
④ 天井フィルムの長さはハウスの長さに4m足す
⑤ フィルム抑えひもで、ぴんと張る

基本の型

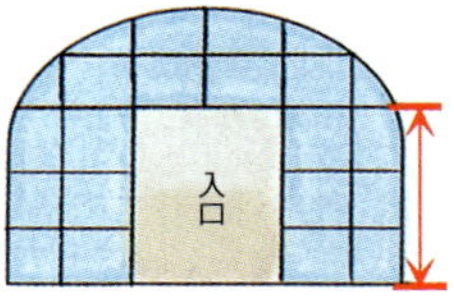

妻面の処理例

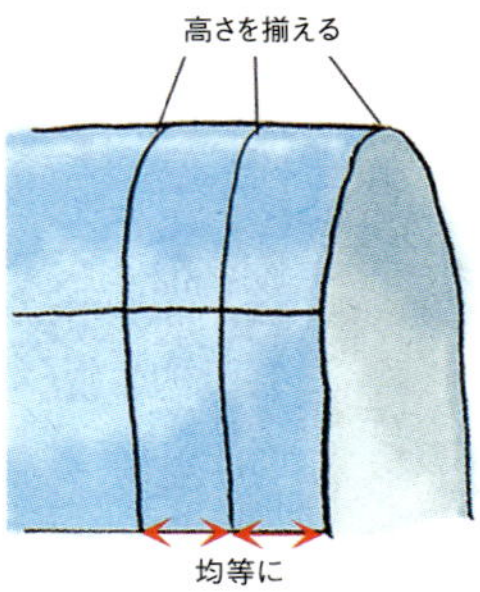

横から

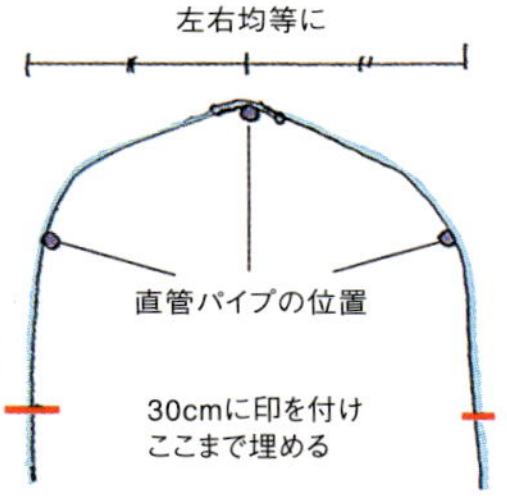

正面図

フィルム張り

裏表のあるフィルムは外から字が読めるように張ります。天井は、片側の妻面はスプリングでしっかり留め、たるまないように少し引っ張りながら張り、途中は抑え紐を使用します。袖は、パッカーと呼ばれるカバーで固定します。

旬の技

土の酸度を適正に

作物は、土が酸性だと根の伸びが悪くなり、また養分の分解や吸収が低下します。野菜の生育に適する土の酸度は、弱酸性から中性でpHは6～7です。

作付け前には、石灰質資材（炭酸苦土石灰が使いやすい）を施用し、作物の適する酸度に調整します。

pH	6.5～7.0	6.0～6.5	5.5～6.0
野菜名	エンドウ ホウレンソウ	ハクサイ・レタス・セルリー・アスパラガス ブロッコリー・カリフラワー・シュンギク ニラ・ネギ・パセリ・ミョウガ・ミツバ スイカ・トマト・キュウリ・ピーマン・ナス メロン・オクラ・カボチャ・スイートコーン ウド・サトイモ・タマネギ・キャベツ ニンニク・ワケギ	コマツナ ニンジン ナガイモ カブ イチゴ ダイコン ジャガイモ サツマイモ

火山灰土はリンサンを増肥

火山灰土壌の黒ボク土はリンサンを吸着し、作物に利用されない形に固定してしまうので、肥効が著しく低下します。

そのためリンサンを増殖する必要があります。重焼燐で10㎡当り400～600gくらいを、化成肥料に加えて基肥に施用すると有効です。

野菜のつくり方

- **葉菜 12** キャベツ、キョウナ、コマツナ、シュンギク、ツケナ、ツマミナ、ニラ、ネギ、ハクサイ、ホウレンソウ、メキャベツ、ワケギ
- **洋菜 9** アスパラガス、カリフラワー、セルリー、タアサイ、チンゲンサイ、パクチョイ、パセリ、ブロッコリー、レタス(サニー)、リーフレタス
- **果菜 12** イチゴ、オクラ、カボチャ、キュウリ、シロウリ、スイカ、スイートコーン、トマト、ナス、ハヤトウリ、ピーマン、メロン
- **根菜 12** コカブ、サツマイモ、サトイモ、タマネギ、ダイコン、ナガイモ、ニンジン、ジャガイモ、二十日ダイコン、ヤマゴボウ、ラッキョウ、ウド
- **豆類 4** エダマメ、サヤインゲン(つるあり、つるなし)、サヤエンドウ
- **香辛菜類 8** アサツキ、オカヒジキ、ツルムラサキ、シソ、モロヘイヤ、ミョウガ、ニンニク

施肥量（10㎡・成分量）	堆肥 kg	チッソ g	リンサン g	カ リ g	発生しやすい病害虫 病　気	害　虫
基肥	20	120	160	120	根こぶ病 べと病 菌核病 軟腐病 黒腐病 根朽病	アブラムシ コナガ ヨトウガ アオムシ ウワバ
追肥		80	0	50		
追肥は2回 定植後15日頃 結球始期						
基肥	50	180	240	180	白さび病 黒斑病	アブラムシ ヨトウガ
追肥		70	0	50		
追肥は定植後20日頃から10日おきに2〜3回						
基肥	20	160	240	160	べと病 白さび病	キスジノミハムシ コナガ アブラムシ
追肥		0	0	0		
基肥	15	180	240	180	炭そ病 べと病	アブラムシ ヨトウガ
追肥		120	0	80		
追肥は摘み取り後株元へ行う						
基肥	20	150	200	150	根こぶ病 モザイク病 黒斑病 白さび病	アブラムシ
追肥		100	0	100		
追肥は間引きを終えた後とその後15日頃						
基肥		90	120	90	べと病 立枯病	
追肥		0	0	0		
基肥	40	150	300	150	べと病 灰色かび病	ネダニ アブラムシ
追肥		150	0	150		
追肥は収穫後						
基肥	30	100	130	100	さび病 べと病 黒斑病 疫病	ネギコガ ネギハモグリバエ ネギアザミウマ ネダニ タネバエ
追肥		150	0	100		
pH6.5くらいに石灰で調整 追肥を重点に3〜4回土寄せ時分施						

種類	作付けの時期			種子・苗の必要量 10㎡当り	うね幅×株間（本数・10㎡当り）
	種まき	植付け	収穫		
キャベツ	3下～7上	5上～7下 （本葉5～6枚）	定植後 60～70日	0.6㎖ 55本	60×30㎝ （55本）
キョウナ	8下～9上	9下～10上 （本葉5～6枚）	11中～	○直まき 1穴10粒 ○育苗　2㎖	70×40㎝ （36本）
コマツナ	4上～9上		5中～10下 （本葉7～8枚）	20㎖	床幅140㎝ 条間25㎝ 5条すじまき
シュンギク	4中～5下 8下～9中 9中 （ハウス栽培）	10下 （40日苗）	6上～7上 10上～11上 11下～12下	50～80㎖	うね幅120㎝ 条間15㎝ 株間15㎝ 6条まき （444本）
ツケナ（ノザワナ）	9中 （標高700m＝9上 標高800m＝8下）		霜に2～3回あってから	6～10㎖	うね幅60～75㎝ 中央にくわ幅まき
ツマミナ	3下～9下		4下～10上	1～2㎗	うね幅60㎝
ニラ	3上～3下	6上～6下	翌年 4～10	20㎖	60×20㎝ 1カ所2～3本植え （1,000本）
ネギ	8下～9中	4下～5下	8上～11下	6～8㎖ （床まき）	80×3～5㎝ （400本）

施肥量（10㎡・成分量） 堆肥 kg　チッソ g　リンサン g　カリ g	発生しやすい病害虫 病　気	害　虫
基肥　20　130　170　130 追肥　　90　0　60 追肥は直まきは播種後40位までに 育苗は定植後20位までに	根こぶ病　モザイク病 べと病　軟腐病 白斑病　黒斑病	アブラムシ　コナガ ヨトウガ
基肥　40　180　240　180 追肥　　0　0　0 土壌pH6.5を目標に石灰を散布	立枯病　べと病	アブラムシ ネキリムシ
基肥　20　120　160　120 追肥　　80　0　50 追肥は収穫始めまでに3～4回に分けて施す	根こぶ病　べと病 軟腐病　黒腐病	アブラムシ　コナガ ヨトウガ
基肥　30　150　200　150 追肥　　0　0　0	べと病　疫病	ネダニ　ネキリムシ ネギアザミウマ
基肥　30　250　300　250 追肥　　0　0　0 ほう芽前と収穫終了後に分けて施用する 有機肥料の効果が高い	茎枯病　斑点病 立枯病　紫紋羽病	ジュウシホシ クビナガハムシ ヨトウガ　アブラムシ ネギアザミウマ
基肥　20　200　200　200 追肥　　50　0　50 土壌pH6.5を目標に石灰を散布 追肥は定植後20日位に、土寄せと一緒に行う	根こぶ病　べと病 軟腐病　黒腐病 根朽病	アブラムシ　コナガ ヨトウガ
基肥　50　300　400　300 ケイフン　3 油粕　1.5 追肥　　180　0　120 追肥は定植後20日位から2～3回	軟腐病　斑点病 葉枯病　苗立枯病	アブラムシ　ハダニ
基肥　30　150　200　150 追肥　　0　0　0	根こぶ病　べと病 黒腐病　軟腐病 白さび病	コナガ　アブラムシ ヨトウガ

種類	作付けの時期			種子・苗の必要量10㎡当り	うね幅×株間（本数・10㎡当り）
	種まき	植付け	収穫		
ハクサイ	○春まき（育苗）4中～5中 ○夏まき（直まき）7下～8中	5上～（本葉5～6枚）	定植後45～50日 9下～	○直まき6mℓ（1カ所5～6粒） ○育苗0.4mℓ 44本	65×35cm（44本）
ホウレンソウ	4上～9上		播種後25～35日	丸種 50mℓ 角種 100mℓ	うね幅60～75cm 中央にくわ幅まき
メキャベツ	4下～5上	6上～6下	9中～12上	0.6mℓ 20本	100×50cm（20本）
ワケギ		8中～9中	草丈30～40cmくらい	種球 4kg	45×20cm（110本）
アスパラガス	育苗 3中～4上	5中～6上（60日苗）	4下～7上	2mℓ	150×30cm（22本）
カリフラワー	○春まき 4中～5上 ○初夏まき 6中下	5下～（40～45日苗本葉5～6枚） 7中～（35～40日苗本葉5～6枚）	定植後55～60日 45～50日	0.5mℓ 40本	70×35cm（40本）
セルリー	2上～5中 ★標高700～800mの標準露地栽培の時期 標高600m以下では、露地栽培はむずかしい	5中～7中	7中～10中	0.4mℓ 37本	135×40cm（条間55cm）（2条植） （37本）
タアサイ	5上～9上	5下～9中	7上～10下	6～8mℓ 育苗はペーパーポット	うね幅120cm 条間25cm 株間25cm 5条植え （160本）

施肥量（10㎡・成分量）	堆肥 kg	チッソ g	リンサン g	カリ g	発生しやすい病害虫 病気	害虫
基肥	20	200	270	200	根こぶ病 軟腐病 黒斑病 白さび病	コナガ アブラムシ
追肥		0	0	0		
基肥	30	180	240	180	軟腐病 斑点病	アブラムシ ヨトウガ
追肥		120	0	80		
追肥は定植後1ヶ月から20日おきに4～5回						
基肥	20	200	200	210	根こぶ病 べと病 軟腐病 黒腐病 根朽病	アブラムシ コナガ ヨトウガ ウワバ
追肥		50	0	60		
追肥は定植後20日頃、土寄せと同時に						
基肥	20	120	160	120	すそ枯病 軟腐病 菌核病 腐敗病	ヨトウガ オオタバコガ
追肥		0	0	0		
基肥	20	120	160	120	すそ枯病 軟腐病 菌核病 腐敗病	ヨトウガ オオタバコガ
追肥		0	0	0		
基肥	30	150	200	150	炭そ病 うどんこ病 灰色かび病 萎黄病	アブラムシ ハダニ アザミウマ類 オンシツコナジラミ
追肥		50	0	30		
追肥は3月中に						
基肥	20	150	200	150	苗立枯病 半身萎ちょう病	アブラムシ ヨトウガ カメムシ ネコブセンチュウ
追肥		100	0	70		
追肥は第1花開花時から3回程度						
基肥	20	100	150	100	うどんこ病 モザイク病	アブラムシ ウリミバエ （冷涼山間地）
追肥		50	0	35		
追肥は1番花着果後						

種　類	作付けの時期			種子·苗の必要量10㎡当り	うね幅×株間（本数·10㎡当り）
	種まき	植付け	収　穫		
チンゲンサイ・パクチョイ	（直まき） 4下～9中	（移植） 5中～9下	6上～10下	8～10㎖ 育苗はペーパーポット	うね幅100㎝ 条間15㎝ 株間10㎝ 6条植え （380本）
パセリ	2中～3中	4中～5中	7上～10中	1㎖ 80本	100×25㎝ （2条植） （80本）
ブロッコリー	○春まき 4上～4下 ○初夏まき 6上～7上	5上～ （35～40日苗 本葉5～6枚） 7中～ （30～35日苗 本葉5～6枚）	定植後 45～50日 40～45日	0.8㎖ 40本	70×35㎝ （40本）
レタス	○春まき 2上～5上 ○夏まき 7中～8上 ★標高700m以下の地帯では、夏どりは無理	4上～6上 8上～8下	5中～7上 10中～10下	0.5～0.7㎖ 67本	50×30㎝ （67本）
リーフレタス	○春まき 2上～5上 ○夏まき 7中～8上	4上～6上 8上～8下	5中～7上 9中～10下	0.5～0.7㎖ 67本	50×30㎝ （67本）
イチゴ	（本畑）	10上	トンネル 4下～ 露地 5中～	○苗床 床幅120㎝ 15×18㎝に 子苗を植える 80本	床幅90㎝ 条間40㎝ 2条×25㎝ 通路30㎝ （67本）
オクラ	○直まき 5下 ○育苗 植付けの 30～35日前	5下～	7中頃～	○直まき　20～30㎖（4～5粒） ○育苗 6㎝ポリポットに3～4粒播種し植付け時に1本にする 35～40本 （予備苗含む）	100×30㎝ （33本）
カボチャ	○直まき 5上～6上 ○育苗 直まきより 1カ月早く～	5中頃～ （30～35日苗）	開花後 35～40日	○直まき 15～30粒（1カ所3粒） ○育苗 5～10本	200～300×60～90㎝ （4～8本） つるなし種は 120×60㎝ （17本）

施肥量（10㎡・成分量）					発生しやすい病害虫	
	堆肥 kg	チッソ g	リンサン g	カリ g	病気	害虫
基肥	30	200	270	200	斑点細菌病 べと病 うどんこ病 つる割病 モザイク病 疫病	アブラムシ ハダニ タネバエ （直まき）
追肥		150	0	100		
追肥は収穫始め後から10日おきに						
基肥	20	150	200	100	べと病 炭そ病 うどんこ病 モザイク病	アブラムシ ハダニ
追肥		50	0	35		
追肥は、播種、定植後1ヶ月頃から2〜3回						
基肥	20	100	200	100	炭そ病 つる割病 疫病 黒点根腐病	アブラムシ ハダニ
追肥		50	0	35		
追肥は果実が卵大に育った頃						
基肥	10	200	200	160		アワノメイガ アワヨトウ アブラムシ ハリガネムシ
追肥		0	0	0		
基肥	20	150	240	150	疫病 モザイク病 葉かび病 灰色かび病 半身萎ちょう病 青枯病	アブラムシ オンシツコナジラミ タバコガ
追肥		200	0	130		
追肥は10日おき						
基肥	20	200	320	200	半枯病 青枯病 半身萎ちょう病 うどんこ病	アブラムシ ハダニ アザミウマ類
追肥		200	0	130		
追肥は収穫少し前から10日おき						
〔1株当り〕						
基肥	5	10	13	10		
追肥		10	0	7		
追肥は6/下から1ヶ月に1回						
基肥	20	180	290	180	疫病 モザイク病	アブラムシ ハダニ アザミウマ類
追肥		170	0	120		
追肥は収穫始から20日おきに						

種類	作付けの時期			種子・苗の必要量10㎡当り	うね幅×株間（本数・10㎡当り）
	種まき	植付け	収穫		
キュウリ	○直まき 5中～7上 ○育苗 直まきより1カ月早く～	5中～（25～30日苗）	種まき後 70日頃～ 植付け後 50日頃～	○直まき 80粒（1カ所3粒） ○苗 30本（予備苗含む） ○連作では接ぎ木苗を購入	90×45㎝の合掌仕立て（24本）
シロウリ	○直まき 5中～6中 ○育苗 植付けの25～30日頃	5下～6下	播種後75日くらいから、開花後 15～30日	○直まき 20～30粒（1カ所3～4粒） ○育苗 6㎝ポリポットに3粒 6～9本	200×75～90㎝（5～7本）
スイカ	○直まき 5上～5下 ○育苗 直まきより40日くらい前～	5下頃～トンネル栽培は5上（35～40日苗）	開花後 50日頃	○直まき 20～30粒（1カ所4粒） ○育苗 6～9本 ○連作では接ぎ木苗を購入	250×60～90㎝（5～7本）
スイートコーン	5上～7上		8上～	50㎖（1㎗約300粒）（1カ所3粒）	90×30㎝（37本）
トマト	4上	5下	7下～	24本	90×45㎝の合掌仕立て（24本）
ナス	3下	5下～6上	7上頃～	17本 連作では接ぎ木苗	100×60㎝（17本）
ハヤトウリ	5下頃		10上～	1株	1株で100コくらいとれる
ピーマン	3中	6上	7上頃～	22本	100×45㎝（22本）

施肥量（10㎡・成分量）	堆肥 kg	チッソ g	リンサン g	カリ g	発生しやすい病害虫 病気	害虫
基肥	20	150	200	150	つる枯れ病 うどんこ病 つる割れ病 モザイク病	アブラムシ ハダニ
追肥		50	0	50		
追肥は着果後						
基肥	20	180	240	180	モザイク病 根こぶ病 べと病	キスジノミハムシ コナガ アオムシ アブラムシ
追肥		0	0	0		
基肥	10	24	32	24		
追肥		24	0	16		
追肥は生育をみながら						
基肥	25	200	270	200	腐敗病	センチュウ類
追肥		0	0	0		
基肥	20	150	200	150	べと病 黒斑病 ボトリチス葉枯病 疫病 乾腐病	ネギアザミウマ タネバエ
追肥		100	0	100		
追肥は3下旬までに終わらせる						
基肥	30	120	160	120	モザイク病 萎黄病 黒腐病 軟腐病	キスジノミハムシ コナガ アオムシ アブラムシ
追肥		80	0	50		
追肥は間引き時に2回程度						
基肥	25	180	240	150	モザイク病 褐色腐敗病 炭そ病	ハダニ ヤマイモハムシ ネコブセンチュウ
追肥		120	0	50		
追肥は6/下、7/下の2回						
基肥	25	120	160	120	黒葉枯病 根頭がん腫病	ネコブセンチュウ
追肥		120	0	80		
追肥は播種後40日、60日頃						

種　類	作付けの時期			種子・苗の必要量 10㎡当り	うね幅×株間（本数・10㎡当り）
	種まき	植付け	収　穫		
メロン	4中 （植付けの35〜40日前）	5下頃〜 トンネル栽培は5上	開花後 35日頃	育苗は、9㎝ポリポットに3粒播種 6〜9本	200〜250× 75〜90㎝ （5〜7本）
コカブ	4下〜8下		6中〜10中	10㎖	90×8〜10㎝ 条間15㎝ 5条播
サツマイモ		5下頃〜6中	9中〜10上	33本	75×40㎝ （33本）
サトイモ		5上〜5下	10下〜11	1.0〜2.2kg	90×30 〜45㎝ （25〜37本）
タマネギ	8下〜9初	10中〜11上	6中〜7上	7㎖	うね幅 75〜90㎝ 条間25㎝ 株間12㎝ 2〜3条植え （150〜230本）
ダイコン	○春まき 4下〜5下 ○夏まき 8中〜8下		6中〜 （播種後50〜60日後） 10中〜	10㎖ （1カ所5〜6粒）	60×20㎝ （83本） （地大根の株間は15㎝程度）
ナガイモ		5中〜5下	10上〜11下	3.7kg〜4.5kg 種いも37コ	90×30㎝ （37本）
ニンジン	○春まき 3下〜4上 ○夏まき 6中〜7上 ○越冬 7中〜7下		7中〜8上 9下〜11中 4上〜5下	20㎖	60×10㎝ 条間20㎝ 2条播き （330本）

施肥量（10㎡・成分量）	堆肥 kg	チッソ g	リンサン g	カリ g	発生しやすい病害虫 病気	害虫
基肥	20	120	160	120	黒あざ病 そうか病 疫病	テントウムシ アブラムシ
追肥		40	0	30		
追肥は萌芽後40日位に土寄せと同時に行う						
基肥	20	120	150	120	モザイク病 べと病	キスジノミハムシ コナガ アオムシ アブラムシ
追肥		0	0	0		
基肥	10	90	120	90	黒あざ病	ヨトウガ ネコブセンチュウ ネグサレセンチュウ
追肥		0	0	0		
基肥	20	100	130	100	乾腐病	ネダニ ハモグリバエ
追肥		100	0	70		
追肥は年内2回　翌年早春に2回						
基肥	30	150	150	120	萎ちょう病 黒斑病	センノカミキリ
追肥		0	0	0		
基肥	10	80	110	130	モザイク病	アブラムシ カメムシ
追肥		0	0	0		
基肥	10	80	120	120	炭そ病 葉焼病	アブラムシ ハダニ
追肥		0	0	0		
基肥	10	100	150	120	炭そ病 葉焼病	アブラムシ ハダニ
追肥		50	0	30		
追肥は収穫始めから2～3回						

種類	作付けの時期			種子・苗の必要量 10㎡当り	うね幅×株間（本数・10㎡当り）
	種まき	植付け	収穫		
ジャガイモ		3下～5上	7下～8下	1.7～2.8kg	60×30㎝ （56本）
ハツカダイコン	3下～5 6～9上 9中～9下		5中～7上 7～10 10～11	10㎖ （すじまき）	70×6㎝ 条間15㎝ 3条播き
ヤマゴボウ	6下～7上		10中～10下	40㎖	60㎝ 中央にくわ幅 ばらまき
ラッキョウ		8下～9上	6上～6下	種球 3kg	60～10㎝ 条間25㎝ 2条植え （330本）
ウド		3～4	4～5	種株を掘り上げ1芽1根に株分けする	120×60㎝ （15本）
エダマメ	4下～6上		播種後90～100日頃～ 8上～8中	1dℓ （1カ所2粒）	60×15～20㎝ （1カ所1～2本立） （80～100株）
サヤインゲン（ツルナシ）	4下～8中		播種後55日頃～15日間位	60㎖ 1カ所3粒まき間引いて2本にする	60×25㎝ （1カ所2本立） （67株）
サヤインゲン（ツルアリ）	4下～5上 7中～7下		播種後60日頃～8中 9上～	60㎖ （1カ所3粒）	90×40～45㎝ （1カ所 2本立） （25～28株）

施肥量（10㎡・成分量）	堆肥 kg	チッソ g	リンサン g	カリ g	発生しやすい病害虫 病気	害虫
基肥	20	100	140	120	うどんこ病　炭そ病 立枯病	アブラムシ ハモグリバエ ネコブセンチュウ
追肥		100	0	100		
基肥	30	200	270	200		アブラムシ
追肥		100	0	70		
酸性をきらうので石灰を施す						
基肥	20	280	370	280	べと病	
追肥		0	0	0		
基肥	20	100	130	100		アブラムシ　ヨトウガ
追肥		150	0	100		
pH6.5を目標に石灰類を施す 追肥は収穫始めから1ヶ月に1回						
基肥	50	100	80	60		ハダニ
追肥		100	0	40		
基肥は有機肥料がよい 追肥は液肥（水に溶かして）で1ヶ月に1回程度						
基肥	20	150	200	150		ハダニ
追肥		150	0	100		
追肥は収穫始めから1ヶ月に1回程度						
基肥	30	120	160	120	葉枯病　根茎腐敗病	ナメクジ
追肥		120	0	120		
基肥は花ミョウガ収穫後に 追肥は発芽から本葉4～5枚時に						
基肥	20	150	250	150	ウイルス病　乾腐病 さび病	ネダニ ネギアザミウマ
追肥		100	0	100		
追肥は3月下旬、4月下旬の2回						

種類	作付けの時期			種子·苗の必要量10㎡当り	うね幅×株間（本数·10㎡当り）
	種まき	植付け	収穫		
サヤエンドウ	○春まき 3下～4中 ○夏まき 6下～7中（絹ざやのみ）		6上～ 8上～	○春まき80mℓ 1カ所3～4粒 ○夏まき130mℓ	120×10cm（84本）
アサツキ		8下～9上	4上～5中	種球100球	45×30cm 2条植（100本）
オカヒジキ	4上～7中		播種後 30～40日 5下～9中	4dℓ	うね幅60cm 中央にくわ幅ばらまき
ツルムラサキ	5中～5下		6下～10下	1カ所3～4粒	60×30cm（55本）
シソ	3中～5上	4下～6中	5下～10中	2mℓ（340～750本）	80cm(条間40cm)×10～15cm（2条植え）1カ所 2～3本植え（170～250株）
モロヘイヤ	○育苗 4上 ○直まき 5中	5下（50日苗、本葉5～6枚）	7～10月	○育苗 15本 ○直まき（1カ所10粒）	120×60cm（14本）
ミョウガ		3上～4上 6月（間引き株）	（ミョウガタケ）4～5月 （花ミョウガ）7～10月	111本	60×15cm（111株）
ニンニク		9中～10初	6下～7上	200～250球（1.7～2.0kg）	70×12cm 条間25cm 2条植え（240本）

便利な資材

被覆用フィルム・資材

品　名	規　格	特徴・使用上の注意
トンネル用ビニール	厚み(㎜)×幅(㎝)×長さ(m) 0.1×135×100 0.1×150×100 0.1×185×100	・再使用の場合は洗って泥をおとすこと
トンネル用ポリエチレン	0.1×135×100 0.1×150×100 0.1×185×100	・保温性はビニールより劣るが汚れが少なく価格が安い
透明マルチ	0.02× 95×200 0.02×135×200	・地温上昇の効果は高いが雑草が発生するので除草剤を併用する
黒マルチ	0.02× 95×200 0.02×135×200	・地温抑制と雑草防除の効果が高い
白黒Wマルチ	0.025× 95×200 0.025×125×200	・表面の白色で地温を抑制し裏面の黒色で雑草を防除する
ムシコンマルチ	0.022× 95×200 0.022×135×200	・アブラムシの飛来を防止する
紙マルチ	0.07× 95× 20 0.07×135×100	・地温抑制と雑草防除の効果が高く収穫後は土中で分解する
生分解性マルチ(黒) 〃　(白黒W)	0.02×135×200 0.02×135×200	・普通のマルチに比べ強度が落ちるが収穫後は土中で分解する

防虫・防鳥ネット

品　名	規格・種類	特徴・使用上の注意
防虫ネット	サンサンネット(0.4～1.0㎜) ダイオサンシャイン(1.0㎜) ダイオ強力サンシャイン(0.4～0.98)	・害虫の侵入を防ぐ
防鳥網	10坪用　20坪用　30坪用	・野鳥から作物を守る

寒冷紗・保温資材

品　名	規　格	特徴・使用上の注意
寒冷紗（白300番）	幅（cm）×長さ（m） 135×100 180×100	・アブラムシを防止し保温用としても効果がある ・被覆すると10日以上早植えできる
寒冷紗（黒600番）	135×100 180×100	・強日照時の育苗やセルリー夏栽培などに利用する
べたかけ資材 （タフベル透明3800番）	100×100 140×100	・防霜、保温などの効果がある
べたかけ資材 （パスライト）	105×200 120×200	・防霜、保温などの効果がある
べたかけ資材 （パオパオ90）	90×200 120×200	・光線透過率90％と高い
べたかけ資材 （ラブシート20307番）	135×100 150×100	・夏場の強光調節にも利用できる

支柱・ポール・ネット

品　名	規　格	特徴・使用上の注意
カラー鋼管 （ねぶし竹）	径（mm）×長さ（mm） 11× 900 11×1200 11×1500 11×1800 11×2100	・キュウリ、トマト、インゲンなどの支柱に最適
ダンポール	径（mm）×長さ（m） 5.5×1.8 5.5×2.1 5.5×2.4 5.5×2.7	・トンネルの骨組み用として最適 利用範囲が広く耐用年数も長い
アーチパイプ	径（mm）×長さ（mm） 16×1150 20×2100	・簡単組立ての雨よけ、ネットかけアーチ

肥料成分量から肥料製品量への

換算早見表

使い方：肥料の種類を選び、野菜の作り方一覧表の成分量に
最も近い成分の左側が施用するその肥料の量です。

（単位／g）

BB473			
肥料の量	チッソ	リンサン	カリ
	0.14	0.17	0.13
500	70	85	65
800	112	136	104
1,000	140	170	130
1,200	168	204	156
1,400	196	238	182
1,600	224	272	208
1,800	252	306	234
2,000	280	340	260
2,200	308	374	286
2,400	336	408	312
2,600	364	442	338
2,800	392	476	364
3,000	420	510	390
3,200	448	544	416
3,400	476	578	442
3,600	504	612	468

（単位／g）

やさいN262号			
肥料の量	チッソ	リンサン	カリ
	0.12	0.16	0.12
500	60	80	60
800	96	128	96
1,000	120	160	120
1,200	144	192	144
1,400	168	224	168
1,600	192	256	192
1,800	216	288	216
2,000	240	320	240
2,200	264	352	264
2,400	288	384	288
2,600	312	416	312
2,800	336	448	336
3,000	360	480	360
3,200	384	512	384
3,400	408	544	408
3,600	432	576	432

（単位／g）

やさい552号			
肥料の量	チッソ	リンサン	カリ
	0.15	0.15	0.12
500	75	75	60
800	120	120	96
1,000	150	150	120
1,200	180	180	144
1,400	210	210	168
1,600	240	240	192
1,800	270	270	216
2,000	300	300	240
2,200	330	330	264
2,400	360	360	288
2,600	390	390	312
2,800	420	420	336
3,000	450	450	360
3,200	480	480	384
3,400	510	510	408
3,600	540	540	432

（単位／g）

ユーキオール8号			
肥料の量	チッソ	リンサン	カリ
	0.08	0.08	0.08
1,000	80	80	80
1,300	104	104	104
1,600	128	128	128
1,900	152	152	152
2,200	176	176	176
2,500	200	200	200
2,800	224	224	224
3,100	248	248	248
3,400	272	272	272
3,700	296	296	296
4,000	320	320	320
4,300	344	344	344
4,600	368	368	368
4,900	392	392	392
5,200	416	416	416
5,500	440	440	440

（単位／g）

野菜有機44号			
肥料の量	チッソ	リンサン	カリ
	0.1	0.1	0.1
700	70	70	70
1,000	100	100	100
1,300	130	130	130
1,600	160	160	160
1,900	190	190	190
2,200	220	220	220
2,500	250	250	250
2,800	280	280	280
3,100	310	310	310
3,400	340	340	340
3,700	370	370	370
4,000	400	400	400
4,300	430	430	430
4,600	460	460	460
4,900	490	490	490
5,200	520	520	520

（単位／g）

BB追肥NK404号			
肥料の量	チッソ	リンサン	カリ
	0.12	0	0.08
100	12	0	8
200	24	0	16
300	36	0	24
400	48	0	32
500	60	0	40
600	72	0	48
700	84	0	56
800	96	0	64
900	108	0	72
1,000	120	0	80
1,200	144	0	96
1,400	168	0	112
1,600	192	0	128
1,800	216	0	144
2,000	240	0	160
2,500	300	0	200

（単位／g）

追肥N30			
肥料の量	チッソ	リンサン	カリ
	0.18	0.04	0.08
100	18	4	8
200	36	8	16
300	54	12	24
400	72	16	32
500	90	20	40
600	108	24	48
700	126	28	56
800	144	32	64
900	162	36	72
1,000	180	40	80
1,200	216	48	96
1,400	252	56	112
1,600	288	64	128
1,800	324	72	144
2,000	360	80	160
2,500	450	100	200

（単位／g）

追肥NK20			
肥料の量	チッソ	リンサン	カリ
	0.12	0	0.08
100	12	0	8
200	24	0	16
300	36	0	24
400	48	0	32
500	60	0	40
600	72	0	48
700	84	0	56
800	96	0	64
900	108	0	72
1,000	120	0	80
1,200	144	0	96
1,400	168	0	112
1,600	192	0	128
1,800	216	0	144
2,000	240	0	160
2,500	300	0	200

索　引

索　引

四季の菜園 旬の技

2006年 2 月23日 印刷
2010年 4 月22日 第3版発行

監　修：塚田元尚　長野県野菜花き試験場長

執　筆：上杉壽和　長野県農業専門技術員　（野 菜）
丸山　進　元長野県農業専門技術員（野 菜）
宮下哲雄　元長野県農業専門技術員（野 菜）

表　紙・挿絵：増沢道弘　元長野県農業改良普及センター所長

編　者：長野県農業改良協会
〒380-0837 長野県長野市大字南長野字幅下667-6
TEL 026-235-1355
FAX 026-234-2278

発行者：木戸一雄

発行所：ほおずき書籍株式会社
〒381-0012 長野県長野市柳原2133-5
TEL 026-244-0235(代)

発売元：株式会社 星雲社
〒112-0012 東京都文京区大塚3-21-10
TEL 03-3947-1021(代)

・落丁・乱丁本は、発行所宛に御送付ください。
送料小社負担にてお取り替えします。
・価格はカバーに表示してあります。

ISBN798-4-434-07617-6